外交学经典译丛　　任远喆主编

外交学：模式、形式和方法

Дипломатия: Модели, формы, методы

［俄罗斯］塔季扬娜·弗拉基米罗夫娜·佐诺娃◎著

Т. В. Зонова

张建　　马燕宁◎译

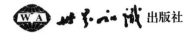

世界知识出版社

图书在版编目（CIP）数据

外交学：模式、形式和方法／（俄罗斯）塔季扬娜·
弗拉基米罗夫娜·佐诺娃著；张建，马燕宁译．--北
京：世界知识出版社，2025.1
（外交学经典译丛／任远喆主编）
ISBN 978-7-5012-6753-8

Ⅰ.①外… Ⅱ.①塔… ②张… ③马… Ⅲ.①外交学
Ⅳ.①D80

中国国家版本馆 CIP 数据核字（2024）第 031248 号

图字：01-2023-1439 号

责任编辑	刘豫徽
责任出版	李　斌
责任校对	张　琨

书　　名	外交学：模式、形式和方法 Waijiaoxue：Moshi、Xingshi He Fangfa
作　　者	[俄罗斯] 塔季扬娜·弗拉基米罗夫娜·佐诺娃
译　　者	张建　马燕宁
出版发行	世界知识出版社
地址邮编	北京市东城区干面胡同 51 号（100010）
经　　销	新华书店
网　　址	www.ishizhi.cn
电　　话	010-65233645（市场部）
印　　刷	北京虎彩文化传播有限公司
开本印张	787 毫米×1092 毫米　1/16　19½印张
字　　数	271 千字
版次印次	2025 年 1 月第一版　2025 年 1 月第一次印刷
标准书号	ISBN 978-7-5012-6753-8
原书书号	ISBN 978-5-7567-0917-9
定　　价	89.00 元

外交学院中央高校基本科研业务费资金资助

总　　序

　　外交是跨越历史的实践方式。透过人类学家的视角，外交在人类不同群团关系中无处不在，无时不在。外交是文明发展的产物，避免了国家间关系被武力单独主导，随着不同时代的政治特性时而备受推崇，时而充满争议。外交是安邦治国的艺术，历史上大国兴衰无一例外都面对军事与外交之间的张力，天平向哪一方倾斜决定了国家和民族的命运。外交是国内政治的延续，其根本目的是塑造国家昌盛、社会稳定、人民幸福的良好外部环境。从上述意义来看，专门进行外交研究的外交学已成为名副其实的"显学"。

　　在社会科学的知识谱系中，外交学是一门蓬勃发展的年轻学科。英国外交官哈罗德·尼克尔森（Harold Nicolson）在 20 世纪初出版了经典的《外交学》一书，奠定了外交研究作为一门独立学科的基本体系。此后，国内外种类繁多、内容丰富的外交学著作相继问世，从历史、思想、规则、方式等方面逐步构建起学科体系的"四梁八柱"。令人遗憾的是，在冷战的大背景下，以美国为代表的西方国家对外交"普遍忽视"，导致外交研究门庭冷落、成果寥寥，几乎完全成为国际关系的"附属品"。冷战结束后，全球化的发展使外交活动在国际舞台上的重要性日渐上升，随之而来的是外交学研究的复兴和繁荣，其学理建构日臻完备，学科边界日渐清晰，学术共同体日益形成，"找回"外交成为学术界的共识。外交学的发展体现在以下三个方面。

第一，外交研究理论化有所提升。一直以来，外交学始终带有"重实践、轻学理"的标签。理论来自实践，高于实践，又指导实践。冷战结束后，丰富的外交实践为外交学提供了充足的理论土壤，同时外交理论化也因远远落后于实践而饱受诟病。正如前人所述，"有术无学则失之黠，有学无术则失之虚"，外交学应是学理与实践的有机统一。以美国学者保罗·夏普（Paul Sharp）为代表的一批学者一直努力将外交学理论化，也取得了积极成效。比如，关于外交互动的研究已经成为国际关系理论的一部分，国际关系的实践转向也为外交研究提供了新的路径。

第二，学科交叉融合更加深入。外交学从建立之初就带有跨学科的特点。除国际关系学科之外，外交学借鉴了许多其他学科的智慧，包括经济学、历史学、法学、哲学、心理学和社会学等。荷兰学者扬·梅利森（Jan Melissen）早就在展望外交学研究前景时指出，"外交学的研究要超越国际关系和政治学的视野，借鉴更多学科"。如今，随着外交领域的不断扩展和外交方式的极大丰富，外交学交叉融合学科的属性体现得更加明显。最近几年具有代表性的外交研究成果中，这一特点多有体现。例如，美国学者马库斯·霍姆斯（Marcus Holmes）将社会神经科学运用于国家间意图的判定，强调外交官之间的会面对理解彼此意图具有实质性影响，应该更为积极地开展面对面外交。

第三，聚焦外交沟通的新模式。人工智能和数字化带来的外交变革一直是外交学界关注的重点。牛津大学科尔内留·波乔拉（Corneliu Bjola）教授团队围绕数字外交进行了一系列开创性研究，在国际疫情常态化背景下，云外交、虚拟访问等新的外交方式层出不穷，正在以实践发展引领数字外交的理论创新。当然，数字外交永远无法取代面对面的外交，但是科技创新可以在很大程度上重构外交制度。外交沟通在逐步适应数字时代。

外交学的发展还得益于人们对外交的兴趣不断上升。当前百年变局加速演进，世界进入新的动荡变革期，世界之变、时代之变、历史之变的特征更加明显。乌克兰危机影响深远、大国博弈与地区热点交织、全球经济衰退风险上升、气候变化等全球性挑战增多，许多问题都成为外交需要应对的重要议题。没有各国代表在外交舞台上折冲樽俎，冲突与和平、经济与发展、医疗卫生、人口迁徙、灾难救助等方面不计其数的挑战就无法得以妥善应对。毋庸讳言，研究外交恰逢其时、意义重大、影响深远。

今天的中国，正在前所未有地走近世界舞台中央，外交工作正站在新的历史起点，内涵和外延不断扩展，形势和任务不断变化。这不仅对外交实践者提出了更高的要求，也对规模日益壮大的中国外交学研究者提供了新的动力。习近平总书记强调，"要按照立足中国、借鉴国外，挖掘历史、把握当代，关怀人类、面向未来的思路，着力构建中国特色哲学社会科学，在指导思想、学科体系、学术体系、话语体系等方面充分体现中国特色、中国风格、中国气派"。"他山之石，可以攻玉"。国外外交学研究的经典著作、最新成果和学术前沿可以为构建中国外交学的学科体系、学术体系、话语体系提供借鉴，早日实现当年周恩来总理在外交部成立大会上提出的"把外交学中国化"的目标。

在世界知识出版社的大力支持下，我们多方组织了外语精湛、外交学功底深厚的翻译团队，精心挑选了这一系列外交学经典著作翻译出版。这套丛书不仅是外交学专业本科生和研究生必备教材，也适合关注外交实践、外交事务的普通读者阅读品鉴。希望通过高标准选书、高质量翻译、高水平出版，能够为中国外交学学科建设贡献绵薄之力。

任远喆

外交学经典译丛主编

2022 年 8 月 24 日

目　　录

第一章　外交官职业

外交制度的产生历史久远，其历史演变与国家制度的形成过程及经济、宗教、法律制度的不断完善紧密相连。外交的发展植根于国家的政治文化，同时外交又是一种独特的制度。一方面，外交维护本国的利益；另一方面，外交与国际关系和世界政治体系密不可分。外交制度和外交模式的发展历史向我们展示了其多样性，并揭示了外交实践的巨大差异。在当今世界日益全球化，而全球治理体系或尚未形成或面临危机的形势下，外交具有特殊意义。

毫无疑问，长期以来，外交作为沟通交流的艺术，其主要任务是通过谈判协商的和平方式解决争议问题。著名外交学家哈罗德·尼克尔森指出，甚至古代部落都采取外交谈判方式划定领土、开展货物交换、宣告战争和签署和平协议。外交艺术历史悠久，至今仍在生存和发展。

然而，外交模式属于历史范畴，不断由新的模式替代旧的模式。在外交史专著中记载了古埃及、亚述、波斯帝国、古印度和古代中国的外交制度，同时详细记录了古希腊和古罗马帝国的外交活动。以上种种均为外交，但其模式各不相同。形成于中世纪的西欧、拜占庭和俄罗斯的外交模式有不少相似之处，但也有所不同。

我们现在熟知的外交形成于文艺复兴时期，脱胎于中世纪社会世俗化进程，当时出现了"统治者最高统治权"（суверенитет правителя）概念，以及作为国家关系体系新的调解器的力量均衡理论。俄罗斯及其他一些国家对于由中世纪外交模式向现代模式转变抱有浓厚兴趣。在此需要特别强调两个因素，即主权概念的演化和力量均衡概念的阐释。外交制度的变化首先是由这些因素决定的。在对当代外交模式作为历史范畴研究时，不能不考虑世界政治和国际关系正在发生的变化对外交演变产生的影响，以及全球化背景下的外交职能特点。

当前许多现象表明，国际舞台正在发生巨大变化。在全球化背景下，外交和内政之间的传统界限逐渐消失。前所未有的大规模跨国流动，移民人数的增长，电子通信、全球电视节目的出现，以及旅游业成为利润最为丰厚的行业之一，所有这些都推动各种利益和目标更加紧密交织。当代外交本质上来说涉及民生根本问题，从当今全球化背景下的安全保障到包括维护和创造就业岗位在内的生活质量问题等。

著名法国外交家朱尔·康邦曾发问："民主总是需要大使和部长，但不清楚是否需要外交官？"世界形势的发展给出了答案。原有世界秩序的瓦解破坏了稳定，不断产生新的冲突。国际恐怖主义、跨国犯罪和贩毒、非法移民、全球贫困、气候变化等全球性挑战和威胁日益凸显。基于世界经济发展主导趋势形成的苛刻经济规则使一些国家受到压制。国际关系网络拥有新的纵横关系，形成更加致密和错综复杂的格局，有时会让人产生次国家、国家和一体化组织之间界限模糊不清的印象。主权是主权国家对本国公民生活、权利和自由肩负的责任，这一问题正变得更为尖锐。粗暴对待本国国民不再仅仅是一国内部事务。所有这些变化对外交、外交制度体系、外交机构以及外交人员都产生影响。

国际政治的复杂性以及各种利益在国际舞台上的碰撞清晰地表明，当前比以往任何时期更需要职业外交官。外交需要职业性，这首先是因为外交的本质是用和平方式预防和解决冲突，不仅不牺牲本国的利益，而且致力于协调国际政治所有参与方的利益。

随着时间的推移，外交官已成为最具威望的职业之一。通常外交官之间彼此相识，出身、所受教育、意识形态和文化将他们联系起来，同时他们视自己为社会精英。大国大使处处受到尊敬，统治者们会倾听他们的意见。外交生活光鲜亮丽、颇为轻松。很多外交官业余时间从事科学和艺术探索，著书立说，搞音乐创作、考古发现。所有这些构成了所谓经典外交的繁盛图景。

在这一时期，俄罗斯外交发展到很高水平。外事委员会（Коллегия иностранных дел）取代了外交衙门，之后又更名为俄帝国外交部（Министерство иностранных дел）。在外交部任职需要获得最高政令。新入职外交人员要签署协议，保证不泄露外交秘密，遵守不赴他国部长府邸、不与其建立任何关系和集团的规定。违反者不仅会被解职，还会受到最严厉的法律惩处。

大部分外交官出身贵族，自认为是某种世界主义团体的成员，由共同价值体系、教育培养体系联系在一起。当然，传统等级观念、任人唯亲、裙带举荐、财富门第和政治认同使得外交官的选拔任用难以做到真正公平。

19世纪，国家认同思想在整个欧洲大行其道。从前普遍存在的雇用外国人从事外交工作的做法在19世纪下半叶几乎全面停止。只有拥有本国国籍的人才能参加选拔考试。这不仅涉及单一民族国家，也在多民族的哈布斯堡帝国上演。在彼得一世之前，有不少外国人在俄国外交部工作，例如亚历山大二世曾建议当时在圣彼得堡担任大使的俾斯麦到俄国外交部担任高级职务。直到戈尔恰科夫公爵主掌外交部后，对外交人员的选拔和培养才发生实质性变化。根据1868年外交部的改革规定，只有拥有俄罗斯帝国国籍的公民才有资格从事外交工作。

通常在欧洲外交部门顺利通过考试的年轻人（在意大利被称为志愿者，在法国叫随员，在英国叫秘书）在一定时期内工作是没有薪资的。在法国外交机构中，每一个有薪资的空缺会有100个无薪资的人竞争。

中央机构与驻外机构间很少进行人员轮换，职位升迁尤为缓慢。俄国外交机构改革时也遇到类似问题。很多有能力的年轻人由于缺乏足够资金不得不从外交部离职。20 世纪初，外交部长、改革家亚历山大·彼得罗维奇·伊兹沃利斯基计划给年轻外交官支付薪资，以便他们能够维持与这一职业相称的生活水准。改革还包含建立中央机构和外交领事机构间人员强制流动机制，以及平衡外交部和驻外机构人员工作条件及支付薪资等。此外，还彻底取消了对外交机构任职申请人的财产资格要求。

1917 年十月革命后，侨居在欧洲、亚洲和美洲等国家的俄国外交官建立了组织协调良好、运作有效的常态化外交通信机制。该机制由俄国外交官于 1921 年在巴黎成立的"大使委员会"（Совет послов）负责管理。大使委员会提供的材料，侨居国外的俄国外交官书信及其观点、评论和建议得到政治家和外交政策专家的高度重视。

苏联时期的外交具有意识形态特性，与此同时，考虑现实因素以及处理好与周围世界关系的需要促使其采取合理的立场。在外交机构——最初在外交人民委员会，而后在外交部逐渐形成了专业化的干部队伍。外交部工作人员主要来自外交学院和莫斯科国立国际关系学院的毕业生。

两极世界结束后，俄罗斯外交在外交方针制定上开始去除意识形态色彩。外交方针制定和外交政策决策的机制发生了改变。在外交方针制定方面，总统办公厅与外交部形成对立平衡。此外，国家杜马及其国际事务委员会积极参与外交政策问题的讨论。国家安全委员会和对外政策委员会也为外交方针的制定建言献策。

俄罗斯联邦外交部出现了越来越多应对当今世界现实变化的业务司局，其中包括负责人权、经济外交、公共外交问题的部门，以及与致力于推动公民社会各阶层积极参与外交政策制定进程的非政府组织联系的部门。为应对时代挑战，还成立了负责独联体问题以及与议会、政党和社会组织联系的新的司局。

除了大使、公使、代办外，驻外机构中的其他岗位空缺提前通知外交部各部门。目前，俄罗斯各地高校毕业生均可参加外交部入职考试。考核条件公布在《国际生活》（*Международная жизнь*）杂志上，其中一个条件是需要掌握至少两门外语，而且要严格考查俄语水平。

一个国家的文明特征决定了其外交的模式、形式和方法。

美国成立的历史背景决定了美国人特殊的使命观。美国国父把新世界与旧世界对立起来，称自己的国家为"自由帝国"，由此衍生出美国人特有的对于欧洲大国复杂外交手腕以及长期竞争的批判态度。显而易见，美国政治家忽略了力量均衡理论的建设性方面，即安全是相对的，只有在积极的国际合作中才能实现。此外，他们还经常将欧洲国家基于力量均衡的外交政策描述为肮脏而不道德的，并指责欧洲外交官厚颜无耻。因此，始建于1789年的外交机构——国务院很长时间都是人员最少的机构之一。托马斯·杰斐逊当时仅依靠5名办事员、2名公使以及1名按小时支付酬劳的翻译帮助主管对外事务。

华盛顿确信，似乎在世界设立发展贸易所必需的领事机构就足够了，当时在通知中建议本国公使不要采用欧洲礼仪，在驻在国宫廷活动中身穿"美国公民普通服装"即可。美国公众怀疑外交官可能会背叛国家利益。国内以根深蒂固的平民主义情绪极为不正常地看待外交机构的精英化。令人惊讶的是，直至今日这种情绪仍余音未了。包括前国务卿沃伦·克里斯托弗、乔治·舒尔茨、科林·鲍威尔和康多莉扎·赖斯在内的一批高级外交官曾提议在国会大厦设立国务院特别办公室，由国务院工作人员为国会议员办理出国护照和签证，以此提醒议员们外交官也是真正的美国人。在讨论这一提议时，一群极具爱国情绪的参众议员自豪地表示，他们"根本不需要出国护照，哪里也不打算去"。

19世纪，美国的驻外代表机构把持在非专业人士手中，当时存在所谓的"分赃制"（spoil system），即一些驻外机构的馆长职位在胜选总统的赞助人中分配。① 此外，由于外交官薪酬极少，难以派遣不富裕的专业人才到国外工作。19世纪80年代，30个美国驻外代表机构中只有12个机构的秘书可以领到国家薪酬。专业人才通常没有足够资金自费到国外工作。然而，在第一次世界大战开始前，美国驻外机构的武官和海军武官数量可与俄国相匹敌。

欧洲人数十年间都将美国视为二流国家，这在1815年的《最后议定书》中可以得到印证，这份文件根据利益范围的"广度"和"局限性"确定了大国外交使团团长的等级。因此，直到19世纪末，即1898年美国与西班牙战争结束后美国才取得了大国地位，派出第一位大使级外交代表。

临近19世纪下半叶，外交官员的社会成分普遍发生了一些变化。正如外交学家理查德·兰霍恩指出的，这不仅是政府有针对性的政策调整的产物，也是贵族们不愿去毫无威望的驻外代表机构工作的结果。贵族们认为哪怕担任新闻专员或经济参赞也有损自己的尊严。各地都保留着贵族在中央机构工作的特权，而其他社会等级阶层的人则被派往驻外代表机构工作。

然而，外交部门人事政策开始逐渐发生变化。法国政府对国家制度进行有针对性的合理调整，所以在第一次世界大战开始前夕，贵族在外交机构中占比只剩下不到8%。甚至保守的奥匈帝国在其晚期也出现了无身份背景的外交官。

20世纪20年代，英国重启因战争中断的外交部与海外事务部的合并改革。② 外交部中保守官员对此表示反对，提出由于国内机构和驻外机构

---

① 这一制度至今仍存在并饱受批评。

② 1968年外交部与海外事务部合并，命名为外交和联邦事务部（Foreign and Commonwealth Office）。——作者注

此处"外交部""海外事务部""合作事务部"的英文分别是 Foreign Office、Diplomatic Service、Commonwealth Office，现英国外交部的英文为 Foreign, Commonwealth & Development Office。——译者注

的工作对外交官技能要求不同，两部无法合并。结果两部合并仅局限于实行统一的外交职衔，虽然此后中央机构和驻外代表机构间的人员轮换更为普遍。

财产资格的废除某种程度使外交部变得更加民主化。20 世纪 20 年代，有伊顿公学教育背景的年轻外交官人数比战前减少了一半。外交官的地位与其他国家部门官员相同。正如当时一位高级外交官所言："现在已无法从入职考生中排除有色人种和异教徒，因为他们都是英国公民。"保守派对领事和外交机构的合并持怀疑态度，主要理由是领事工作并不需要诸如彬彬有礼、个性鲜明、随机应变的个人素质。

意大利外交部也弥漫着类似情绪。贵族出身仍是外交官社会身份的一种基本参数。随着意大利复兴运动（意大利统一进程）的蓬勃发展，外交官队伍中吸纳了大量政治家和军官。

阿瑟·施莱辛格曾表示，抱有民主思想的美国人习惯于将外交官职业看成是"娇纵任性、矫揉造作的男人"的庇护所，他们"崇拜贵族，享受馅饼，戴着彩色围巾"。美国公民改革联盟（Лига реформы американской гражанской службу）研究了 1924 年通过的《罗杰斯法案》（根据国会议员约翰·罗杰斯命名）中的条款。该法案致力于完善外交职业工作，其中包括整合领事与外交业务、设立职衔工资、按业绩晋升、实行驻外地区补贴以及退休金保障等规定。这样，即便是贫困的年轻人也能够竞争外交职位，并有望晋升到高级职位。

然而，国务院这个保守机构反对任命领事馆官员从事外交岗位工作，很多成功的外交官不愿意出国到领事馆工作。诚然，每位外交新人都期待着当大使。事实上，对于职业外交官来讲这绝非易事。同以往一样，只有社会高等阶层代表才能成为大使。

直至 19 世纪 70 年代，英国的大使仍为政治任命，他们会在每次政府例行更迭时被召回国内。这一制度在其他欧洲议会制国家也十分普遍。

在俄罗斯帝国，只有贵族出身和沙皇家族亲近的人才有机会获得高级外交职位。

事实证明，即便在那些选派职业外交官担任大使的国家，在政治形势发生巨大变化时也需要政治任命大使。例如，第二次世界大战结束后，欧洲一些国家的驻外大使就由抵抗运动著名人士担任。

时任意大利外长卡罗·斯福尔扎对时常任命著名政治家从事外交工作的极端必要性是这样解释的，他说："我们外交官好比一种经常端上餐桌的拿手菜，但是偶尔增加些调味料也不错。"1981 年，法国在战后历史上首次进行政治任命，派遣非职业外交官到华盛顿、罗马、维也纳、哥本哈根担任大使。在英国，社会活动家（非职业外交官）只有在特殊情况下才会被任命为大使。苏联解体后，俄罗斯外交代表机构多由 20 世纪 80 年代末 90 年代初事件的积极参与者领导。俄罗斯驻美国大使弗拉基米尔·卢金经常说，他并非作为职业外交官被派往华盛顿，而是作为"年轻的俄罗斯民主代表"。

意大利法律禁止任命非职业外交官为大使。但在 2001 年初，随着西·贝卢斯科尼总理兼外长上台，情况发生了变化。贝卢斯科尼打算由金融界和商界代表替代职业大使。

同时应该指出，像"法国大使"或"意大利大使"这样最高等级外交职衔并不是所有人都可以获得的。在法国只有不到 10 位外交官能够拥有这一职衔，在意大利也就 20 多人。这些国家大部分外交代表机构馆长职务是大使，但外交职衔是全权公使。

在美国，直到今天仍基本保留自建国以来实行的"分赃制"（胜选总统将国家高级职位分配给自己的支持者），但因一些所任命大使不适合岗位而饱受诟病。赞助人在总统竞选时捐赠的金额往往与其职业素养或外交能力并不相配。

《罗杰斯法案》规定，职业外交官可以领导美国驻外代表机构。但在

20 世纪 30 年代初胡佛总统上台后，他坚持将包括大使在内的国家高级职务给予一批商人和商务专家，并挑选其中一些人出任商务部长。这开辟了商人大规模进入外交界的先例。不久前的一些例子也证明了"分赃制"的存在。克林顿总统任命自己身边的一位支持者担任驻法国大使。在小布什总统竞选的危急时刻，来自佛罗里达州的一位木材商向其提供了大笔资金，不久他就被任命为驻巴黎大使。一位房地产商曾为共和党贡献了 2 亿多美元，之后被任命为美国驻西班牙大使。

2001 年美国任命新任驻意大利大使这一大丑闻也是"分赃制"的鲜活例子。"意大利裔美国人全国联合会"作为在美国的意大利利益集团，其成员非常不满国务院提名罗克韦尔·施纳贝尔替换该联合会成员托马斯·福格利塔担任驻罗马大使。意大利裔美国人一向希望由意大利裔美国人出任驻意大利大使。国务院领导层不得不破坏规矩，作出妥协。施纳贝尔虽然已得到意大利政府的提名同意，但仍被调任驻欧盟委员会代表。八国集团热那亚峰会在即，而美国驻意大利大使依然空缺。3 540 名共和党和民主党成员就该丑闻联名致信美国国会，要求尽快结束这一"离奇可笑而又令人羞愧"的闹剧。最终决定派遣一位来自佛罗里达州的 70 岁意大利裔亿万富翁担任驻意大利大使，此人曾资助布什竞选团队超过 5 亿美元。

对于美国外交领域人事问题的公开讨论不断进行。国务院专家委员会定期公布相关调查结果报告，2000 年出版了标题华丽的《为人才而战：才华潜力的保护》报告。《美国外交》（*American Diplomacy*）杂志刊载了针对国务院官员的问卷调查结果。美国国家科学研究委员会和史汀生中心也开展了关于美国外交和人事问题现状的研究。《外交事务》（*Foreign Affairs*）杂志经常刊登知名学者和外交官有关这一重要问题的文章。

美国著名外交官乔治·凯南认为，在多边外交领域也能感受到"分赃制"的消极影响。总统或他身边的人经常派毫无外交专业能力的人参加国际论坛。在凯南看来，这些人从不向国务院提供任何有价值的信息，也不去征求国务院官员的意见建议。他们通常不会咨询美国驻多边会晤举办国大使的意见，因为这些通过政治任命参加论坛的代表往往对国家利益以及政治方针没有概念，而又不得不去行动。①

美国的任命制度阻碍了外交部门官员获取可以使他们走向职业成功的大量岗位。外交政治化仍在持续。晋升大使的一条最快捷径是在国家安全委员会工作。白宫决定着高级外交官的任命。然而，不属于任何党派的外交官未必能够获得高位。

对接与国会关系的助理国务卿负责国会批准职业外交官大使候选人提名问题。但提名经常失败的助理将面临失去领导信任的风险。所以在不确信提名人选一定得到国会同意时，他们会"预先认输"，即提前告知国务卿所提人选与国务院某一部门利益不符，未必能被国会批准。

法律规定，在一定时期内未得到晋升的外交官会被解雇。但国务院本身以及驻外代表机构的所有高级职位已被政治任命的官员牢牢把控。从前如果外交官在 23 岁时开始工作，可以指望 42 年的职业升迁后直至退休。现在对上了年纪的外交官设置了年龄限制，并取消了具有高水平专业素养、经验丰富但职务无法得到晋升的外交官"适当延长工作年限"的做法。由于竞争日趋激烈，工作实际年限被缩短为 25 年，因此，很多经验丰富的高素质外交官被迫辞职。由于职业特殊性所限，辞职后找到另一份工作相当困难，尤其是考虑到劳动力市场对超过 50 岁人群的歧视。由于这些原因，在有能力的年轻人眼中外交官工作并不那么吸引人。国务院人事部门领导非常担心这一趋势，1998 年委托麦肯锡（McKinsey）咨询公司研究这一问题。

根据调查，与在私营企业工作的同龄人相比，年轻外交官的职业晋升缓慢，这使他们意志消沉。年轻外交官颇有怨言的是，国务院对于驻

---

① George F. Kennan, "Diplomacy without Diplomats?" *Foreign Affairs* 76 (1997): 198.

外工作期间配偶问题的解决考虑不够。甚至国务院开展的题为"为人才而战"的研究项目私底下被称为"与人才之争"。一些受访者指出："我们认为获得了精英岗位，却遭遇了领导层的因循守旧和专权独大。"

年轻有为的外交官通常为了跳槽到"新经济"（New Economy）领域更有影响力和体面的单位工作放弃了外交工作。1997 年，国务院驻外机构人事司领导在众议院国家安全委员会上发言时承认存在上述问题。据他统计，每年因个人意愿请辞的外交官比例约占 20%。托马斯·皮克林大使将这一情况与越南战争期间许多外交官为表达反对美国对外政策而辞职相提并论。

几乎所有国家都对希望入职外交领域的人进行考试。

在美国，为了改善干部状况每年组织不是 1 次而是 3 次考试，并缩短录用通知等候时间。等候录用时间一般为 6 周到 2 年不等。考生应提前确定自己的意向，如政治、领事、经济、公共外交或管理方向。所有人都有权参加考试，"不分种族、肤色、出身、性别、宗教、性取向、政治倾向、民事状况以及在宪法框架内进行的活动"。[①] 对于残疾人有特别的规定。

需要指出的是，在国务院设立外交官顾问（дипломат-консультант）一职，负责向大学生、职业人员以及所有希望从事外交工作的人介绍外交工作的要求。外交顾问通常由大使或相当高级别的外交官担任。每位顾问负责美国的一个地区，因此也被称为驻地外交官（diplomat in residence）。

入职考试（考生可以是硕士生、本科生以及有一定工作经验的人）在美国本土和海外数百个考点举行，考查考生与职业相关的知识和常识，并要求考生根据所给题目写 1—2 篇文章。通过初试者需要在 3 周内再写

---

① "Represent America to the World," U. S. Department of State Careers Representing America, http://www. careers. state. gov.

6 篇展现个人素质、过往经验、爱好、参加体育运动等内容的文章，并提交证实上述情况的推荐信。通过这些考查环节的人会受邀到华盛顿或美国其他几个城市参加面试，面试围绕外交活动关键问题展开，持续一整天。

　　然而事实证明，在一些情况下，即使通过考试也不意味着可以留在外交部门，因为一些人认为他们近期能够获得其他某个国家机关或私营公司薪资更高、更具诱惑的工作。这样在美国就出现了这种情况，例如国务院每年花费大量经费组织 3 次考试，而他们的竞争者——投资银行、互联网公司或财政部、商务部免费就可招录到优秀人才。通常国务院派遣到国外机构工作的官员平均基本工资为 3 000 美元出头，这比电话公司（телефонной компании）职员工资要低。在一些国家的美国外交官能够获得艰苦地区或危险地区补贴，数额从驻巴拉圭的 5% 到驻巴格达的 70% 不等。在俄罗斯工作的美国外交官可获得 15% 的补贴。

　　此外，美国专家认为，对考生忠诚度考查的时间过长也使入职情况变得更加严重，成功通过考试的考生等待最终通知的时间至少 2 年，现在这一期限缩短到 18 个月。20 世纪 80 年代，有意参加驻外工作考试的人数越来越少。1984 年有 28 248 人参加考试，1987 年为 25 585 人。90年代这一数字急剧减少，1998 年参加考试人数仅为 13 482 人。为了增加参加面试的人数，笔试成绩过线分数大幅降低。1981—1986 年参加面试的考生占比约为 20%，1998 年超过 90% 的考生可以参加面试。同时很多人认为，面试逐渐变成常规的"智商"（IQ）测试。成功入职的年轻外交官承认，他们缺少对外交政策、外交、经济和法律领域的必要知识储备。

　　2001 年参加考试的人数为 12 807 人，比 2000 年增加了 63%，约 500名考生被录用。这一成绩应归功于时任国务卿科林·鲍威尔，他拨款广泛宣传外交工作的重要性。鲍威尔本人也不止一次在报刊和电视上进行宣传。但此后他不得不承认，宣传的成功应部分归功于经济的不景气。在此情况下，越来越多的求职者更愿意选择在更加稳定的国家机构，而不是在私营部门工作。此外，国务院和驻外机构增加了编制，以便让更多的外交官回国参加培训。2008 年，报考国务院的 10 万名考生仅录用了 2 100 人，占比约为 2%。

20 世纪 90 年代初，许多名牌高校领导表示，在毕业生的求职选择中，驻外工作远非排在前列。哥伦比亚大学哈里曼研究所所长指出，毕业生更倾向于到金融公司、商务公司、世界银行以及一些非政府组织工作，"整体上反映出国务院在外交政策中作用的下降"。[①] 不过，在危机背景下国家机构的威望正在提升。最新调查显示，在学生求职意向清单中国务院位列第四。[②]

法国人也经历了类似状况。在法国主要由国家行政学院（Ecole Nationaled' Administration）为外交部培养干部。这所名校的学生此前均接受过高等教育，该校毕业生有权根据学习成绩自主择业，近年来他们更倾向于选择去中央银行、总统府、财政部等更有威望的部门工作，结果外交部在求职意向清单中仅列第三十位。

为了填补人手不足，美国实行了一项灵活的考试制度，以此吸引在其他联邦政府部门工作的人才，这些人不需要参加笔试。

领事和行政部门干部尤为短缺。美国驻莫斯科总领事詹姆斯·沃利克（2001—2003 年）曾表示，大部分年轻外交官，其中 40% 拥有政治学专业背景，主要希望在政界、商界或公共领域工作。考虑到这一情况，决定每位新入职人员要在领事部门至少工作 1 年。很多人自愿在领事岗位再多干 1 年，因为他们认为所获得的技能对职业长远发展大有裨益。

---

① Perlez J., "As Diplomacy Loses Luster, Young Stars Free State Department," *American Diplomacy*, September 5, 2000, http://www.americandiplomacy.org.

② "The Most Desirable Employers," *Business Week*, January 24, 2011.

人事部门官员表示："领事工作能让人们学到外交官最必备的技能。年轻外交官可以提高自主决策能力、掌握外语、待人接物更加细致亲切，以及提升思辨能力，懂得如何在不得罪人的情况下说'不'，开始了解其他文化背景的人、学会自制自律。"[1]

国务院人事部门也遇到少数族裔代表性的尖锐问题。1949年美国产生了第一位黑人大使，此后黑人外交官人数显著增加。20世纪60年代初，在3 732名驻外外交官中仅有17名黑人，而1999年3月黑人人数达到209人。2010年在国务院工作的黑人占比为16.3%，在驻外机构中为6.9%。美国驻非洲国家的37位大使中有11位是黑人。2001年国务院入职考生中31%为少数族裔，这是对少数族裔到外交部门工作采取优待政策的体现。保障平等就业的联邦纲要规定，对亚裔、拉丁美洲裔、印第安人、爱斯基摩人免除笔试，在外交机构中为他们留出特定名额。2001年在入职考试的人员中黑人占比最高，其次是亚裔美国人和美国本土人。此外，说西班牙语的外交官人数也不断增加。2011年，11%的大使为少数族裔。[2] 在对拉丁美洲裔外交官的调查中，他们抱怨总是被分配到"墨西哥舞圈"（Cucaracha Circle）工作，而在国务院刻薄地称呼这些国家为次等重要国家。

外交机构在历史上被看作一种国民部队，通过谈判和外交计谋与敌人作战。

当年，如同军队一样，不允许女性参与这项工作。但也有例外，如法国启蒙运动时期，盖布里昂（Гебриани）元帅的遗孀成功地完成了外交任务。1918年，一位女性代表匈牙利革命政府被派往瑞士。1923年，

---

[1] Marquardt N. , "Why They Stay In?" American Foreign Service Association, http://www. afsa. org. Marquardt N. 是人事处主管。

[2] "Donne in diplomazia, Terzi: Loro inclusion essenziale per la democrazia," RaiNews, http://www. tg1. rai. it/dl/tg1/2010/articoli/ContentItem-3a22440a-766f-41ea-845c-224fbab1281c. html? refresh _ ce. 原著网页失效。——译者注

亚力山德拉·科隆泰（Александра Коллонтай）作为苏俄全权代表被派驻挪威。20 世纪 20 年代，美国外交界首次出现 4 位女性代表；1930—1941 年，国务院中没有一名女外交官。1947 年英国才出现女外交官，意大利是 1964 年。美国前国务卿马德琳·奥尔布赖特曾开玩笑地说："以前女性想要对外交政策提出自己的观点只能通过一个办法，即嫁给外交官，并在招待会上将茶水倒在一个自己不喜欢国家的大使脚上。"

然而时代正在发生改变。在许多国家的军队中，女人与男人平等服役。女性成为国家元首、外交部长，甚至国防部长。瑞典超过一半的部长是女性。世界其他国家的女性领导人数量也在增加。外交部门领导岗位队伍性别结构不可避免地发生变化。1953 年美国任命了首位女大使。1971 年，美国废除了有关已婚女外交官必须辞职的法律规定。1972 年，在对男性外交官评语中取消了有关其妻子日常生活表现的内容。形式上不再要求外交官妻子无偿提供礼宾服务（虽然实际上仍建议不要忽略礼宾责任）。

20 世纪 80 年代，美国女外交官仅占 15%，但在 21 世纪前 10 年，女外交官占比达到 32%。与此同时，25% 的女外交官从事高级别外交工作。3 名女性担任了国务卿。最近几年，在美国外交岗位考生中女性占 45%。

1976 年，英国首次任命女大使。1973 年，允许已婚女外交官留任。但直到 1987 年才首次任命已婚女领事。一名女外交官因未婚而被拒绝任命为驻巴黎大使后离开外交部的时代已一去不返。21 世纪初，英国外交部中仅 6% 的领导岗位由女性担任，10 年后这一数字提高到 21%。女性甚至领导了传统上全部由男性组成的外交团队，即外交部国防和情报司。目前①在 29 个高级外交岗位中女性占 4 席。

根据法国现行法律，各政党在选举中应提名相同的男女代表。这一名额规定基本也适用于其他国家机构。在外交部女性人数占比达 53%。

---

① 指本书原著完成前的 21 世纪前 10 年。——译者注

2012 年 11 月，白林（Sylvie Bermann）被任命为驻华大使。截至 2013 年，女大使为 25 位（1975 年仅有 1 位女大使）。

直至 1964 年，意大利外交部大门仍对女性关闭。现在外交官中女性占比不低于 1/4，有 49 位女性在驻外使领馆中担任馆长，7 人在外交部担任最高级领导职务。4 位女性拥有"意大利大使"的最高外交职衔。近年来，通过新入部考试的考生中女性占 1/3。2012 年意大利外交部举办的"外交中的女性"国际会议上，朱利欧·泰尔齐外长表示："决策过程中如果没有女性参加或她们被边缘化，意味着失去其政治合法性。因为在这一过程中忽视了社会最重要组成部分的经验和特殊品质，这样，社会就会失去寻求和谐、稳定和团结这些至关重要的因素。重要的是要为女外交官创造良好条件，使其不必在家庭和事业中作出选择。"

21 世纪初，在纽约联合国总部中共有 11 位女性代表团团长，在华盛顿有 15 位女大使。2009 年，欧盟外交高级代表凯瑟琳·阿什顿男爵夫人指出，欧盟 115 位大使中仅有 11 名女性，并坚定表示自己将致力于推动更多女性担任驻欧盟大使。到 2013 年，已有 31 名女性担任驻欧盟大使。

外交官妻子越来越追求自己的事业。她们经常不得不为获准与丈夫在驻外国家"同一屋檐下"工作付出难以置信的努力。如果夫妻两人均为外交官，并不能保证他们在同一使馆工作，他们经常不得不在不同国家工作，并选择轮流休假，以便有更多时间彼此陪伴。20 世纪 80 年代，美国国务院有超过 500 对外交官夫妻。时常出现这种情况，夫妻两人都当上大使，并被派往不同国家。外交部设有专门处室负责外交官家属问题。

人事官员有时表示，伊斯兰国家未必愿意与女外交官打交道。然而，美国、意大利、北欧国家驻阿联酋、叙利亚及其他一些伊斯兰国家的使馆不止一次由女外交官担任大使。伊斯兰国家的女外交官数量也在增长。在大多数人信仰伊斯兰教的印度尼西亚有 9 位女大使。巴林这个最小的阿拉伯国家驻华盛顿大使是位女性。在阿联酋的议会中女性占 22.5%，有 4 位女部长，驻瑞典、意大利大使为女大使。

性别问题不可避免地摆在俄罗斯外交部面前。截至目前①，俄罗斯外交部领导和大使中几乎没有女性。在这个问题上，俄罗斯落后于发达国家和许多发展中国家。需要注意的是，到 2012 年，全球有 17 个国家的元首为女性，7 个国家由女性担任国防部长，近几年一共有 64 位女外长。记得早在 18 世纪，弗朗西斯·卡利埃尔②就说过："女性担任大使的能力不比男性差。"

对开放性、公开性的要求促使人事部门揭开外交干部选拔和晋升的神秘面纱。

从 1981 年开始，美国采用了国际组织广泛使用的招聘办法，该办法名为"公开任用体系"，它要求人事司向工作人员提前公布职位空缺清单。应聘这样或那样岗位的外交官向人事司提交包含个人信息资料以及求职动机的申请表。

法国外交部也愈加重视人事政策的"透明度"。他们在年刊《透明》（*Транспаранс*）上发布职位空缺信息公告，并在相关网站公布有关外交部工作和招聘条件的详细信息。法国外交部人事政策的原则之一就是干部流动，鼓励外交官在其他组织和机构工作 2—3 年。外交部领导认为，这样有助于提高外交官的技能，使其能够直接了解商务、金融、税务、司法部门的工作。

外交业务范围的拓展要求吸收各个领域的专家从事外交工作。例如，德国、英国、美国外交部门录用了心理学家、数学家、医生、金融家、生态学家和社会活动家。

---

① 指本书原著完成前的 21 世纪前 10 年。——译者注

② 弗朗西斯·德·卡利埃尔（Francois de Callieres, 1645–1717），法国近代著名外交家，《论与君主谈判的方法》一书的作者，被认为是法国式外交的奠基人之一。——译者注

外交官的党派信息通常不被公开，不允许他们积极参与政治活动。很多国家的外交部职员是工会成员，他们时不时参加罢工。例如，在 20 世纪 90 年代，法国外交官两次罢工，并获得了加班工资。外交部有一些已退位的工会领导人，国家仍根据其当选时的职务和职衔继续支付工资。虽然在外交部共有 3 个全国性工会中心，但外交官自己的工会发挥着关键性作用，在法国这样的组织被称为"家庭工会"。

意大利外交官工会在与外交部行政部门就职务工资、工作和休假待遇、社会保障的谈判中发挥着巨大作用。

很多国家的外交部为了节约国外开支，以签订劳动合同方式雇用当地专业人员，一般这些人从事行政技术工作。例如，法国驻外机构中 3/4 的行政技术人员是当地人，大部分是外国公民。

外交部一定程度地开展保护他们利益的工作，当地雇员代表有机会参与人数均等的劳务纠纷委员会的工作，该委员会从前均由使馆派遣国外交部人事官员组成。提高工资、改善劳动环境的计划正在落实，并建立了精神和物质奖励机制。在一些社会保险不发达的国家，使馆会按照劳动合同规定支付保险。当地雇员的法律问题根据当地私法规定解决，其工作节奏应符合当地劳动法规定。在劳动保护体系薄弱的国家则采用国际劳工组织的规定。

外交官技能培训现代体系

外交官业务能力提升及培训一般由外交部下属的专门教育机构负责，例如美国外交学院（Foreign Service Institute）、意大利外交学院（Дипломатический институт Италии）、德国教学中心（Учебный центр Германии）。根据于贝尔·韦德里纳外长的提议，法国于 2001 年设立了外交学院，其目的是提升外交官业务能力、交流工作经验、获得国家外交政策发展前景的专业知识。在外交学院接受培训的不仅是外交部工作人员，根据时代要求，其他部委拟派往国外工作的官员以及企业家、媒体人士和学者也可以在外交学院进修。

众所周知，俄罗斯外交干部的熔炉是俄罗斯外交部下属的莫斯科国立国际关系学院，其前身是 1943 年在莫斯科国立大学建立的国际关系系，1944 年开始成为独立的教育机构。俄罗斯外交部还有外交学院，它不仅培训外交官，还为从事外交工作的政治家、议员、商人提供培训。外交学院正式创立的时间是 1934 年 7 月 23 日，当时联共（布）中央政治局通过决议，决定在外交人民委员会下创办外交和领事人员培训学院（Институт подготовки дипломатических и консульских работников），1939 年改建为外交学校（Дипломатическая школа），在 20 世纪 90 年代更名为外交学院（Дипломатическая академия）。

无论是在中央机构还是驻外代表机构，经济外交工作需要专业干部。为此，英国外交官必须完成管理和市场营销的课程。年轻的德国外交官需要接受为期 4 周的国际贸易和金融问题培训，此后还需要参加为期 2 周的研讨会，其间，模拟为开展海外业务的国内企业提供服务等，高水平的专家受邀参加研讨会。此外，新入职外交官还需要在德国大企业实习 2 期，每期 3 周。

外交干部的培养越来越朝着专业化方向发展。例如，莫斯科国立国际关系学院创办了燃料能源综合体国际研究所（Международный институт топливно-энергетического комплекса），直接从事"能源外交"领域人才的培养。

当前，所有欧洲国家实际上都开展了有关外交官应掌握的专业知识和通用知识比重的讨论。这种讨论一定程度反映出外交机构本身的职能与地理原则（функционально-географиесий принцип）。20 世纪七八十年代，对职能原则的追捧导致一些国家缺乏掌握外语和外国国情知识的外交干部。

有意思的是，当时在美国的一些专业杂志上也就此发出了批评的声音。美国作者直截了当地指出需要重新审视国务院的政策，重视培养相关人才。俄罗斯外交院校十分重视对干部进行高质量的国别知识培训，当然也会对外交官进行当代世界政治各方面知识的培养。

近年来，很多国家出现了不少能完成这一任务的中心。例如，1984年根据美国国会的决议建立了美国和平研究所，研究所的工作目标是加强对谈判进程和斡旋任务的研究。知名学者、外交官、政治家和神学家参与研究所的工作。他们研究相关的方法和情境，以便更加深入地理解外交谈判，特别是有关解决这样或那样危险冲突谈判的特点。

为年轻外交官以及联合国及其他国际组织年轻官员举办的研讨会广泛使用现代技术，这使与会者能够在最短时间内获得所有有关冲突的历史经纬、发展情况、历史背景、大国立场等信息。资料包括地图、影像、文件、联合国决议、官方声明、民调结果、专家结论等。研讨会重点关注解决冲突进程中的经济、社会、心理和伦理道德问题。

有时与会者会遇到更为具体的问题，例如开展释放人质的谈判。通过运用电脑数据，与会者可以制订出一系列通过谈判达成目标的战略计划。此外，还举行了诸如制定生化武器新条约的谈判模拟研讨。这项工作有力地表明，由众多参与者参与的国际谈判十分复杂。

近一时期，内部冲突引发人们的高度关注。在形势分析时要关注什么时候冲突可能通过谈判解决，什么时候冲突可能面临升级为军事冲突的危险。同时，人们还使用了案例分析法。研讨会与会者一致认为，制定有关冲突的协议并不意味着冲突的最终解决，应高度重视可能导致未来爆发新的军事行动的因素。

伦敦外交学院、维也纳外交学院、加拿大外交学院和地中海外交学院也于 1995 年开始开展通过发展新的信息技术培训外交人员的项目。

该项目有针对性地广泛利用信息技术。假设某一大学或学院开设外交史课程，有关人员通过上述项目就可以得知其他教育机构是否设有相关课程，并可以了解相关经验、开展互利合作。"虚拟外交培训国际论坛"（IFDT）的建设可以帮助其成员寻找必要的信息。①

威斯敏斯特和牛津政治与外交研究中心、捷克外交学院、中国外交学院积极开展外交干部的培训。缺乏培训外交官经费的发展中国家借助联合国、卡内基国际和平基金会、维也纳外交学院的资源开展相关工作，并在一些高校的政治学系开展教学。还有一些地区性的外交官培训中心，例如，喀麦隆国际关系研究所实际上为整个非洲提供服务，在巴巴多斯、特立尼达也设有培训中心。

1994 年，莱斯特大学（英国）设立了外交研究中心。日内瓦的外交研究基金会（Diplo Foundation）属于同类机构。在这里开展实践研究，研究成果通过多种出版物广泛传播。在从事出版工作的同时，其举办的外交培训研讨会很有名气。1994 年，莱斯特外交研究中心与巴黎现代国际关系史学院（Парижский институт истории современных международных отношений）共同落实外交研究计划（DSP）。很多国家和独立学者参与了该计划，其中莫斯科国立国际关系学院是其积极参与者之一。全球著名的《海牙外交学研究》（*The Hague Journal of Diplomacy*）在外交问题研究和外交干部培训方面做了大量工作。

新技术的出现提出了关于如何适应当代需要培养信息革命条件下外交官的问题。外交干部专业培训机构首次运用商务领域的"知识管理"（knowledge management）概念。"知识"（knowledge）一词在此情形下指的是与经验和直觉有机联系的信息和培训领域的综合知识。"知识管理"有助于外交官以适当的方式对无法预见的事件作出反应，因为当代外交

---

① The International Forum on Diplomatic Training（IFDT），http://forum. diplomacy. edu.

处于极端不稳定和快速变化的环境中。

地中海外交学院研究出一套方法，取名为"外交管理系统"（Дипло Визар），换句话说就是"知识管理"系统，它能提供一套关于信息收集、检索、系统分类以及有效利用信息的现成方法。在地中海外交学院组织的国际研讨会上，瑞典发展与合作问题机构（шведское агенство по проблемам развития и сотрудничества）负责人福斯特（В. Фуст）大使强调，该组织的目标是增强合作伙伴获取和创造信息、传递知识，并将所获知识适用于当地条件的能力。当然，只要本着推动富有成效的国际对话为目的，国际关系参与者间的信息交换必然是相互的。

普林斯顿大学教授福尔克表示，外交官的任务是将信息转化为知识，再将知识转化为智慧，最终为人类服务。对于中小国家的外交官以及国际政治中的新参与方来说，创造性地使用信息技术具有特殊意义，这能使他们无论其国籍国的潜力如何，都能在世界舞台上发挥显著作用。

传统上来说，掌握信息被视为权力和仕途成功之源。"知识管理"系统倡导与自己的同事分享信息和知识。

英国独立机构威尔顿公园与英国外交部间存在合作关系，该机构负责人科林（Дж Колин）在某次会议上表示，虽然人们处于信息革命时代，但许多英国官员和外交官因忙于墨守成规的日常工作，没有时间读书、分析信息、咨询专家。这证明"知识管理"仍未达到应有水平。

为了推动上述进程，威尔顿公园经常组织由政府机构代表、非政府组织专家及具体领域专家参加的学术研讨会。这为学者与政策制定者交流知识和意见提供了可能。在推心置腹、相互信任的氛围中，会议的讨论开诚布公，学者提供了满足当前需要的知识。会上建立的个人联系会后仍继续维持。

地中海外交学院院长卡普勒（Д. Каплер）强调，过去每位外交官都应具备身体健康、性格沉稳、自控力强、富有好奇心、反应机敏、亲切友好、彬彬有礼、有感召力，以及爱好外语学习等素质。今天这些仍十分必要，但远远不够，外交官接受历史、法律、经济、政治学的教育明显不足。国际形势的快速变化要求组织常规培训以提高职业外交官的专业素养。

当然，并非所有外交部长都有足够资源安排下属参加培训，但信息技术时代开辟了前所未有的可能。远程电脑教育无论对于保证教学时间还是教学水平和时长都提供了回旋空间。这一教学方式有助于信息以及积累的国际关系专业知识的快速传播。当然，所有这些并不排除使用配套培训模式，即交替使用远程和线下教育。美国多边外交（Multi-Track Diplomacy）研究所所长麦克唐纳（Дж. В. Макдональд）强调，虽然将电脑系统运用于外交和谈判之中非常重要，但依靠电脑未必能达到所需效果。因为谈判的成功很大程度取决于谈判伙伴间的个人协作。在学术界和外交界，麦克唐纳以不断强化学习和培训的坚定支持者著称，他对那些确信谈判艺术是天生的、无法后天培养的美国外交官同事持批评态度。麦克唐纳认为，"在当今不断变化的世界中需要不断学习"。他相信，知识和经验迟早会转化为智慧。

他的学术界同行、欧盟委员会外交培训司司长戴维·斯宾塞（Давид Спенс）认为，随着欧盟的出现和发展，形成了"新的国际关系聚合体"（парадигма）。国内问题以及一些国家对具体形势的应对办法经常在布鲁塞尔进行讨论和协调。培养欧盟外交官需要新办法，并要改变相关人员的思维方式。

经过地中海外交学院多年对生物信息技术的探索，建立了一个特别项目，即"外交发展项目"（Дипло-Проджект）。该项目由相互关联的若干部分组成：

（1）外交领域专业培训（Дипло Эду）——远程教育方法。该课程聚焦广泛领域问题，包括当今世界中的外交官作用和地位、"新一代"的思想动荡、利用互联网以及其他信息技术完善外交活动等。

（2）外交资料档案库（Дипло Визар）——保证外交电子数据库使用的知识管理系统。这一系统囊括已签署协议的数据库，包括这些协议签订和批准的地点、人物、时间，以及协议解释、早期协议文本和作为法律条文集的附件、危机管理案例、网上图书馆和档案链接等。

（3）外交文本分析（Дипло Аналитика）——基于外交文件内容分析的外交学教学法。该项目提供分析性文件及大量额外信息、评论和证据解释。教师和学生能够利用聊天系统（ICQ 形式的网络聊天）讨论这些文件。教师在其中更多扮演评论者和向导角色，而不是单纯的信息提供者。

著名的外交关系规划系统研究者、瑞士外交部政治规划司前司长迈耶（Ф. Мейер）教授认为，与其他政治活动相比，外交政策更难规划，因为这一政策的落实是在不稳定的、急剧变化的世界中进行的。此外，其复杂性还在于参与其中的行为体数量庞大，强大的利益集团会对外交政策产生影响。外交政策的落实不是直线性的，就是说根本无法直接实现最初设定的立场和目标。基于以上原因，外交规划无法成为一门精确科学，而仅是一种工具，并非目标本身。

瑞士学者还认为，随着原始信息转化为知识的进程逐步发展，外交规划成为可能。在这条道路上第一步是收集信息，这一步的困难首先在于需要在海量信息材料中决定选择哪些符合此时此地（hinc et nunc）需求或者可在未来使用的信息，接下来要客观分析筛选过的信息，然后预设形势可能的发展，不断吸收涉及各种利益和施压集团以及现实可能性和限制性的最新信息，最后提出意见建议。这样可以将最初的客观信息材料转化为主观意见。

外交官应该意识到，当今世界处于整体变革中，如不对此加以考虑就会脱离现实，从而失去外交作为保障对外利益工具的有效性。当代外

交实质上涉及国家生活的根本问题——从当今"全球化"形势下保障国家安全到包括维护和创造就业岗位在内的生活质量问题。国际关系中的行为方式应根据形势作出重大调整。这不应再像冷战期间世界分成两个对立阵营一样进行等级排列，而是要开展全方位的网状外交，即不同国家集团为了保证相同利益而合作的灵活方式。网状协作因其灵活性和多样性而十分有效，在这方面各国在具体问题上的相同利益发挥着重要作用，这是合作的主要动因。相互依赖使各国将注意力集中到解决国际问题的政治外交方式上。这需要政治精英包括外交官意识到，必须"调整国家利益，以便与合作伙伴利益、国际社会共同利益并行不悖"。[①] 克服信任危机只能在各种层面上综合解决。

可以肯定的是，将来对外交官的职业技能要求会大大提高。外交官的工作会逐渐消除 20 世纪下半叶表现尤为突出的墨守成规、官僚主义等问题。以丰富知识为基础的分析能力和创造能力将成为外交官最重要的能力，同时需要培养高素质的文化水平、掌握协调不同行为体活动的本领和组织双边及多边谈判的艺术。外交作用的提升需要专业人才，特别需要外交官具有在公众面前演讲、在讨论中旁征博引以及说服和赢得其他国家民众好感的能力。外交机构应不断完善外交官培训体系，保障性别平等，解决少数民族代表性问题。

思考题

1. 不同外交机构有什么样的文明特色？

2. 现代外交官面临什么样的挑战？

3. 什么是政治任命？

4. 外交机构的入部考试是怎样组织的？

---

① *Лавров С. В.* О предмете и методе современной дипломатии // Международная жизнь. 2009. № 10.

5. 在培训外交官时如何利用新技术？

推荐阅读

1. Дипломатическая служба / Под ред. А. В. Торкунова. М. : РОССПЭН, 2002.

2. Дипломатия XXI века: диалог культур / Под ред. Т. В. Зоновой. М. : МГИМО (У) МИД России, РАМИ, 2010.

3. Дипломатия иностранных государств / Под ред. Т. В. Зоновой. М. : РОССПЭН, 2004.

4. *Дубинин Ю. В.* Мастерство переговоров. М. : Международные отношения, 2009.

5. *Зонова Т. В.* Гендерный фактор в политике и дипломатии // Международные процессы. 2010. № 2.

6. *Зонова Т. В.* Дипломатия будущего. [Электронный ресурс]. — Режим доступа, https: //russiancouncil. ru/analytics-and-comments/analytics/ diplomatiya-budushchego/.

7. *Зонова Т. В.* Имидж России и новые требования к подготовке дипломатических кадров // Современный образ России: перспективы развития. М. : Общественная палата РФ. 2008.

8. *Лавров С. В.* О предмете и методе современной дипломатии // Международная жизнь. 2009. № 10.

9. *Лавров С. В.* Российская дипломатия и вызовы XXI века // Международная жизнь. 2012. Сентябрь.

10. *Павлов Н. В.* Культура – третье измерение внешней политики // Международная жизнь. 2008. № 8/9.

11. *Федякина А.* Сергей Лавров рассказал о планах российской

дипломатии на 2014 год // Российская газета. 2014. 22 января.

12. Современные международные отношения / Под ред. А. В. Торкунова, А. В. Мальгина. М. : Аспект Пресс, 2012.

13. Berridge G. R. , *Diplomacy: Theory and Practice* (Basingstoke: Palgrave Macmillan, 2002) .

14. Zonova T. , "Diplomatic Cultures: Comparing Russia and the West in Terms of a ' Modern Model of Diplomacy' , " *The Hague Journal of Diplomacy*, no. 2 (2007) .

15. Zonova T. , "Paul Sharp: Diplomatic Theory of International Relations, " *The Hague Journal of Diplomacy*, no. 7 (2012) .

第二章 现代外交模式的形成

职业外交机构的发展经历了几个历史阶段。外交史研究表明，古埃及、亚述、波斯帝国、古印度和古代中国的外交策略以高效和娴熟而著称。本章我们将更详细地探究欧洲外交模式的形成，因为我们所说的"现代外交模式"正是源于欧洲，而后被全世界普遍采纳。

早在古希腊荷马时代就确立了一些至今仍被视为外交关系中不可违背的基本规则。那时的外交使节被认为是和平的化身，因此被称作"上帝的使者"（angelos）。同时，外交豁免权的概念也在这一时期开始形成。在《伊利亚特》中，阿伽门农派遣使节去找阿喀琉斯。使节们惧怕阿喀琉斯的盛怒，甚至已经做好了赴死的准备。但是高尚的阿喀琉斯安慰他们说："走近点，你们没有罪过，错在阿伽门农。"（N. N. 格涅季奇译本）

古代最成熟，大概也是最接近现代的外交便是希腊城邦的外交。城邦之间通过使节联系，这些使节接受来自公民大会的指示——这一点在雅典等民主城邦中尤为显著。当持有委任书的使节抵达其他城邦时，他们会在公民大会上演说并竭力说服听众支持自己城邦的政策。因此选拔的使节通常都是出色的演说家。希腊还产生了"外交代理人"制度——一种早期的款待形式，这成为未来领事服务尤其是名誉领事制度的原型。希腊历史学家修昔底德关于伯罗奔尼撒战争的论述后来被理论家所用，并发展为均势理论。

共和制与帝国制相结合是古罗马国家制度一大特征。古罗马和其他国家的关系更多依赖于武力手段，不像希腊那样依赖谈判和妥协。然而，所谓的古罗马内部外交，即中央与自治市和行省的关系体系，则一度相当发达，甚至促进了法律的发展和行政管理的完善。

"Ius gentium"——"万民法"，即调整罗马公民与异邦人之间关系的法律，后来促进了国际法的发展。在古希腊和罗马的外交模式中，我们可以看到两种国际体系的原型：多中心的（追求力量平衡）和单极的（帝国统治）。

在中世纪的欧洲，内政和外交并没有明确的划分，也不存在国家主权的概念。根据天主教会的宗规法，教皇担任统治者之间所有争端的最高仲裁者。国王、公爵、伯爵不能追求自己的主权，因为他们被认为是教皇的臣属。教皇为国王施行涂油礼，召集高级神职人员会议。在整个欧洲天主教世界中，这些会议被看作基督教人民共和国（res publica gentium christianorum）存在的标志。由梵蒂冈任命的主教和教廷使节制定了不同政治主体共存（modus vivendi）的条件。在战争条件下他们追求尽快停战，同时教会法学家在《万民法》的基础上制定了宗规法。随着时间的推移，福音教义"上帝的归上帝，恺撒的归恺撒"逐渐演变成宗教领域与世俗领域分离的基础。并且，梵蒂冈发达的外交策略为世俗外交的形成树立了典范。

美国法学家哈罗德·伯尔曼认为，11世纪教皇格里高利七世的教皇革命是新型国家产生和国家间关系新体系发展之路上的重要里程碑。自此，漫长的世俗化进程——世俗权力和教会权力分离的过程——逐渐展开。[①]

在文艺复兴时期的世界观中，世俗原则开始占据主导地位，新的世界秩序形成。世俗统治者开始追求主权，也就是最高权力。国王、公爵、

---

① *Берман Г. Дж.* Западная традиция права: Эпоха формирования / Пер. с англ. М. : Инфра-М; Норма, 1998.

伯爵们都密切关注一点，希望自身地位不仅在国内得到认可，在他国政府中也能得到认可。在新的外交系统中，大使是世俗统治者的信使（特派员）。当时英国著名诗人约翰·多恩为自己的外交官朋友亨利·沃顿写了几行诗：

> 国王是太阳，大使是阳光。
>
> 国王亲手签署了命令，
>
> 他把命令交与你。
>
> 他赐予你权柄，
>
> 如同他暂时亲临。
>
> 你在他的灯罩中作为烛火闪耀。
>
> 你是复制品，他是原生品。
>
> 你是卑微的光线，他是金色的太阳，
>
> 将光线投向遥远的地方。

在欧洲，众多权力中心的相互竞争，以及席卷欧洲、动摇封建结构的"公社革命"，共同形成了一种新的国际秩序。在这种背景下，出现了由共同的历史、文化和宗教联合起来的新型世俗主权国家。根据美国研究员查尔斯·蒂利的说法，新型欧洲国家的形成应归功于已经形成的欧洲体系。

罗马教皇继续影响欧洲政治，但他已无法成为调节有主权意识的统治者间关系的最高仲裁者。在世俗化的压力下，新兴的国家间关系体系需要建立新的调节机制。正如16世纪著名的法国理论家让·博登所写，当时的统治者开始将自己的主权理解为"发号施令和强制执行的权力，不受其他政权管辖的任何命令或胁迫"。问题出现了：如何在这种新形势下建立主权国家之间的关系？如何避免混乱的权力竞赛？如果不是梵蒂冈，那么是谁或什么将制定新的国际秩序规则？

在文艺复兴时期，由于对古典典范的重视，理论家和思想家对伟大的希腊历史学家修昔底德的作品表现出浓厚的兴趣，特别是他对伯罗奔尼撒战争原因的分析。根据修昔底德的说法，战争的起因是雅典帝国的军事力量得到空前增长。雅典人直接对他们的对手说："让我们抛开冗长、华丽，但不能令人信服的言辞……强者为所欲为，而弱者只能让步。"[1] 为了出其不意，斯巴达选择先发制人对雅典展开军事行动。

修昔底德的这一结论奠定了均势理论的基础，即力量平衡是和平的保证，当没有希望战胜实力相当的对手时，统治者会避免发动侵略。文艺复兴时期的理论家认为，均势体系是一个新兴的世俗机制，它取代了梵蒂冈的权威，成为调节国际关系、维护和平的调节器。

因为拥有共同的文化、历史和宗教，亚平宁半岛的许多城邦在很多方面都与古希腊的城邦相似。城邦间通常处于敌对关系，而日益流行的均势思想逐渐被接受并引入实践。保持均势需要联盟和同盟结构的"灵活变化"，根据形势的需要进行相应的调整。

意大利的城邦形成了类似于公元前 6 世纪希腊城邦所建立的联盟，如以雅典为首的提洛同盟和以斯巴达为首的伯罗奔尼撒同盟。此外，亚平宁半岛得益于阿尔卑斯山的天然屏障，免受北方入侵。北方邻国深陷于内部纷争之中，无暇进行高风险的军事行动。法国和英国的统治者忙于加强中央集权：他们的首要目标是建立强大的皇家军队和高效的官僚体系。在这种情况下，只有亚平宁半岛的自由城市才能成为实践均势政策的理想"实验室"。

关于文艺复兴时期"均势"概念的记载最早出现在 1439 年的一份报告中，威尼斯外交官弗朗西斯科·巴巴罗在文中说道，他的国家是维持亚平宁半岛和平的主要平衡力量。一个世纪后，弗朗西斯科·圭恰迪尼

---

[1] Фукидид. История. М. 1915. Т. Ⅱ. Кн. Ⅴ. Ст. 89. С. 60.

在《意大利史》中强调，佛罗伦萨的统治者"伟大的洛伦佐"竭尽所能使意大利各城邦处于平衡状态。15—16世纪，威尼斯与罗马并列为最重要的外交中心，不断强调其在维持哈布斯堡王朝与竞争对手法国之间平衡中的作用。

威尼斯驻罗马大使保罗·巴拉塔于1599年写道，16世纪下半叶的政治稳定与其说是通过意大利各城邦维持相互平衡来实现的，不如说是通过法国与神圣罗马帝国之间已经形成的力量平衡来实现的，这种大国间的平衡状态很大程度上阻止了它们对亚平宁半岛的侵略。

维持均势需要联盟和同盟具有灵活性，以及对各国统治者意图和能力的准确了解。只有完善、专业、有组织的外交体系才能保证该政策的施行。在这种体系中，各方互设常驻外交代表机构，并由中央相关机构进行管理。意大利新外交结构得以成功构建，在很大程度上得益于其发展成熟的法律基础，这一基础承袭自罗马的万民法，并在罗马天主教会的宗规法体系中得到发展。有趣的是，同一时期的德国也由许多具有共同历史根源的小型国家构成，但在德国的公国中没有发生类似的事情。原因是大多数德国公国属于神圣罗马帝国的一部分，虽然帝国不是一个统一的国家，但它拥有一套适用于其成员国的共同制度。因此，德国各公国的外交政策同时也是内政，这影响了奥地利和德国公国外交的发展。

14世纪意大利编年史的研究者指出，在谈判、缔结和平条约、举行正式仪式过程中经常出现同一批人物，标志着专业外交人士的出现。他们能够提供必要的权威和保障政策的连续性。为了维护力量平衡，需要进行长期观察和分析，这些任务要求观察者具备出色的教育背景和深刻的形势评估能力。他们能洞察对手的潜力、资源，认真探察统治阶层的意图，并利用宫廷阴谋达到自身目的。通常在一些贵族家庭中，外交官的职业是世代相传的，由父亲传给儿子。意大利外交官首次获得薪酬，标志着外交政策成为一个独立的国家管理领域，拥有自己的官僚机构。

1375 年，米兰和曼图亚希望协调它们对维罗纳的行动，因此互换了常驻大使（посол-резидент）。1446 年，米兰和佛罗伦萨的统治者互换常驻使节，并开始就联盟的创建进行谈判，以保护米兰和佛罗伦萨不受威尼斯的侵略。15 世纪下半叶，越来越多的意大利公国交换常驻使节。当然，使馆网络的扩大需要中央政府做大量工作，既要组织管理这些使馆，又要搜集、处理和分析每天通过外交邮件获得的大量紧急情报。为此，设立了"办公室"（канцелярия），配备了相关领域专家，专责处理外交政策事宜。

12 世纪末，为了对抗弗雷德里克·巴巴罗萨皇帝，伦巴第、维尼托和埃米利亚组成了城市联盟，这成为意大利均势体系的原型。该联盟被称为伦巴第联盟，是教皇政策和世俗统治者新策略的产物。联盟制度阻止了任何一方的过度强大，保障了意大利的封建领主、共和国和公国在教权与帝国的对抗中保持一定的独立。

均势体系促进了 12—13 世纪意大利城邦的繁荣，意大利的"平衡"在 15 世纪下半叶达到了巅峰。特别是 1454 年，米兰、佛罗伦萨、威尼斯和那不勒斯在洛迪市缔结了和平条约，此后意大利迎来 40 年的稳定期。在这一体系下，意大利的 5 个主要城邦国家坚持总体均势的原则，随时准备组建不同联盟以防任一城邦试图称霸。主要参与者包括罗马和威尼斯，而米兰、佛罗伦萨、那不勒斯和一些小型政体不断在竞争者之间转换联盟以保持力量平衡。正如历史学家乔阿克奇诺·沃尔普所言：

> 均势体系是历经 3 个世纪不断发展的结果。其特点是零散的政治实体的统一，在此基础上形成小国，明确划分势力范围，放弃对邻国领土的争夺。所有这些小型甚至微型的国家共同构成了一个统一的政治空间，旨在维护和平与领土完整以抵御内外威胁，准备抵抗土耳其的入侵，展现了该体系的积极性。

在意大利外交体制的影响下，新的世俗国际法和外交理论应运而生。该领域最著名的作者之一是意大利法学家阿尔贝里科·真蒂利。接受了路德教并移居牛津后，他于 1589 年出版了民法领域的第一部系统性著作——《战争法》（*De Jure Belli libri tres*）三卷本。这对著名荷兰法学家雨果·格劳秀斯产生了重大影响。阿尔贝里科·真蒂利认为，欧洲必须避免出现过于强大的国家。虽然他没有直接使用"均势"一词，但他的警告明显是基于"力量平衡"的理念。

这部学术著作反映了一些国际关系的新特点，如外交常设机构的建立，国际法作用的加强。真蒂利指出，国际法中的世俗规则和教会规则应与外交理论紧密地结合起来，他强调宗教差异不能成为拒绝建立国家间外交关系的理由，影响国家及其使馆地位的不是宗教或信仰问题，而是国家在国际政治中的实际地位。真蒂利从一个全新的角度解释了战争问题，主张战争应该符合法律和人道主义原则。

真蒂利的另一著作——《外交官论》（*De Legazionibus libri tres*）三卷本记述了外交理论、使馆等级、外交仪式、专业技能和知识。他基于古代文献，广泛论述了使节的主要类型和外交史。真蒂利强调，合法的使节享有不可侵犯的法律地位，但同时也受国际法约束，国际法优先于其他法律形式。国际法是使馆法的基础，它既可用于保护大使，也可防止其非法行为。真蒂利认为，如果外交职务成为一种专门的职业，国家应该承担使馆的费用。

尼科洛·马基雅维利的书信集广为人知，美国著名历史学家威廉·普雷斯科特将其恰当地描述为"对外交官而言这是真正的教科书"。17世纪初，法国外交官让·霍特曼（1603 年）的《大使》一书问世，意大利人加斯帕雷·布拉加西亚在 1627 年撰写了同名作品，使节礼仪问题引起了罗伯特·科顿（1651 年）的注意，而到了 17 世纪末，荷兰外交官亚伯拉罕·德威克福出版了《大使及其职能》一书（1680 年），著名的德国哲学家和科学家戈特弗里德·莱布尼茨出版了《外交官法典》（1693年），荷兰法学家科尼利厄斯·范·伯恩斯霍克专注于研究外交豁免权问题（1721年）。

在启蒙时代初期，弗朗索瓦·德·卡利埃的著名论著《论与君王谈判的方式》问世（1716年）。卡利埃坚称："外交官的职责不应包括发动战争，外交官的角色本质上是爱好和平的。"这位伟大法国外交官的书中最精彩的部分是关于谈判的艺术，谈判者的核心才能是说服力。他强调，与依靠武力强行推行自己意志的能力不同，说服艺术是一门细腻的暗示技巧，一种能使对手相信他们的立场得到了完全理解，并且双方的所有努力都旨在共同寻找一个互相可接受的解决方案的技术。从这个角度看，卡利埃考虑到了当时的外交制度。他认为，外交豁免不仅只拥有法律意义，大使的不可侵犯性首先是创造最大限度信任氛围的必要条件。卡利埃进而问道，谈判人员如何才能在困难和看似无望的情况下找到双方都能接受的解决方案？因此，谈判成功与否不仅取决于外交法律的效力，而且在很大程度上也取决于大使的个人素质。

均势思想逐渐从亚平宁半岛传播到其他国家和大陆。欧洲统治者对查尔斯五世和弗朗西斯一世这两大劲敌的强大力量深感忧虑，认为有必要通过共同努力来平衡潜在的对手。1584年，胡格诺派领袖菲利普·德·莫尔奈非常明确地谈到了法国和西班牙之间的力量平衡，他预言了英国、荷兰、丹麦、威尼斯、瑞士各州，甚至土耳其将会与法国结成联盟对抗西班牙。托马索·康帕内拉（Томмазо Кампанелла）在《致意大利统治者的政治演讲》中强调：奥地利的哈布斯堡王朝和奥斯曼帝国之间实现了完美的平衡。

到了17世纪，"力量平衡""制衡体系"等术语在政治文献中已十分常见，不再需要额外的阐释。此外，在这一时期，欧洲国家之间的力量平衡被广泛讨论，并被认为是非常可取的、强制性的甚至是整个政治生活中最重要的因素。乔万尼·博泰罗（Джованни Ботеро）是 17 世纪初最有见地的外交官和思想家之一，1605 年，他在一份报告中思考了关于国家间均势体系的原则，将其视为一种与自然秩序相契合、建立在常理之上的原则。在 17 世纪中叶，法国与丹麦签署了一份条约，该条约首次明确提出了共同维护波罗的海和北海地区稳定平衡的意向，这种平衡至今仍是和平与社会稳定的基础。在弗兰西斯·培根的著作中，我们看到了对平衡系统复杂性的深刻洞察，他描述了平衡的"紧张局势"。由于国家之间彼此不信任，它们热衷于观察邻国的行动，外交官们也要时刻保持警惕。培根提醒到：应该永远记住，今天的敌人可能变成明天的盟友。武器不仅用来发动战争，也为谈判提供了必要的力量背景。长期利益只有在合作中才能实现，因此应放弃对即时满足欲望的追求。

这一时期出现了在全面均势体系内部建立小区域系统的想法。英国著名政治家托马斯·奥弗伯里爵士在其《关于亨利四世时期的法国》中谈到有必要形成包括法国、西班牙和英国在内的西欧均势体系，以及包括波兰、瑞典、丹麦、俄国在内的东欧均势体系。他还提议建立一个中欧体系，以德国各州为主体，作为东、西欧平衡的补充。法国实力的增强促使欧洲外交界开始讨论对其力量进行制衡的必要性。路易十四的扩张政策催生了建立反法同盟的构想。人们认为，如果不建立联盟以制衡法国的侵略行动和违反条约的行为，可能会破坏整个国际贸易体系，并"把人类社会变成一片原始森林"。

英国对欧洲均衡的看法独树一帜。在 16 世纪末，英国流行一种形象比喻，将法国和西班牙视为天平的两端，而英国则是天平的指针。然而，直至 17 世纪末的几十年间，英国在欧洲事务中的作用也微不足道。内部矛盾、军事力量不足、缺乏明确的外交政策，都阻碍了该国的崛起。1688—1689 年的革命从根本上改变了英国与欧洲的关系，此后英国开始逐渐成为抵抗法国的中心。正如一位英国政论家在 1689 年所述："英格兰可以成为整个欧洲的仲裁者，并将帮助维持所有基督教统治者之间的和平。"英国相对来说是难以攻破的，在某种程度上凌驾于欧洲战场之上的观点已经根深蒂固。

均势思想本质上完全是唯物主义的，它基于对每个国家力量潜能的准确评估，但通常会忽略政治的道德层面和各国主张的公正性。

显然，从中世纪向新时期过渡期间，上述国际体系的发展方向为现代外交服务模式的传播创造了先决条件。这一进程是国家机构世俗化和新的国际关系体系确立的结果，并且这两个因素紧密相关。

美国学者加勒特·马丁利（Гарретт Мэттингль）恰当地指出，文艺复兴时期的新外交已成为新型国家的运作方式，同时这种外交也是基于新型世俗国家间关系的新型国际体系的功能性表达。一方面，均势政策催生了结构化且常态化的外交机构；另一方面，正是有效的外交活动使这项政策得以成功实施。

新的外交模式被称作意大利模式，具有以下特征：

　　1. 互设常驻外交代表制度的普及；

　　2. 设立国家外交事务机构；

　　3. 形成由国家财政支持、专门从事国家外交工作的官员队伍；

　　4. 出现了特殊类型的外交文书和外交档案。

外交体系的产生可以被视为早期全球化的一个体现。它源于特定的地理位置（亚平宁半岛）和特定的时期（文艺复兴时期），随着时间的流逝传播到世界其他国家。而随着欧洲均势理念的发展，欧洲外交越来越倾向于遵循"意大利模式"。

第一个走上这条道路的国家是法国。早在16世纪初，弗朗西斯一世统治时期，法国就设立了常驻代表机构。然而，这只是建构新外交制度的开始。直到路易十三时期，红衣主教黎塞留，也就是法国第一任首相，充分意识到"意大利模式"对法国外交政策成功发展的重要性。他创造性地发展了均势思想，他将"欧洲平衡"引入，作为国际关系的中心思想。在他的构想中，欧洲体系基于持久稳定的主权国家间的关系。

正如法国研究员米歇尔·卡尔莫纳所指出："黎塞留把国家间关系建立在世俗的基础上，把欧洲的均势思想变成了国际关系的主要原则。"黎塞留否定了政治要遵循王室血统的观点，他认为国家的利益高于王室、贵族和人民的利益。在他看来，治国之道意味着国家政策与国家利益相协调，而不是取决于伦理和宗教因素。

黎塞留是真正的世俗外交理论家，他坚持要保持构成共同政治空间的主权国家之间关系的持续性。为了确保这些关系的连续性和继承性，黎塞留在他的《政治遗嘱》（1638 年）中写道，有必要"在任何地方进行的持续的、公开的、广泛的谈判，即使眼下没有收获，甚至连未来的预期收获都没有的情况下，谈判也一样要进行下去"。黎塞留有力地论证了将临时性外交转变为常态外交的必要性。显然，在没有常驻大使的情况下，黎塞留提出的"持续谈判"理论是无法实现的。

这位伟大的法国红衣主教兼政治家认为，外交是建立和维持信任关系的一种手段。这些关系在意识形态上是中立的，应始终坚持对合作伙伴的"诚信对待"，正如红衣主教遵守"契约必须履行"（pacta sunt servanda）的宗教戒律。他告诫大使们不要越权行事，要斟酌每一句话，学会并掌握书写的艺术。

黎塞留认为，必须对外交政策和大使活动进行严密监控，因此有必要将外交政策事务集中到一个部门。于是，在 1626 年，欧洲诞生了第一个名为"外交部"的政府机构。黎塞留实际上把新成立的外交部的领导权集中在自己手里。外交部建有附属档案馆，后来在凡尔赛还专门修建了一座防火建筑来安置档案。黎塞留的政策由他的继任者红衣主教马萨里诺继续执行。马萨里诺也极为重视外交，同样在谈判中坚持"最大限度的灵活性"，并建议永远不要中断谈判。

到 17 世纪末，法国外交机构积极参与构建欧洲均势体系，逐渐发展成为欧洲最强大和分支最多的外交机构。法国国王的大使常驻罗马、威尼斯、君士坦丁堡、维也纳、海牙、伦敦、马德里、里斯本、慕尼黑、哥本哈根和伯尔尼。在世界其他经济和政治中心，法国驻外代表也密切注视着事态的发展。不久后，挑选大使的范围不再局限于贵族，也包括了任何受过法律教育的"杰出人才"。年轻的外交官候选人被送到斯特拉斯堡大学公共法学院进行培训。

在 17 世纪下半叶，法国外交机构彻底摆脱了处理内政的职责。外交部中设立了政治司，建立了有效的公文管理和外交通信系统。此外，还成立了一个特殊的利用先进数学理论的密码部门，其职责不仅要确保通信的机密性，还要防止其他国家的特工渗透到信息渠道中。外交部的财务司负责管理外交特权和监督外国人，追踪他们的资金流向。

在法国路易十四统治期间，制定了一部《商法典》（1673 年），该法典首次界定了领事的职责，同时开始系统地收集外交文件并建立了国家政治档案馆。1712 年，外交学院成立。到 1787 年，法国已有 12 位驻外大使、20 位公使、3 位常驻公使和多位秘书。这样强大机构的存在使法国外交在欧洲享有盛誉。到 18 世纪末，随着法语最终取代拉丁语成为科学和外交交流的通用语，法语成为欧洲的官方外交语言，而法国的外交体系也成为其他国家研究的重点。

均势理论的鼎盛时期是在 18 世纪，并一直持续到法国大革命前夕。1713 年在乌得勒签订的合约结束了西班牙王位继承战争，该条约中确立了著名的"呼吁恢复公平的力量平衡"（iustum potentiae aequilibrium）原则。后来这一原则频繁出现在国际条约中。随着制衡技巧不断成熟，在整个 18 世纪，这一原则始终是国际关系和外交的基本原则。随着一连串的和平条约的签订，直到 19 世纪初，均势一直是实现和平与稳定的工具。1720 年，一位英国政论家对这一外交原则赞不绝口："我认为，在所有对公民社会的繁荣至关重要的国际法原则中，没有哪一项能像均势理论一样，有如此高昂的代价。"正如英国研究员马修·史密斯·安德森所指出，在讨论均势时，一种常见的情况是："如果某个统治者过度凌驾于他人之上，其他统治者的正确政策是形成一个旨在削弱其傲慢或至少阻止其进一步增强的联盟。"他们得出的结论是，任何国家力量的过度集中都是危险的，应当被防范，即使这个国家的统治者未表现出侵略性意图。在这种情况下，很多政治家认为均势原则已经变成一种高尚的道德原则，不论其实践中的合理性如何。因此，对均势的追求不仅成为君主的实际权利，也变成了他的义务。"没有人能反对均势原则"，一位当时著名的德国法学家如是说。

在理性时代，军事行动比以前更少受到个人热忱和情感的驱动。在这种强调理性、精算与策略的氛围中，力量平衡的观念引起强烈反响。自然科学无所不能的信念也助长了这一现象，其宏伟目标是构建一门人类社会科学，能够像物理和天文学那样全面阐释自然界的奥秘。国际关系似乎可以简化为一套规则和原则，在它们的指导下政治家能够实现所期望的目标。奥地利政治家温泽尔·安东·考尼茨喜欢数学，他提出了在外交中使用"几何方法"策划联盟的想法。

在当时的许多文献中习惯将国家间关系视为一种确保世界政治运作的无情的工程装置。普鲁士统治者腓特烈二世喜欢把国际关系比作精密的钟表。但最流行的说法是将均势与牛顿的太阳系模型作类比。一位英国法学家评论道："均势之于欧洲就像重力和引力之于宇宙。平衡无法用眼睛看到或者触摸到，但是它的确存在，就像天平的指针一样，对任何变化都很敏感。"英国人开始把在欧洲大陆维持均势作为英国政治的基本原则之一，以促进岛国的繁荣。

那个时代的许多研究都得出这样的结论：有必要创建一门将外交和国际关系归纳为一系列通用规律的科学。人们认为，随着人类在外交决策上不断成熟，个人和偶然因素的影响将逐渐减弱。

1744 年，《作为和平与战争规则的欧洲平衡》一书在柏林出版。它的作者认为，可以向每位统治者提出公平的要求——为了维护整体国家系统的平衡，统治者应牺牲部分属于自己的领土。在 18 世纪，新的重大变革因素逐渐显现：大量殖民地的出现，尤其是在美洲；俄罗斯开始以大国身份进入欧洲外交体系；殖民贸易问题日益受到重视。因此，英国经济学家认为均势是通过贸易产生的，并预测这种平衡将在那些能够成功维持贸易并保持自由的贸易国家之间持续存在。

一个世纪以来，原本相对简单的均势局面被包括数个大国和中等国家的更复杂体系所取代，处理国际事务已成为当务之急。

威斯特伐利亚会议（1648 年）的文件最终确立了常驻外交使节制度，明确了外交代表的特权和豁免权。到启蒙时代初期，欧洲的多个首都出现了外交使团。主权国家间的条约变得至关重要，其法律条款成为世俗国际法的来源。1713 年，乌得勒支条约的签订结束了西班牙王位继承战争，自此，"力量的公正平衡"理念（iustum potentiae aequilibrium）广受欢迎。维持或恢复被破坏的平衡成为国家间协议的主要目标。

在 18—19 世纪，外交体系得到改善，国际关系理论进一步发展。

战争虽并未被欧洲人宣布为非法，但得益于均势体系的存在，先前血腥的宗教战争结束了。腓特烈大帝写道："当谨慎的欧洲政治家们忽视了主要大国的力量平衡时，整个政治体系就会遭到损害。"[1]

欧洲大陆国家在其政策中积极践行均势原则，并建立相应的外交机构。官员培养体系（камералистика）作为有效的行政人员培养体系促进

---

[1]　Morgenthau, H. J., *Politics Among Nations*, 4th ed.（New York: Knopf, 1968），p. 183.

了外交机构的发展，并已在多个西方国家广为实践。普鲁士和奥地利的经验是比较好的范例，官员培养在这两个国家中有深厚基础。职位的申请人必须通过考试并进行相应的进修（实习）。官员定期领取工资、工龄补贴和养老金。得益于官员培养体系，这些国家在短时间内培养出了受过良好教育、经过专业培训且相对正直的公务员。

在哈布斯堡王朝中，皇帝扮演着双重角色，他既是哈布斯堡王朝的统治者，又是神圣罗马帝国的皇帝，这导致外交体系的运作复杂而混乱。帝国的外交官持有两种国书，他们需要根据谈判内容，向帝国总理府（Рейхсканцелярия）或宫廷总理府（Гофканцелярия）递交报告。

在西半球国家中，均势政策尚未实行。自美利坚合众国成立以来，它们明显表现出对帝国主义政策的追求。托马斯·杰斐逊宣布建立"自由帝国"。多数开国元勋认为，美国应主导西半球。随后这一立场在著名的1823年门罗主义中得以体现，该主义反对欧洲大国介入美洲事务。

美国的开国元勋们制定了一项国策，旨在使美国避免参与欧洲旧大陆国家间复杂的外交纷争和长期角逐。美国人对均势理论持否定态度，更强调该体系的弊端。在他们看来，欧洲政治是肮脏和不道德的。他们更倾向于地缘政治的独立，坚持美国的特殊地位和特殊使命，赞扬共和制的优越性，并揭露旧世界外交赤裸裸的厚颜无耻。因此，上述观点使美国不会考虑利用均势理论分析情况，也不会按欧洲模式建立外交体系。

古典外交时期自1648年始，其特点是外交政策管理逐渐集中到行政部门手中。

政治家们喜欢把欧洲比作一个大棋盘，在这个棋盘上，国家领袖和外交官们精确地移动棋子，形成不断变化的联盟，调遣军队，不断地恢复被破坏的平衡。联盟更迭成为常态，这一现象已不再让公众吃惊。诸如考尼兹和梅特涅这样的知名政治家成为均势体系的熟练操纵者。

外交政策逐渐演变为国家管理的一个独立领域。外交机构进行了广泛的改革。为了提高官员的专业水平，引入了竞争性考试。总体而言，外交部门里仍然是精英人士，但考试制度也为低级阶层人士进入外交领域提供了机会。这次改革建立了一个严格的职业晋升等级制度。

在 19 世纪，均势思想在国际关系中仍然具有重要意义。1813 年，奥地利、普鲁士和俄国签署的数个条约将恢复均势定为主要目标之一。1814 年签署的奥地利—那不勒斯条约和 1814 年 3 月签署的反法同盟条约也强调了这一点。英国首相小威廉·皮特的外交政策旨在在欧洲建立一个均势体系，团结欧洲中部的德国各公国，以此制衡法国和俄国。

由于在 1814—1815 年的维也纳会议中确立了正统主义原则，国际关系和外交工作的法律基础得到重视。同时，国际法学界日益倾向于一种观点，认为均势理论的基石，也就是"所有主权国家之间平等"这一信条已经过时了。① 早在 1815 年的《章程》② 中就明确了国家间外交代表等级的不平等地位。国家被划分为拥有广泛利益的大国（只有这些大国才能互派大使级的外交代表）和拥有有限利益的大国（可以互派公使和代办）。随着时间的推移，出现了"强国"（великая держава）这一术语，在德语中称作"世界大国"（Weltmacht）。

维也纳会议后，五大国③不仅开始控制国际局势，还干预各国内政。俄国皇帝亚历山大一世提议的《神圣同盟条约》成为干涉（包括武装干涉）各国内政的法律基础。在特拉波举行的神圣同盟大会（1820 年）上通过的决议指出："因政权更迭威胁到他国的国家被排除在欧洲联盟（Европейский альянс）之外，直到它的合法性和稳定性得到保障。神圣同盟成员国将利用和平和军事手段，确保历经动乱的国家重返联盟。"

---

① 君主主权平等的思想是由瑞典国王古斯塔夫二世·阿多夫在三十年战争期间提出的，在威斯特伐利亚和会上，瑞典女王克里斯蒂娜也明确支持了这一原则。

② 此处《章程》是指 1815 年在维也纳会议上正式通过的《关于外交人员等级的章程》。——译者注

③ 五大国指英国、俄国、奥地利、普鲁士和法国。——译者注

在那不勒斯王国、皮埃蒙特和西班牙的革命起义中，神圣同盟采取了武装干涉。

神圣同盟大会之后，出现了"欧洲协调"的理念，坚持大国必须共同行动以解决所有危机。为了维护君主统治、防止革命爆发以及维持大陆平衡与稳定，各国元首，特别是外交部长，会定期会晤，旨在协调支持君主制、阻止革命浪潮及维护大陆稳定与平衡的政策。"欧洲协调"这一形式确保了一定的战略平衡。欧洲大国通过追求秩序、稳定和和平的共同价值观而紧密相连，这不仅反映了宫廷和贵族的意愿，也符合兴起的中产阶级的意愿。然而，只要符合商业和战略利益，英国仍毫不犹豫地支持欧洲大陆的政治和宪法改革运动。

均势的理念持续受到高度重视。1830 年，普鲁士外交部长满意地指出："政治界的平衡，就像自然界的平衡一样，使欧洲国家能够维持秩序、和谐与安宁。"1864 年，英国首相帕麦斯顿勋爵表示："均势原则基于人的天性，是真正捍卫小国独立的唯一保障，应当将这种理论付诸实践。"到 19 世纪中叶，均势原则变成了一种宪政原则，指导着欧洲政治家的行动，并且已成为国际法体系的一部分。

基于均势的国际关系及国家主权的最终确立促进了外交的繁荣。

法国大革命和拿破仑战争改变了欧洲的行政管理体制。从绝对君主制过渡到君主立宪制。外交政策最终变成一个独立的国家治理领域。在这种背景下，拿破仑式的国家行政管理模式得到普及。它具有许多军事组织的特征：最大限度的集权、绝对的领导权、严明的纪律、严苛的官员责任制等。同时，新的行政制度以极致的合理性、结构的逻辑性和竞争性的公务员录取制度而著称。外交机构进行了全方位的改革。

启蒙运动的反教权主义、法国大革命和拿破仑战争促使新的社会阶层进入政治舞台，要求参与国家政治。

这些新兴阶层的代表，依托于他们积累的理论遗产，成为民族主义、社会主义和自由主义新概念的热情倡导者。这些概念所提出的对未来世界秩序的设想，被视为现有国家体制和世界政治的替代方案。这些观点也往往变成一系列不容置疑的教条，因此，它们可以被看作某种形式的"世俗宗教"。

未来的国际关系和外交模式与以往的模式有着根本不同，在新的国际形势中占有重要地位。欧洲大陆最盛行的理论是"民族国家原则"（национальный принцип）理论，它把一个国家履行其历史使命的理念置于首位。对大多数民族主义者来说，均势的观念似乎已经过时了。尽管如此，一些人，特别是意大利的民族主义者吉安·多梅尼科·罗马涅西认为，国家将达到一种新的、更自然的，因此更有效和持久的平衡。

大多数民族主义者尖锐地批评了均势理论，认为它不能有效预防战争。他们认为，只有民族理念才能真正结束战争。在 18 世纪末，德国哲学家约翰·戈特弗里德·赫德写道："内阁间可能对彼此感到失望，政治机构相互施加破坏性压力。但是没有一个国家会向另一个开战。各国将像在一个健康的家庭里一样和平共处，互相帮助。"

19 世纪中叶，法国历史学家亨利·马丁也表达了相似的观点："无可争议的迹象表明：在未来几年，民族问题加之社会问题将主导我们大陆的政治舞台，因为人民创造了国家，上帝创造了民族。"

意大利统一论思想家朱塞佩·马志尼在他最后一部著作《国际政治》（1871 年）中预言道，欧洲将出现一个由共同利益团结在一起的自由兄弟国家联盟。在当时的欧洲，马志尼虽然认识到施行均势政策的必要性，但他强调了一个前提："如果所谓的力量平衡没有转化成正义的平衡，那么它不过是一句空话。为了达到正义的力量平衡，有必要重新审视那些不公平、不平等、强加于人的条约，人民没有参与这些条约的制定，他们也从未认可这些条约。"

由共同语言、宗教、文化和历史的纽带团结在一起的人们应该生活在一个民族国家中，并成为世界政治的主要参与者，这种观点导致了现有边界观念的变革，因为旧有的自然边界概念被民族间的边界概念所取代。德国和意大利的统一、多民族的哈布斯堡帝国所经历的危机，都证明了民族主义的胜利。

社会主义运动在欧洲日益壮大，其领导人成为贫穷阶层的捍卫者。社会主义被描绘成一种建立在劳动、平等和兄弟情谊基础上的公正社会制度。激进的社会主义—国际主义者彻底拒绝了均势思想，认为它不符合社会关系发展的"科学规律"。

激进的社会主义呼吁对资产阶级制度进行革命性摧毁，而且它预见到的世界的未来是国家的消亡和全球人民共和国的形成。关于外交政策的未来，这一派别的支持者宣称：人民通过消除国界和废除国家制度，可以结束资产阶级的均势游戏和帝国主义战争。随后，在苏维埃俄国，列夫·托洛茨基担任外交人民委员部长时期的活动成为这些激进立场的鲜明体现。正如英国外交研究人员所写，"苏维埃外交是从废除外交开始的……人民委员会宣称它的主要任务是印制革命宣言，然后关闭这个部门"。

早在启蒙运动中，自由主义改革家就传播了这样一种信念：商业和贸易关系以及各国由此获得的利益可以成为结束国际冲突的有效手段。例如，孟德斯鸠认为，和平是商业的自然结果，因为相互贸易的两个国家过于依赖对方而无法开战。法国大革命前期的改革者宣称："贸易时刻已经到来，它取代了战争时代。"重农主义者真诚地相信，自由贸易将是克服长期困扰欧洲的冲突的自然手段。伴随着人员和思想的自由流动，它将能够比任何超国家机构更紧密地把国家和社会联系在一起。

法国的重农主义者，英国的功利主义者和激进分子都强调国际关系中的经济因素，这意味他们对政治外交的实践和机制的不信任。他们认为，三个世纪前在欧洲形成的外交均势体系，在最好的情况下充其量是一种令人不悦的障碍，而最坏情况下则是对和平的直接威胁。他们提出了质疑，既然国家间关系的真正本质是贸易和经济关系，那么还需要外交吗？因此，他们得出结论：在未来，国家间将不再需要政治协议。按照自然法则发展的世界，原则上只需要有贸易协定即可。许多启蒙时代的英国自由主义者枉顾历史事实，声称均势体系是由贸易产生的，而且其持续存在依赖于成功的商业活动。

在 19 世纪，自由主义者的观点在英国最受欢迎，他们坚持认为，各国之间的真正联系不应依赖于外交部门和职业外交官，而应通过旅行、文化交流和贸易过程中形成的众多非官方联系来保障。最著名的自由贸易倡导者、边沁和重农主义者的追随者、贸易保护主义的坚定反对者理查德·科布登经常强调说："当人们首先与对方打交道，然后才与政府打交道，和平就会降临到世间……我们唯一支持的是最有利于基督教世界的原则，即以最低的价格购买，以最贵的价格出售。"作为自由贸易的支持者和减少国家间官方关系的倡导者，英国自由主义者约翰·布莱特写道："均势只是一种幻想！这不是误解、欺骗或诡计，而是一种无法形容、无法解释的虚无——毫无实质的空话。均势思想就像是寻找点金石或试图发明永动机一样荒谬。"

三个思想流派的代表均对传统的国际关系均势理论持怀疑态度，并质疑现有外交模式的合理性。"在欧洲保持均势的想法正在逐渐失去其立足点，希望这一趋势将持续下去"，著名的比利时法学家、经济学家、和平主义者埃米尔·德拉维尔耶在其著作《论战争原因及其减少手段》中写道。19 世纪后半叶到 20 世纪初，在其他有关国际关系未来的讨论中可以看出，人们试图积极探索一种新的外交理论，这种理论将与"已经证明失败的均势理论"不同，成为和平稳定的可靠保障。

在这种背景下，外交机构的结构和实施外交政策的机制逐渐复杂化。从文艺复兴时期开始形成的现代外交模式的基本参数的变化，为另一种世界秩序的构想开辟了前景。议会制度的推广，大众政党的出现，国际政府间组织和非政府组织的产生，自由贸易原则的逐步确立——所有这些都为外交政策的制定搭建了一个新的框架。随着取代君主绝对主权的国家主权的概念的出现，对国家主权界限的讨论成为新的议题。在政府与教会分离的趋势下，国家主权与王权不可分割的观念也受到质疑。

外交的政治化体现在公众对世界政治问题的关注度越来越高。在君主立宪制国家和共和制国家，外交部长必须定期出席立法会议，阐明国家的外交政策。外交部设立了负责与议会联系的副部长一职。议会中设立了监督外交政策问题的委员会和小组，负责制定有关外交政策决策流程的法律草案。与其他国家签署的国际协议和条约需提交立法会议批准。议员们通过预算拨款对外交部门产生强大影响力。

与此同时，在19世纪下半叶到20世纪初，欧洲国家的官方外交政策仍以均势理论为基础，但这一平衡的内涵发生了转变。均势政策更多地体现为各国在争夺亚洲和非洲殖民地权益时的相互竞争和妥协。科布登强调，如果不将美洲大陆，特别是美国纳入其中，就不可能实现真正的平衡。19世纪中叶，在亚历西斯·德·托克维尔思想的影响下，人们激烈地争论有关美国和俄罗斯未来可能会占据主导地位的猜测，并预测了美俄两国对欧洲平衡可能产生的影响。

奥托·冯·俾斯麦试图推行以德意志帝国为中心的欧洲平衡体系。他的著名"三国同盟"策略旨在确保德国与五大国中的两个国家结成同盟，并且德国在其中占据主导地位。俾斯麦现实政治（Real politik）的目标是增强本国国家实力，得益于工业的飞速发展和国家资源的高效动员，俾斯麦的政治策略得以实现。基辛格巧妙地指出："梅特涅体系反映了18世纪的宇宙观，当时的宇宙被视为一个巨大的钟表，其中的各个部件完美配合，任何一处的故障都会波及整体。而俾斯麦作为新科学和政策的践行者，认为宇宙不再处于机械式的平衡，而是采取现代观点，即将宇宙视为由不断运动和互相影响的粒子组成的动态系统，这种相互作用创造了所谓的现实。"

随着俾斯麦体系的最终崩溃，欧洲分裂为两个对立的联盟。过去几个世纪中，参与权力平衡的大、中、小国的复杂联盟已被几个试图相互制衡的大国所形成的简化联盟所取代。"欧洲协调"被无节制的国家间对抗所取代。俾斯麦的追随者坚持现实政治的原则，导致他们极度依赖军事力量。一段时间后，军事力量转变为衡量国家实力的唯一标准，成为所有国家进行无节制军备竞赛和奉行对抗政策的动因。

在一些国家，特别是在德国，要求拒绝均势原则的呼声日益高涨，因为它妨碍了国家的行动自由，降低了国家政策的实施效率。许多德国人认为，英国在自私地利用均势原则，有意在欧洲大陆撒下分裂的种子，以谋取政治和商业利益。激进的普鲁士将军弗里德里希·冯·伯恩哈迪宣称，自维也纳会议以来，均势原则一直是不合理政策的基础，应该被彻底摒弃。

在英国，政治家们认为欧洲传统均势的破坏将对世界命运产生决定性影响。本杰明·迪斯雷利在 1871 年宣布："外交传统已所剩无几……均势已经被彻底摧毁。"随之而来的是对国际关系新体系的迫切探索，其间，"最新体系"的思想家们在克服了机械主义的方法后，重新转向将道德价值作为未来外交政策的基础。

英国首相威廉·格莱斯顿认为，英国外交政策的指明灯应该是基督教的道德观和对人权的尊重，而不是基于均势理念和国家利益原则："请记住，在上帝眼中，阿富汗山区居民的生命同样神圣，不亚于你们自己的生命。请记住，那个将你们团结在一起，创造为有血有肉、有理智的生物的上帝，也用互爱的纽带将你们联结在一起……这份爱超越了基督教文明的边界。"

在第一次世界大战前夕，坚持强权政治的原则导致对军事力量的依赖增加，军事力量成为衡量国家地位的最重要标准，这促使各国政府狂热地进行军备竞赛和对抗。有关欧洲古国之间的统一与和谐的讨论日益稀少。外交政策在很大程度上成为军事战略的牺牲品，而军事战略本质上是对力量对比的技术计算。军事因素的重要性日益增加，按照西班牙研究员卡洛斯·加西亚的形象表达，成为"一个雄辩的证据，显示了古老而全能的偶像——国家利益的胜利"。在这种情况下，外交官们越来越难以反驳国内军事机构提出的要求。传统的欧洲均势体系已成为过去。

美国总统西奥多·罗斯福秉持全球均势的理念，认为美国将在其中发挥重要作用。罗斯福对国际法的有效性持怀疑态度，认为只有军事和经济力量才能确保国家的利益。罗斯福似乎期待着重建包括美国和日本在内的大国合作机制。他认为，为了确保国际秩序，必须明确划分势力范围，防止局部危机升级为地区冲突。

在均势体系崩溃的背景下，罗斯福的继任者伍德罗·威尔逊更像是自由派格莱斯顿的追随者。威尔逊提出了一种世界秩序的理念，这一理念基于对人性本善和世界原始和谐的信念。由此得出这样的结论：道德高尚的民主国家本质上是爱好和平的。在他的理念中，世界秩序的保障者不再是力量平衡，而是普遍适用的国际法。1915年，威尔逊提出了一个前所未有的理论，指出美国的安全与世界其他地区的安全密不可分，因为美国的使命是在全世界推广自由主义制度。

1917年1月，美国总统宣布，战后的世界已不再需要均势。国家间的竞争将被维护全球和平的共同体所取代。将由新成立的国际组织来协调保卫和平的行动，各国将在该组织中更多地捍卫共同利益，而不仅仅是自己的利益。世界各国必须联合起来惩罚破坏和平的人。不可抗拒的公共舆论力量将促使世界各国领导人联手反对潜在的侵略者。

威尔逊认为，集体安全原则的胜利预示着世界普遍接受将维护和平的目标作为法律准则。新成立的国际联盟有责任判断和平是否遭到破坏，而美国的联邦制将成为未来"世界议会"的雏形。

第一次世界大战及其结果——四大帝国（沙皇俄国、德意志帝国、奥斯曼土耳其帝国和奥匈帝国）的崩溃、俄国革命、国际联盟的建立以及美国进入世界舞台，彻底改变了欧洲的秩序。

在探讨这一时期的外交政策时，基辛格指出："威尔逊的民族自决与集体安全原则为欧洲外交界带来了前所未有的新局面。传统的欧洲政策建立在一个前提之上，即为了维护力量平衡，可以调整国界，而这违背了人民的意愿。威尔逊彻底反对这种做法——引起战争的不是民族自决，而是民族自决的缺失；造成不稳定的不是因为缺乏均势，而是因为追求均势。"

然而，欧洲的外交模式继续蔓延到其他地区和大陆。这种模式仍然以均势理论为核心，不过，现在的均势不再仅限于地区，而是扩展到了全球范围。新独立的拉丁美洲国家按照欧洲模式组建了外交机构。摆脱孤立的日本也走上了这条道路。到第一次世界大战前夕，英国共有41个外交使团，其中19个设在欧洲以外的地区。在殖民地，欧洲大国常设总领事馆以代表其利益。并且，欧洲外交使团已进驻中国。从16世纪开始，欧洲常驻使团已驻扎在君士坦丁堡，1790年，土耳其苏丹派常驻代表到伦敦、巴黎、维也纳和柏林。1849年，奥斯曼帝国在德黑兰开设了大使馆，这很可能是伊斯兰国家之间首次互派常驻代表。到了19世纪60年代初，波斯在伦敦设立了常驻使团。

第一次世界大战后，外交"危机"蔓延开来。公众严厉批评外交人员，因为他们没有完成和平解决冲突这一主要任务，甚至导致大国之间的武装冲突。外交界被批评为过于精英主义，非贵族出身的青年才俊无法效力。虽然外交官中不乏杰出文人，但官僚主义外交官的夸张负面形象开始流行起来，而且随着时间的推移，在文学中也屡见不鲜。拉布吕耶尔、伏尔泰和卢梭多次用讽刺的笔触描绘外交官。在《少年维特之烦恼》中，歌德通过主人公的口吻讲述了他与一位使节的不愉快遭遇："公使真让我烦死了，这是我预料到的。他是个拘泥刻板、仔细精确到极点的笨蛋，世上无人能出其右；此公一板一眼，唠唠叨叨，像个老婆子；他从来没有满意自己的时候，因此对谁都看不顺眼……人啊，真不知是怎么回事，他们的全部心思都放在了虚文浮礼上，成年累月琢磨和希冀的就是宴席上自己的座位能不断往前挪。"

法国作家马塞尔·普鲁斯特同样对外交官进行了尖锐的描绘。他笔下的外交官诺普阿尽职尽责，同时也目光短浅，枯燥无味，"像雨一样乏味"。

大多数欧洲国家政府已经开始对外交机构进行改革。这场改革不仅顺应了新技术的潮流，也反映了公共关系和经济外交日益增长的重要性。各部门和大使馆中出现了一大批特定领域的专家，除了军事和海军武官外，还增加了空军武官的岗位。债务和赔偿问题需要增加经济和金融顾问。然而，这些创新并非总是受到大使们的欢迎，因为这些专家通常在使馆中的等级方面享有一定的独立性。

改革使外交事务领域变得更加开放，为商界人士、政治家和新闻工作者等提供了施展才华的舞台，外交和领事职业的合并进程已经开始。在过去，外交部的许多雇员受到歧视，他们不被认为是外交官，也不被授予外交职衔，现在他们有望迎来光明的外交生涯。苏维埃俄国率先走上了这条路，1924 年美国也紧随其后。领事人员不再是"二等"官员，他们开始被授予与外交官相同的职级。其他国家也纷纷效仿这条道路。与此同时，女性也越来越多地获得成为外交官的机会。

现代意义上的英国外交部诞生于 1906 年的行政改革之中。然而，这并不意味着英国外交部成为外交政策无可争议的控制者。战时的需求加剧了外交部与其他政府机构之间的官僚竞争，特别是与财政部和内阁之间的摩擦日益严重。在其他一些国家，外交部也遇到了来自财政部、经济部和外贸部的激烈竞争。这些部门开始争夺在对外经济政策领域的领导地位，并寻求在国际舞台上独立行动的机会。例如，1932 年在讨论英国帝国关税政策的渥太华会议上，外交部的高级代表仅被授予观察员地位。

相比之下，法国外交部处于更有利的位置。它的改革始于 1907 年，当时该部的领土部门有权处理经济和政治问题。1915 年，部门高层设立了秘书长一职。外交部还特别注重信息传播和文化政策，为此设立了新闻和信息处。然而，根据 1929 年的政府法令，女性被禁止进入外交部门。

在德国，外交部的改革首先是由商贸协会推动，他们指责贵族精英低估了经济问题。在改革过程中，建立了经济部门，合并了外交和领事部门。这使商业界人士可以谋取外交职务。领事官员可以获得很高的外交职衔，非职业外交官被派往最重要的驻外使团。根据《魏玛宪法》，外交部长必须向国会汇报工作。

极权国家的外交机构

法西斯主义极权国家①的国家意识形态是激进的民族主义。俄国十月革命开辟了实践激进社会主义这一"世俗宗教"的路径。20 世纪 20 年代中期，随着法西斯政权在意大利的建立，外交部门的法西斯化进程正式拉开序幕。意大利总理贝尼托·墨索里尼亲自担任外交部长，并任命法西斯运动发起人之一的迪诺·格兰迪为副手。意大利外交官虽然大多来自资产阶级而非贵族家庭，却自认为是某种精英"骑士团"的成员。他们认为自己属于一个超越政治派别纷争的高度专业化团体。在他们的圈子里，他们保持着一种幻想，认为通过与新政权的合作将使他们能够奉行之前的爱国政策。但是对于法西斯主义本身，他们持有一种傲慢态度，认为这不过是地方对中央政府无力和战后混乱的一种反映。

法西斯主义研究者伦佐·德·费利切指出，墨索里尼成功地在意大利外交领导人的心中播下了希望：他们相信，凭借国家领袖的坚决和务

---

① 极权国家是法西斯意大利的自称。

实，将比过去"软弱无能"的自由主义政府更成功地实现外交目标。

意大利外交部中有许多人士认为，法西斯主义者迟早会摆脱极端主义的桎梏，并向自由主义演进。一些外交官相信，他们能够利用自己的职业优势控制法西斯委员。实际上，大多数老派外交官本就信奉大国沙文主义的观点，这使他们与墨索里尼的民族主义立场不谋而合。

例如，意大利驻苏维埃俄国大使维托里奥·切尔鲁蒂的立场便是一个例证，尽管他不是法西斯政党的成员，却经常重申："我们绝对不受布尔什维克主义的影响，因为我们是一个有着古老文化的民族，决不允许自己像牲口一样没有道德准则地生活。但是，如果有人企图侵犯我们的精神遗产，企图推翻把我们从共产主义中解救出来的制度，我们会万众一心有尊严地反击。我会第一个拿起武器和布尔什维克作战，宁愿死也不愿像不幸的俄罗斯人民那样活着。"

这些言论表明，相当多的外交官都信奉所谓的拉丁文化优越性，这与墨索里尼提倡的民族帝国主义是一致的。

法西斯主义的极权主义对外交部的结构产生了深刻影响。墨索里尼很快就废除了外交部秘书长的职位，这个职位原本由一位经验丰富、具有独立思考能力的职业外交官担任，但显然这不符合独裁者的意愿。墨索里尼最大限度地将外交决策权握在自己手中，并逐渐掌握了行政部门的领导权，他自作主张地改变了各部门的管理结构。墨索里尼没有把最敏感的任务交给外交官，而是交给自己的亲信。外交部和使馆的工作人员害怕得罪他们那位专制的上司，由此引发了对"保密"的极致追求。

法西斯外交的显著特点是其双重性（Двойственный характер）。[①] 法西斯分子必须关注其他国家类似的思想运动。因此法西斯外交官经常利

---

① 法西斯外交的双重性体现在其政策既深受核心意识形态的驱动，也受到国家历史进程和国际环境的深刻影响。具体来说，法西斯国家的外交政策首先由其极端民族主义和扩张主义的意识形态所塑造，同时也受到国内社会经济状况、政治结构以及与其他国家的关系等因素的影响。——译者注

用这些运动宣传自己的政策。这种制度的思想家们声称意大利在世界法西斯运动中起主导作用，他们认为法西斯运动是"普遍的"。正是基于这种观点，法西斯外交官得以利用全球法西斯运动来对其他国家的政府施加影响。

法西斯主义极权制度支持全球各地的民族主义运动，力图破坏重要战略地区的局势稳定，并支持了西班牙的佛朗哥政变。墨索里尼通过在国外建立法西斯秘书处，努力把在美国的意大利移民社区变成法西斯运动在国外的分支。职业外交官们对于被迫执行秘密和破坏性任务的做法感到极度不安。

由于不信任老派外交官，墨索里尼更喜欢通过他的亲信行事。例如，墨索里尼把与德意志帝国纳粹领导人联系这一最敏感的任务交给了在柏林的意大利商会会长，会长绕过外交部，将重要信息转达给德意志帝国总理。因此，在法西斯政权下，外交官基本上被剥夺了自主决策的可能性。

在极权体制下，由于没有设立用于初步磋商和制定外交政策的复杂机制，所有最重要的决定都是由墨索里尼亲自作出，这常常导致严重的政治误判。政治部门规定，大使的情报要对在其他国家的同僚保密。同样，外交部发给大使馆的指示也被严格保密。

1932年的改革确保了外交部长对所有外交行政事务的绝对管理权，使他有权按照自己的判断调整部门的结构。在法西斯主义兴起之前的意大利，这种改变需要通过相关的法律。根据1927年的一项特别法律，只有具有"模范的公民行为、坚定的道德观点、成熟的政治见解"的人才可以参加外交部的竞选。这进一步推动了外交队伍的法西斯化进程。

1934年，新闻宣传部成立。它的主要任务是复兴旧的民族主义神话，尤其是重建"命运指示下罗马山丘上神圣罗马帝国"的想法。该部门广泛传播墨索里尼关于法西斯主义在全世界蔓延是历史必然的言论。法西斯主义被誉为旨在"整顿被民主腐蚀的病态欧洲，并带领它对抗亚洲的布尔什维克主义"的力量。墨索里尼外交的特点是过度的民族主义、强制手段、武力施压和对其他民族文化价值的不尊重。许多外交官，即使不是法西斯分子，也奉行极端保守的观念，这无疑使他们更接近于墨索里尼的极端民族主义。与纳粹德国的日益密切的关系促成了意大利政权的纳粹化。1938 年发表的《种族宣言》中宣称，"意大利种族的纯洁性是基于纯洁的血统，这一血统将今天的意大利人与世世代代的祖先团结在一起"。

外交部逐渐失去了以前的作用，外交政策的管理权被集中在党的领导机构中。使馆变成了监视政治移民的中心，成为法西斯意大利的驻外情报机关。[1]

1933 年，随着纳粹党的上台，德国外交部开始大力推行国家社会主义的意识形态，并大量引入经过筛选的国家社会主义工人党（纳粹党）（NSDAP）成员。接连不断的政治清洗导致 120 多名被认为不忠诚的高级官员被驱逐出外交部。党卫军和所谓的"纳粹党国外组织"的职员出现在外交部和各使馆。他们的代表成为外交部国务大臣，并领导一个特殊部门——党卫军司（отделение службы CC）。

1938 年，坚定的纳粹分子、国家社会主义工人党的高级成员约阿希姆·冯·里宾特洛甫被任命为外交部长，他是希特勒政权侵略外交政策的主要推动者。在他的领导下，外交部的纳粹化进程加速。德国大使馆设立了该党的特别代表职位。到了 20 世纪 30 年代后半期，外交服务人员数量增加到了 2 500 名。这主要是由于特殊部门的扩张，它（指前面所提到的外交部）成为纳粹政治和意识形态的代理人。在外交部中成立了专门的部门和机构，用来开展宣传工作和混淆视听。外交部已成为在国内外普及、宣传纳粹主义理论和实践的意识形态工具。

---

[1] *Зонова Т. В.* Дипломатическая служба Италии. М.：МГИМО, 1995.

希特勒本人对外交官有着非常负面的评价，他轻蔑地称呼外交部为"在和平时期才能行动的知识分子垃圾堆"。在希特勒看来，外交官总是站在一个超越国家利益的全球主义立场，忽视了国家利益。最终，希特勒绕过外交部，将所有重要的外交决策都握在自己手中，同时表现出对国际法和德国国际义务的完全蔑视。

随着纳粹党开始建立自己的外交架构，一些外交官陷入了两难的境地：在他们工作的国家，纳粹党国外组织力求把生活在那里的德国人置于纳粹统治之下。他们要么捍卫自己政府的行为，要么冒着结束职业生涯甚至生命安全的风险。[①]

一个国家的外交模式直接反映了其主导的世界观和国家制度类型。现代外交模式是对新型国家体系及文艺复兴时期形成的国际关系体系的实际应用和展现。这一模式的形成受到世俗化进程、世俗君主主权概念的出现及在均势的基础上实现和平的追求的影响。这种模式的主要特点是设立常驻外交代表机构。现代外交模式从文艺复兴时期的意大利向全世界传播，可以称为早期形式的全球化过程。

19 世纪产生了三种主要的思潮——民族主义、社会主义和自由主义，它们成为一种"世俗宗教"。三种思潮都对当时国际关系中主导的均势原则提出质疑并提出了国际秩序和外交模式的新视角。在将这些思想作为不容质疑的意识形态基石的国家，极权主义政权随之诞生。这些国家的外交策略基于与传统原则不同的新原则。每个极权政权都展现出其独特性，这些特性不仅由其主导的意识形态决定，还受到国家历史进程和在全球舞台上的地位与作用的深刻影响。

---

① *Терехов В. П.* Дипломатическая служба Германии / Дипломатия иностранных государств // Под ред. Т. В. Зоновой. М. : РОССПЭН, 2004.

思考题

1. 在古希腊时期如何称呼外交官？

2. 在中世纪的西欧，谁被认为是国际关系的最高仲裁者？

3. 现代外交模式形成的基础是什么？

4. 外交使团团长的级别是什么时候设立的？

5. 哪些思潮被称为"世俗宗教"？

6. 法西斯意大利与纳粹德国外交机构的特点是什么？

推荐阅读

1. *Берман Г. Дж.* Западная традиция права: Эпоха формирования / Пер. с англ. М. : Инфра-М; Норма, 1998.

2. Дипломатия иностранных государств / Под ред. Т. В. Зоновой. М. : РОССПЭН, 2004.

3. *Зонова Т. В.* «Светские религии» и дипломатическая концепция баланса сил // Сравнительная политика. 2011. № 4.

4. *Зонова Т. В.* Дипломатия Ватикана в контексте эволюции европейской политической системы. М. : РОССПЭН, 2000.

5. История дипломатии / Под ред. В. П. Потемкина. М. : 1940.

6. *Киссинджер Г.* Дипломатия / Пер. с англ. М. : Ладомир, 1997.

7. *Никольсон Г.* Дипломатическое искусство: Четыре лекции по истории дипломатии / Пер. с англ. М. , 1962.

8. *Никольсон Г.* Дипломатия / Пер. с англ. М. : ОГИЗ, 1941.

9. Hamilton K. , Langhorne R. , *The Practice of Diplomacy: Its Evolution, Theory and Administration* (London: Taylor & Francis, 2011) .

第三章　20 世纪下半叶到 21 世纪初的外交机构

国际关系环境的转变

非殖民化进程，苏联的解体及其加盟国的独立导致联合国会员国数量增加到 193 个。[①] 同时，世界将近 90% 的人口居住在全球 1/3 的国家中。所有联合国会员国尽管在形式上平等，但它们在领土面积、经济和军事实力、人口密度等方面存在巨大的差异。目前，很多证据表明，国际舞台上的变化日趋激烈。这一进程既影响到外交机构的结构，也影响到其中的工作人员。

值得回顾的是，在第二次世界大战期间，外交部门改革的议题就已经被提上日程。确实，正如第一次世界大战之后发生的那样，外交再次因未能阻止全球冲突而遭到批评。问题的根源被认为在于外交的精英主义、保守主义及其与民主体制的不协调。批评者认为，国家拨给外交机构大量资金，却未得到预期成果。

国际关系中的经典均势体系在第一次世界大战期间就已经崩溃，逐渐转变为西方和东方的军事政治集团——北约和华约之间的军事和意识

---

① 2014 年 4 月的数据。

形态对抗。大规模杀伤性武器的发明和生产，导致了所谓的"恐惧平衡"。两大集团竞相吸引第三世界国家和"不结盟运动"国家加入它们的阵营。

冷战的结束在很大程度上导致外交政策失去自德国宰相俾斯麦执政时期以来的地位，即外交政策的优先地位（das Primat der Aussenpolitik）。在全球化的背景下，外交与内政之间的界限逐渐变得模糊。以前被认为是纯粹属于一国国内事务的问题，现在越来越频繁地通过多个不同主体的共同努力，在国际层面寻求解决之道。

旧世界秩序的崩溃破坏了稳定，催生了越来越多的冲突。冷战时期的军事政治结构被一种新的国际关系格局所取代。这种转变伴随全球市场的形成、国际经济组织影响力的上升，以及各种交互层面的建立而发生。各国面临来自国际经济组织、国有企业、私营企业、混合企业和跨国公司制定的严格经济规则的压力。国际关系网络越来越密集和多分支化，出现了新的纵向和横向的相互关系。这得益于前所未有的快速跨国移动的能力，人口流动的增加，电子通信、全球电视广播和已成为最具营利性的行业之一的旅游业的发展。

在民主国家中，随着权力分散和决策中心多元化的趋势愈加明显，多个政府部门和机构开始承担与外交部相似的职能。国家元首或政府首脑在外交政策的制定和执行中的作用大大增强。议会机构在监督政府外交方针方面也变得非常活跃。这一进程的开展得益于日益频繁的辩论，例如，议会介绍新的政府项目、对特定议题开通议员询问，以及得益于立法活动本身，即议会赋予政府领导人特别权限，批准对国家极为重要的国际协议。

此外，议会还掌握了一个新的有效手段来对外交部的活动进行监督——年度预算审议。通过这一机制，议会可以强制政府增加或减少拨给外交机构的费用。此外，议会外交事务委员会在参与立法工作的同时，开始独立建立起自己的国际关系网络。由此形成了不同层次的外交政策制定和决策机制。

到20世纪末，很明显，传统的外交机构面临痛苦的适应挑战。在全球化、一体化和区域化进程的影响下，各国自愿将其部分主权让渡给国际组织、一体化组织、区域和地方政府、非政府机构甚至是个人。

这些变化催生并继续促进了外交新形式的形成。国际活动中出现了新的参与者，承担着以往不属于自己的外交职能。国防、能源、交通、农业和食品、贸易、科学、文化、教育等国家部门独立进入国际舞台，这些部门与其他国家的相应机构或国际组织建立了直接的合作关系。因此，出现了一个颇为引人注目的现象：在世界舞台上，正在形成真正的跨国"俱乐部"，聚集了有共同关切的政治和专业人士。这些"俱乐部"的成员涵盖了各国央行行长、参与军控问题协商的国防部长、致力于打击国际犯罪和恐怖主义的执法机构代表等。

这种情况有时甚至迫使大使或其工作人员直接同各个部门或机构沟通、解决问题，而绕过了外交部。这一做法反过来又鼓励了有关部门和机构为了推进自身利益直接在外国首都设立自己的代表处。这些机构因在政府高层具有相当大的影响力，通常会获得在使馆驻地开设办事处的许可，其工作人员成功地获得了东道国政府传统上仅向被认可的外交官提供的各种特权和豁免权。

在一体化组织框架内，这些进程尤其显著。以欧洲联盟为例，各部门的部长相互支持，共同抵抗财政部的压力。一体化机构、区域和地方机构和组织建立了自己的国际关系网络。它们的代表与专业外交官一起，参与谈判、斡旋、信息收集和传播。所有这些都发生在复杂的政治环境中，国家内部、国家与国家之间以及国际政治领域的界限变得模糊。

事实上，越来越多的人谈论一种新的国际活动形式：随着国家主权的变革和新技术的出现，非专业外交官，包括非政府组织、团体和个人，开始绕过国家机构，直接进入国际舞台。这引发了对国家和非国家行为体在世界舞台上互动模式的探讨。罗西瑙（Дж. Розенау）提议将现代国际政治视为由"两个世界"构成：一个是主权国家主导的世界，另一个是有许多其他权力中心的世界，两者并行发展，相互影响。研究者们还研究了其他官方和非官方外交活动交织的情况。塞尤姆·布朗（Сейом Браун）建议将现代世界体系视为一个充满复杂联系的"全球多边体系"。

普林森尼（Princen T.）和菲格纳（Finger M.）指出："根据逻辑发展，外交已不再局限于传统的国家政策范畴，而是演变为国家和非国家行为体之间的复杂互动关系，其结果是展开谈判和建立新的机构。"[1]

组织有政府、专业组织、地方政府、区域组织和商务代表参加的国际会议，需要政府和非政府组织间的密切合作。此外，这也需要将人才培养问题提上议程。

理查德·兰霍恩（Langhorne R.）和威廉·华莱士（Wallace W.）认为："在缺乏专业管理的情况下召开会议是完全不可能的。这需要专业外交官的参与。否则，筹备会议的人则需自身掌握外交技巧。"[2]

职业外交官面临需要在广泛的议题上进行谈判的挑战，这些议题往往具有高度的技术性和专业性。尤其是，一些活动，如全球金融业务等，至今仍然不受任何国际管制，这种情况加剧了全球经济体系的不稳定性。在特定场合下，这一状况还可能助长经济犯罪、非法商业活动的猖獗以及恐怖组织网络的扩大。为了打击这些邪恶势力，需要国际社会的共同努力，特别是在外交层面上。因此，外交人员应掌握专业知识，以便能够处理这些错综复杂的问题。

在涉及环境保护、军备控制等议题的国际会议中，建立专业外交官

---

① Princen T. and Finger M. (eds.), *Environmental NGO's in World Politics: Linking the Local and the Global* (London: Routledge, 1994), p. 42, Note 2.

② Langhorne R., Wallace W., "Diplomacy towards the Twenty-first Century," in *Foreign Ministries: Studies in Diplomacy*, ed. Hocking B. (London: Palgrave Macmillan, 1999), p. 19.

与相关非政府组织、专家组和专门机构之间的密切合作变得尤为重要。然而，这种合作往往会导致讨论本身过度"技术至上"，而忽略了谈判主题的本质。基辛格以一种讽刺的口吻回顾了20世纪70年代关于限制战略武器的谈判：

> 限制战略武器的谈判变得愈加晦涩，但最终通过对武器系统的战术技术分析而取得突破，这种分析难以为非专业人士所理解，也成为武器专家们之间深刻争议的核心。在未来十年，围绕巡航导弹和苏联"逆火"（Backfire）轰炸机之间的比较，以及关于同等数量的导弹和不同等数量的可分离弹头之间的争论，将会读起来像中世纪某个偏远修道院的抄写员记录下的手稿一样。[①]

新形势下的外交机构

在新形势下，多边外交日益突出。传统的使馆超越了双边关系形式，积极开展多边外交。对于越来越多想投身外交事业的年轻人来说，在国际组织（包括政府组织和日益增多的非政府组织）中担任国际官员，成为一种新的职业选择。

现代国际关系的一个显著特点是高层会晤（峰会），即世界各国政治领导人——国家元首、政府首脑和政府各部门领导参加的双边和多边会议。一般来说，举行高级别会晤的原因是专业外交官并不总能确定他们在国外的行动能够得到本国议会、地方政府和市政机关的支持。

这种不确定性反过来又损害了外交代表在东道国眼中的声望。在国

---

① *Киссинджер Г.* Дипломатия / Пер. с англ. М., 1997. C. 684.

际关系民主化和国内外政策界限模糊的背景下，只有对选民有直接影响的政治领袖才能真正解决问题。此外，便捷的交通工具和能让人即刻获得必要的国际和国内信息的电子通信技术，使峰会成为世界政治的常规机制。然而，历史上的理论家曾警告说，高级别会议并不是外交的最佳工具。事实上，领导人的个人好恶、误解、曲解以及突发的情绪表达已经成为国际政治的一部分，这些因素往往给职业外交官带来不小的挑战。

普遍存在这样一种看法：在新形势下，曾经作为国家利益的"守护者"并掌控所有外部联络的外交部，已经失去了其历史上的重要地位。回顾历史，外交机构在欧洲的出现是因为外交政策逐渐成为国家管理中独立领域。并且，随着领土主权的国家制度取代了中世纪的普遍主义制度，各部逐渐失去了对一些内部进程的控制职能。

在不断变化的进程中，"外交共同体"逐渐形成，它将外交部以外的行为体联合起来。早在1925年，法国著名外交家朱尔斯·坎邦（Жюль Камбон）就提出质疑："民主制度将永远需要大使和部长，但我们不知道它是否还需要外交官？"的确，现实的情况在很多方面似乎与中世纪相似，那时的内政和外交政策没有明确的区分。这种情况促使一些研究人员和政治家开始质疑传统外交机构继续存在的合理性。兹比格涅夫·布热津斯基的观点成了这种怀疑态度的典型代表，他认为在当前，商界人士完全可以不需要外交官的介入，甚至建议将美国驻伦敦大使馆改作学生宿舍。这引出了一个广为传播的论断，"如果没有外交部和使馆，也没必要去创造它们"。[①]

然而，许多研究人员反对这种过于简单化地看待世界体系发展的观点。他们认为，这种观点使现实主义学派的代表能够继续坚持主权国家在国际政治中的核心作用。从这个角度看，把外交部作为国家的"守门人"（gatekeeper）的做法是合乎逻辑的。此外，现实主义者只关注外交

---

① McDermott G. , *The New Diplomacy and Its Apparatus* (London: Plume Press, 1973) , pp. 50–51.

部的象征意义，即它作为国家权力的代表和国家外交政策的守护者。

这种观念强调，虽然长久以来人们认为内政与外交之间存在根本的区别，并且传统上外交部拥有确保外交政策符合国家利益的权力，但这样的解释难以适应在全球相互依存日益加深的当今世界，外交部的危机是不可避免的。事实上，如今外交部的职能和行动比"国家守卫者"的角色更加多样和复杂。它有能力对政府面临的挑战作出适当的反应，这解释了外交部即便在不太理想的环境中也能保持其存在的理由。面对国际与国内层面剧变的政治局势，外交部正积极寻求自身的定位，在应对现代挑战和威胁方面的作用愈加重要。特别是美国国务院，与过去依靠私人和组织进行外交工作的做法相比，现在更倾向于与国家机构的代表签订合同。①

现在，外交部失去了以前作为外交政策唯一执行者的特权，转而承担起协调的角色。具体来说，就是协调各国内机构和其他国家及地方机构的对外活动，确保这些活动与他国政府、国际组织、学术界和商业界的官方和非官方代表的政策和活动相协调。外交部失去的职能现在由其他行为体来履行。那些脱离国家系统控制的事务，现在由全球体系接管，负责协调谈判、建立联系并应对新挑战。

近几十年来，使馆的组成人员不再仅限于职业外交官，还有来自军事、情报、商业、信息、农工等多个领域的专业人员。例如，据《大英百科全书》记载，在美国的大型使馆中，只有15%左右的工作人员是国务院官员。现在的一些使馆类似于小型军事基地或驻地，包括办公空间、大使官邸、外交官及其家属和亲属的住宅、商店、体育设施、游泳池、俱乐部、宗教场所等。所有这些使外交机构变成了一个成本极高的政府部门。

---

① The Secretary of State, https://www.state.gov/secretary.

外交机构的现状对比分析——以美国、英国、法国、德国、意大利和俄罗斯为例

对外交机构和海外外交代表机构状况的结构性分析，充分表明了正在发生的划时代变化。当代社会和国家机构的发展导致了许多重要外交政策问题的决策中心从外交部转移到总统、总理或其他部门。

美国国务院将"新外交"的任务定义为："在全世界范围内支持民主化和保护人权，抵制大规模杀伤性武器的扩散，促进和平进程，有效解决环境、难民和移民问题，打击国际犯罪和恐怖主义，推动种族和宗教冲突的解决，以及帮助美国商业打入新市场。"[①]

在推进这些议程的同时，美国外交机构面临强大的国内竞争对手，主要是指白宫、国防部、国家安全委员会、中央情报局和国会。这些机构都极其积极地参与外交政策的制定过程。美国评论家曾诙谐地指出，相较于这些制定政策的"巨人"，国务院似乎成了政府官僚机构中的"小矮人"。[②] 国际知名美国外交官乔治·凯南也认同这一点。他强调，理论上，任何涉及一个或多个国内机构利益的外国政府行为，都应首先由国务院进行审议。但在所有政府部门和机构中，国务院在美国政界的影响力最小，这使它在与其他官方机构的关系中相当弱势。

近几年，这一挑战因白宫领导层倾向于在其核心团队内对国防与安全等最关键议题进行决策——特别是关于与全球主要力量及国际组织的军事与政治关系——而变得更加突出。然而，不仅是国务院在很大程度

---

① U. S. Department of State Careers Representing America, http://www.careers.state.gov.

② Kegley C., Wittkopf E., *American Foreign Policy: Pattern and Process* (New York: St. Martin's Press, 1996), p. 385.

上被剥夺了作为对外政策宣传者和协调者的传统角色。在国际关系领域，已有许多事务被华盛顿的多个行为体接管，包括联邦政府部门和机构以及直接受到游说压力的国会委员会。

在华盛顿这个充满变幻莫测的利益和激烈竞争的政治环境中，外国外交官面临一项艰巨的任务：他们需要在众多影响团体中获得必要支持，以便在共同关注的议题上与美国政府达成一致。

即便是在外交机构传统上享有更高声望的国家，部门间的摩擦也日益增多。玛格丽特·撒切尔在任职期间，曾计划创建一个类似于美国国家安全委员会的外事机构（Foreign Affairs Unit）来抗衡外交部。她不止一次地试图通过设立欧盟事务大臣（министр по делам ЕС）一职，将欧洲一体化问题从外交部的职责范围内移除。然而，外交部的坚决反对使得这些措施无法实施。此后，外交部提高警惕，以确保没有人侵犯它的特权。

当然，尽管外交部试图保持对外交政策制定和实施的主导权，但许多部门还是建立了自己的国际部门。现在，外交政策由内阁首相协调，设有多个委员会负责研究外交和国防政策方向、情报活动和对欧方针。得益于外交事务集体管理制，外交部积极参与制定和决策的各个阶段，保持着外交政策的重要协调者的角色。但是，与其他部门，特别是与首相办公室的摩擦是不可避免的。哈罗德·麦克米伦在担任首相时曾指出，"在政府管理中，没有什么比调节首相和外交大臣之间的关系更复杂和微妙的了"。①

英国首相托尼·布莱尔 2002 年 1 月的海外访问就证明了这一点。在访问中他就英国外交政策问题发表了若干独立声明。这使外交部的一些官员和议员极为恼火，他们说"首相最好派自己的外交大臣出访别国"，

---

① La Guardia A. , "Brogan B. Blair's Odyssey Leaves Him Open to Some Home Truths," *The Daily Telegraph*, January 31, 2002.

特别是像中东这样需要"高超的外交技巧"的地区。布莱尔的批评者声称，这给人留下了一种印象，外交部的外交官被完全边缘化了，因为布莱尔拒绝了他们的帮助，而是依赖自己的私人顾问。

在德国，外交部和联邦总理府之间也存在摩擦。德国联邦总理府下设外交和安全政策部门，负责协调外交政策。随着该机构在加强国际联系方面的积极行动，特别是在个人外交日渐成为解决国际问题的关键途径的背景下，其作用变得越来越明显。[①]

由于在德国联合政府中，联邦总理和外交部长的职位通常由不同党派的代表担任，因此总理府和外交部之间的摩擦往往具有党派政治色彩。这种分歧并不直接映射在德国外交政策的具体立场上，尽管如此，两者间偶尔还是会在外交政策问题上产生分歧。

法国外交部以坐落在奥赛码头而闻名，它被纳入一个涵盖多个机构参与的外交政策协调体系。特别是成立于1994年的跨部委外交事务协调委员会承担了关键职能。该委员会由总理领导，由涉及国际事务的机构的成员组成。总统特别代表和欧洲合作部际委员会秘书长也参与委员会的工作。[②] 此外，还有法国国防总秘书处——由处理国防和安全问题的各机构部长组成，以及军事装备出口部际委员会、经济合作委员会、欧洲合作部际委员会。外交部代表积极地参与这些机构的工作，并参与决策过程。然而，总理府在决策方面起着主要作用，而法国总统拥有最终决定权。

法国政府严格控制外交活动的财政。1994年成立了跨部门的国家资金协调委员会，负责协调拨给国际活动的公共资金。该委员会由总理领导，其成员包括各涉外部门的领导、总统特别代表、欧洲合作部际委员会秘书长。委员会的工作是收集有关法国外交活动以及预算拨款使用情

① Spence D., "Foreign Ministries in National and European Context," in *Foreign Ministries: Change and Adaptation,* ed. Hocking B. (London: Palgrave Macmillan, 1999), p. 265.

② Enjalran P. and Husson Ph., "France The Ministry of Foreign Affairs," in *Foreign Ministries: Change and Adaptation,* ed. Hocking B. (London: Palgrave Macmillan, 1999), p. 71.

况的信息，确定驻外机构的数量和规模，提出国际活动优化措施，并就这些活动的结果编写年度报告。外交部在该委员会的工作中发挥着重要作用，外交部秘书长是该委员会的官方发言人。①

类似情况促使，有时迫使外国大使或其工作人员直接与各部门或机构讨论相关问题，有时绕过东道国外交部。这反过来又激励了有关部门和机构在国外首都设立自己的代表处，以促进本部门利益。

传统外交制度的重大变化还与一个实际因素有关——预算资金的长期短缺。第二次世界大战后，外交机构数量大幅增加。这是冷战的直接影响，也与去殖民化进程中大量独立国家的涌现有关。例如，瑞士在1960年之前没有任何一位大使级代表，截至1990年，已建有70多个大使馆。外交问题日益复杂，需要更多的专业人士参与解决，这导致在20世纪最后几十年间，大使馆的人员构成不再仅限于职业外交官。目前，使馆工作人员来自军事、情报、商业、信息、工农业等多个部门。21世纪初，美国驻伦敦大使馆仅有不超过20%的雇员隶属外交部。②

在美国总统托马斯·杰斐逊任职期间，他仅靠5名文员、2名特使和1名按小时计酬的翻译来处理对外政策。20世纪40年代末，美国国务院员工规模达700人。而现在，其雇员人数，包括从驻在国招募的合同工，已接近2.2万人。③ 例如，根据《大英百科全书》记载，早在20世纪70年代，中等规模国家中的美国大使馆的人数已经接近1000人，其中只有15%属于国务院。在21世纪第一个10年里，美国在伊拉克建立了人数最多且成本最高的大使馆，包括技术人员、后勤服务人员和安全服务人员在内，员工总数约为15000人，其占地面积相当于数百个足球场。此外，

---

① Enjalran P. and Husson Ph. , "France The Ministry of Foreign Affairs, " in *Foreign Ministries: Change and Adaptation*, ed. Hocking B. (London: Palgrave Macmillan, 1999) , p. 71.

② Perlez J. , "As Diplomacy Loses Luster, Young Stars Free State Department, " *American Diplomacy*, September 5, 2000.

③ George F. Kennan, "Diplomacy without Diplomats?" *Foreign Affairs* 76 (1997) : 202.

伊拉克境内还有 2 个美国领事馆，每个领事馆工作人员约 1 000 人。

1996 年，外交服务协会公布了驻外机构的构成数据。在一个大型美国驻外使馆里，除了副团长外，设立了 11 个专业小组，每个小组均由一位资深外交官负责，涵盖政治、经济、领事事务、行政管理、环境保护、科技交流、公共关系及文化交流等关键领域。此外，大使馆内还设有难民问题协调员、信息系统专家、劳动与农业问题专家、援助项目负责人以及一名外事秘书，负责协调各领域工作。这些小组被称为"国家队"（country team），理论上他们直接听命于大使或他的副手。然而，他们中的一些人直接或间接地在国务院或其他华盛顿高层的领导下工作。鉴于人数如此之多，只有部分外交官可以定期与大使会面或直接在其领导下工作。

此外，其他国家的外交机构人员规模也经历了相似的扩张。1914 年，英国只有 9 位大使。当时，其巴黎和华盛顿的大使馆分别仅有 11 名和 8 名员工。到了 21 世纪初，英国驻美国大使馆已有 300 多人。2013 年，外交部国内中心有工作人员 4 687 人，驻外使团中有 14 000 人，并且只有 3 500 人是外交人员。[1]

1945 年，法国外交部的人员编制名单中有 447 人，2013 年增长到 16 500 人。其中超过 1/3 的人在中央机构工作。在法国大型使馆中通常有 100—200 名外交官。

20 世纪 90 年代末，德国外交系统中共有 8 800 名工作人员，其中 2 800 人在国内机构，6 000 人在驻外使团工作。德国拥有 153 个大使馆、61 个总领事馆和领事馆、12 个常驻国际组织代表团和 1 个特别代表团。在外交部的工作人员中，实际上只有 688 人是职业外交官并且被列入"高级服务"类别。德国驻外使团的雇员总数中，外交官不超过 900 人。

---

[1] Great Britain. Diplomatic Service Administration Office, Great Britain. Foreign and Commonwealth Office, *The Diplomatic Service List* (London: H. M. S. O. , 2001), pp. 15-82.

2000 年外交部门改革后，意大利的外交人员从 938 人增加到 1 119 人，总人数达到 7 912 人（其中 5 500 人为正式员工，其余的是根据劳动合同聘用）。

当代美国外交机构面临一个非常严重的问题就是财政分配问题。不断增长的国防和安全预算拨款（2010 年美国为此拨款 6 638 亿美元）与日益缩减的外交机构预算形成鲜明对比。美国在对外活动上的拨款略超 500 亿美元，而国务院拨款也仅有 110 亿美元。[①] 到 21 世纪初，与 20 世纪 80 年代初期相比，外交事务预算减少了 50% 以上。[②] 2001 年，美国削减了对维和部队（peacekeeping）、对独联体国家援助和核不扩散计划的拨款，参议院拨款委员会将大使馆安全支出削减了 40%。[③]

当前，美国的对外政策支出占联邦预算的 1.35%，包括援助发展中国家，国务院开支、驻外机构开支、军备控制（军备控制和裁军署）、公共外交、"美国之声" 广播和国际组织会费。2013 年，政府为国务院提供的预算资金比 2012 年增长了 1.5%。[④]

在过去的几十年里，英国外交部的预算拨款也大幅减少。下议院代表不满地指出："在没有直接军事威胁的情况下拨款 290 亿英镑用于国防，而降低外交开支，这是绝对不能接受的。现在外交开支仅为法国的一半，德国的 1/3。"[⑤]

目前，英国国防部的预算接近 300 亿英镑，外交部的年度预算约为 16 亿英镑（不到国家预算的 0.4%）。[⑥] 英国计划以每三年削减约 9 000 万

---

① Updated Summary Tables, *Budget of the United States Government Fiscal Year 2010*（Table S. 12）.

② Harrop W. C., "The Conduct of American Diplomacy," *American Diplomacy*, no. 2（Spring 2000）: 2.

③ Marshall P. Adair, "AFSA: Foreign Affairs Funding Crises," *American Diplomacy*, no. 3（2000）.

④ http://www. careerdiplomacy. com/cd/updates/. 原著网页失效。——译者注

⑤ Howell D., "Britannia's Business," *Prospect*, January 15, 1997, p. 29.

⑥ Ministry of Defence, http://www. mod. uk/DefenceInternet/AboutDefence/Organisation/KeyFacts About Defence/DefenceSpending. htm. 原著网页失效。根据成书时间推测，此处 "目前" 是指 2009 年左右。——译者注

英镑的速度减少预算。[①] 分析人士指出，考虑到通货膨胀，外交部的财政困难将进一步加重。

财政问题导致了英国外交人员长期短缺，难以吸引有才华的年轻人加入外交部。早在 20 世纪 90 年代初就有人指出，"相对较低的工资、恶劣的工作条件、过长的工作时间和有限的晋升机会导致外交官们的不满和悲观情绪日益增长"。[②]

2000 年，德国外交部的预算削减了 1.72 亿马克。[③] 近年来，法国国防预算近 330 亿欧元，而外交部的预算约为 45 亿欧元（占国家预算的 1.8%），并且外交部只获得了国家拨给国际活动资金的 25%。[④] 2008—2010 年，外交部裁员 700 人，并计划在 2013 年进一步裁员。[⑤]

在意大利，2008—2010 年，外交机构获得的拨款占国家预算的比例从 0.35% 下降到 0.25%。[⑥] 随着西尔维奥·贝卢斯科尼领导的中右翼政府上台，意大利媒体发起了一场反对外交过度支出的大规模运动。被称为"法尔内西纳公仆"的外交官的薪水被描述为"黄金"。实际上当时外交部的预算总额只占国家预算的一小部分，然而这一实情未得到宣扬。2010 年议会通过的《外交事务改革法》的主要条款之一就是调整外交部的预算经费，使之与欧洲主要国家的外交经费水平保持一致。

面对时代的挑战，现代外交机构被迫考虑进行新一轮的改革。20 世纪 90 年代末，美国白宫提出了一项名为"战略管理倡议"的计划。该计

---

① Foreign and Commonwealth Office, http://www.fco.gov.uk/en/about-us/what-we-do/spend-our-budget/2010-spending-review. 原著网页失效。——译者注

② Mauthner R., "Diplomatic Disquiet," *Financial Times*, January 24, 1994.

③ Дипкурьер НГ. 2000. 28 сентября.

④ Defence iQ, http://www.defenceiq.com.

⑤ Dominique Lagarde, "Le budget du Quai d'Orsay en hausse, mais...," L'Express, October 26, 2010, https://www.lexpress.fr/monde/le-budget-du-quai-d-orsay-en-hausse-mais_931089.html.

⑥ МГИМО Университет, https://mgimo.ru/about/news/experts/document168586.phtml. 原著网页失效。——译者注

划旨在明确优先事项，重组结构，在预算分配极为有限的情况下精简工作流程，重点是权力职能的下放（devolution），这意味着在最高权力机构和最低权力机构之间分配责任。在"战略管理倡议"框架内，制定了一项使馆改组的特别方案。1992—1997 年，关闭了 36 个大使馆和领事馆，包括驻里昂、波尔多、热那亚、巴勒莫等地的大型领事馆。①

在 30 个较小国家的美国使馆中，工作人员数量被削减。预期通过"技术革新"在行政管理中的应用，即便人手减少，也能保证大使馆的高效运营。例如，得益于信息系统的改进，迈阿密的通信中心开始为中美洲和南美洲的使馆提供服务，以实现工资支付、簿记核算、运输服务等，从而显著降低了人力成本和不必要的开支。② 出于同样的目的，大使馆必须提交的定期报告数量也已减少。

削减外交事务经费遭到了专业外交官的抵制。

他们强调，"美国作为一个世界大国，必须在世界各国首都都设有代表机构，哪怕使馆只有两三个人工作。我们在联合国对重要决议的投票中的存在是必要的，同样，在可能发现新矿藏或成为国际恐怖分子藏身之地的区域，以及可能限制空域使用或美国游客及企业可能需要援助的地方，外交官的存在都是必要的"。③

国务院反对一些美国建制派对于在全球化经济、通信、互联网、电子邮件以及美国有线电视新闻网（CNN）全球电视网络时代，外交机构角色的重要性降低的看法。建制派还争辩说总统可以直接致电另一位总统。然而，总统仍然需要那些对交往国家有深入了解的专业人士的建议。这些专家不仅精通对方的语言、了解其历史和文化，还与外国领袖有个

---

① William C. Harrop, "The Conduct of American Diplomacy," *American Diplomacy*, no. 2（2000），https://ciaotest. cc. columbia. edu/olj/ad/ad_v5_2/haw01. html; US Department of State, Bureau of Public Affairs, "The International Affairs Budget," October 1995.

② Hocking B.（eds. ）, *Foreign Ministries*, p. 242.

③ William C. Harrop, "The Conduct of American Diplomacy," *American Diplomacy*, no. 2（2000）.

人往来，能够深入分析对方的观点和判断不同压力团体的影响力。

美国外交官指出，美国国务院在国会的影响力明显逊色于国防和情报部门。每当国防部长或中央情报局局长出席国会时，其主要任务就是获得资金拨付。而当国务卿在国会发言时，他的首要任务是维护某项政策方针。

2000年，国务院的工作人员撰写了一份非常引人注目的文件，名为《给未来国务卿的公开信》。它的副标题相当有说服力——"拯救国务院"（SOS for DOS）。在信中，外交官表达了他们的不满："外交部的人员和装备不足，难以应对21世纪的挑战；陈旧的工作程序和长期的资源匮乏；组织结构的功能失调；工作量过重使员工疲于奔命；以及大使馆建筑的破旧不堪。外交部的传统和文化需要更新，而工作人员被日常琐事牵绊，缺乏清晰的方向。我们正乘坐一艘生锈的船只，驶入21世纪的未知海域。"

信中还指出，"结构不完善、程序繁重、基础设施年久失修，这些问题严重影响了其迅速应对全球挑战的能力，使国务院成为国家安全的薄弱环节"。[①]

伊斯特·M.（East M.）和迪莱里·E.（Dillery E.）开展了一项针对美国外交状况的研究，他们得出结论，美国外交部门目前面临以下任务：

1. 与国家安全委员会建立有效互动；

2. 与国防部建立紧密关系；

3. 鉴于经济情报、恐怖主义和其他全球性威胁日益重要，发展与中情局的合作；

---

① "Open Letter to the Next Secretary of State: SOS for DOS," *American Diplomacy*, December 2000, https://americandiplomacy. web. unc. edu/2000/12/latest-on-state-department-reform.

4. 完善面向 21 世纪的公共外交策略；

5. 避免与财政部驻外代表处的职能重复；

6. 随着联邦调查局和美国境外其他专门组织不断扩大影响力，在积极打击国际犯罪并与外国执法机构建立直接联系的背景下，确定国务院的作用；

7. 为那些专门从事国际活动的机构（它们大多在美国大使馆设有代表）协调财政支持；

8. 在全球化环境下实现传统双边关系与多边外交的平衡；

9. 在冷战结束后对使馆进行结构调整；

10. 及时解决与使馆活动相关的实际问题；

11. 在外交部门工作量增加、初级工作人员减少的情况下，实现领事工作的最优化；

12. 发展高效的信息系统并解决其资金来源。[①]

最近，除使领馆外，美国增加了"在场岗位"（посты присутствия）。它们建立在对双边关系发展最重要的海外中心，一般只配备一个外交官。此外，也有虚拟的在场岗位，仅通过电子邮件和网站运作，以便当地居民查询所有必要的信息。这样的岗位在全世界约有 50 个。例如，在俄罗斯，美国除了在圣彼得堡和叶卡捷琳堡有领事馆外，还在车里雅宾斯克设立了一个在场岗位。

英国外交部也面临新的挑战。第二次世界大战后外交部的主要任务是在帝国崩溃的情况下，尽可能地维护英国的外交政策立场。通过实现这些目标，外交部成功维持了在执行国家外交政策中的传统关键地位。英国外交的超高专业水平促成了英国想要取得"超出其在世界政治中实

---

① East M. , C. Dillery E. , "The State Department's Post Cold War Status," in *Foreign Ministries: Change and Adaptation*, ed. Hocking B. (London: Palgrave Macmillan, 1999), pp. 226-247.

际分量"的特殊地位的愿望。①

然而，在20世纪70年代末，一个专门的政府小组编写了一份关于改革外交管理体系的报告。报告的作者得出结论：成本高昂的外交部门已不符合当时的需求，应该大幅削减其经费。报告提出，真正有能力代表英国利益进行辩护的专家大多数在国内各部门中忙于其他任务。报告还提议将外交部（Foreign Service）和本国公务员制度（Home Civil Service）合并，并在此基础上建立一个外交政策小组（Foreign Policy Group）。外交部成功顶住了压力，不仅自主地优化了自身组织结构，还有力地论证了维持传统体系的重要性，阻止了外部改革外交部的企图。当许多国家的外交部开始纳入"功能性原则"以改革其结构时，英国外交部保持了其传统的保守立场，它没有走这条路，主要是出于对新原则可能导致外交职能被其他政府部门分割和削弱的担忧。

英国外交官在讨论改革议题时，还提出了其他论据：改革成本过高，以及需要在处理国际关系时坚持地区和国家专业知识的逻辑的重要性。他们坚称："外交部认为，了解他国具体情况，并在此基础上发展双边关系完全有助于落实英国利益。"②

当然，在英国，就像在许多其他国家一样，一些部门匆忙建立了自己的国际分支。外交部积极主动地与这些新兴国际部门建立了协作关系，并最终确保了外交官"众中之首"的领导地位。外交部通过特别强调其大使的中心角色，成功抵御了一项潜在的改革，该改革本可能允许驻外机构的其他部门代表绕过大使直接汇报工作。

与美国外交官不同，英国的专业外交官占据了国内外外交机构中85%—90%的职位。这很可能是因为英国外交部门招募具有多样化专业背

---

① Allen D., "United Kingdom The Foreign and Commonwealth Office: 'Flexible, Responsive and Proactive'?" in *Foreign Ministries: Change and Adaptation*, ed. Hocking B. (London: Palgrave Macmillan, 1999), pp. 207-225.

② Ibid., p. 212.

景的人才，以满足对各领域专家的需求。

20世纪80年代，在法国国家机构整体扩张10%的背景下，外交人员的数量减少了5.5%。20世纪90年代，外交人员减少了8%。领事馆的人员数量也被削减了10%—15%。为填补新开设使馆的人员空缺，法国计划每年在欧盟首都减少一个外交职位。巴黎的官方解释是，这是因为法国在前殖民地的公民数量减少以及欧盟一体化进程带来的变化。

1998年，德国开始外交机构改革。改革的目的是通过更合理地分配各部门职责、减少雇员人数、引进现代劳工组织方法和现代办公方式，提高中央机构的办公效率。改革主要涉及政治、经济和文化部门。与此同时，德国驻外机构的数量也被减少了，20个驻外代表处被关闭，主要是驻非洲国家和驻欧盟国家的领事馆。

同期，意大利也响应这一"合理化"趋势，关闭了若干领事馆。包括1999年关闭的6个驻欧洲领事馆和1个驻加拿大领事馆，以及驻柏林的总领事馆和奥地利的领事馆。然而，工作人员短缺仍是意大利外交中最棘手的问题之一。

在全球化经济的大背景下，政府与商业界的关系经历了深刻的变革。面对这种前所未有的挑战，外交部和庞大的海外代表机构网络不得不更加积极地投身于增强其国家在全球市场竞争力的活动中。

意大利外交部的改革展示了外交领域正在经历的深刻转型。2002年，意大利总理西尔维奥·贝卢斯科尼上台并兼任临时外长一职，亚平宁半岛的外交部开始了相当激进的改革。贝卢斯科尼委托了两家咨询公司来制定意大利外交机构改革方案，包括一家为英国高层官员提供国家机构运作咨询的公司。

根据英国专家的评估，意大利外交部在实施外交政策方面面临诸多问题，包括政策执行的碎片化和即兴发挥、忽视经济议题以及根深蒂固的等级精英文化。

顾问们建议贝卢斯科尼将外交部与外贸部合并（参考加拿大的经验），从而确保集中管控对外关系中的政治、经济、社会和文化领域（仿照英国外交部的模式）。顾问们的主要结论是意大利外交部应该成为"商业的催化剂"。

为此，他们提议进一步削减意大利在全球的领馆数量，将外交活动集中在对意大利具有最大经济利益的国家，提出通过雇用当地专家来减少海外人员的开支。此外，顾问们还提议建立一个支出监管系统，明确制定外交政策目标，并设立目标与实际成果之间的容差标准。贝卢斯科尼发表声明称，外交的任务实际上是促进商业发展，因此意大利所有使馆都应该处于"扩大本国在海外经济影响力的斗争前线"。他建议效仿美国，优先派遣商界代表和商人，而非职业外交官担任关键国家的大使。

意大利最具影响力的外交工作人员工会加入了与贝卢斯科尼的辩论。一方面，工会领导人赞同将主要外交职能集中于意大利外交部，因为这有助于解决当前外交权力分散的问题；另一方面，他们表示，关闭某些国家的使领馆将导致负面后果，尤其是意大利正争取成为联合国安理会常任理事国，这种做法可能会让意大利失去那些国家的选票。工会还反对与当地专家和雇员签订雇用协议，担心当地员工的涌入会"致使国家利益遭到损害"。外交工会还提到，当前美国的商人—大使制度在美国国内正饱受批评。

2011 年，意大利开始实施新的部门改革。从传统的基于地理区域划分的组织架构转向功能性分区，以更好地适应全球化的国际环境。这次改革废除了五个地区部门，引入八个职能部门负责完成既定目标，每个部门都直接对应意大利外交政策的关键优先领域。其中，政治事务和安全总司被赋予领导地位。负责处理所有重要的政治战略问题和国家安全事务。改革还包括对欧盟相关部门的整合，通过合并旧有部门（欧洲国家司和欧洲一体化司）来强化其在意大利外交政策中的战略地位，同时明确指定政治事务和安全总司处理欧洲安全问题。此外，还设立了货币化和全球问题总司（Генеральный департамент），负责全球化挑战、意大利海外公民关系、移民政策以及发展合作的专门部门，彰显对外交活动多样化和全球视野的重视。资源和创新总司管理财政和人力资源，信息和通信总司管理新技术应用和投资问题，以及海外不动产增值和中央机构需求问题。

新改革旨在强化意大利外交在全球日益加剧的竞争环境中的竞争力，目标是有效协调意大利在海外广泛分布的网络以及意大利人在当地日益增加的活动（他们通常都是各自为政的）。例如，除了外贸部，负责处理对外商业贸易的还有国家对外贸易委员会（ICE）、外贸服务保险公司（SACE）以及 145 个地方当局代表机关与对外贸易部。目前，意大利的外交机构网络由 300 多个大使馆、领事馆、文化机构和地方合作机构组成。

意大利设立了一个新的部门，专责统筹国际舞台上各方面力量的活动，这一举措旨在落实"国家系统"（sistema paese）战略。"国家系统"集合了国家的所有关键机构——生产、官僚、经济、科学、技术、文化机构，共同致力于在国际领域的协作与参与。众所周知，分散的行动者往往竞争力不足。改革者的设想是，通过它们之间的互动与合作，能灵活及时地应对全球市场动态，最大限度地凸显"意大利制造"的吸引力和意大利"软实力"因素。国家系统促进司的任务是制定这些活动的"整体战略愿景"。

改革还涉及驻外领事机构的缩减和重组。在上一次改革中，驻外领事机构数量已经从 116 个减少到 96 个，现计划进一步减少至不超过 85 个。在海外的意大利人对此非常关注，意大利侨民团体是世界上人数最为众多的侨民团体之一，大约有 500 万人。然而，改革的支持者声称，得益于互联网和"数字领事馆"的引入，领事服务水准将保持不变。此外，改革还计划使外交部与经济和发展部建立持续对话和协作关系，同时也提议与近来对国家外交政策产生越来越大影响的部长会议主席团以及财政部和国防部建立类似的对话机制。

改革的关键措施之一是扩大驻外代表负责人的财务管理权限。首先，这意味着大使将成为一个掌握经营艺术，能够更独立、更灵活地分配使馆财政资源的管理者。其次，大使还将负责主动寻找捐助和赞助，并有权签订特别合同。新的管理模式将使大使能够根据实际需要确定资金使用的优先顺序，并在面对紧急情况时具有独立决策权。因此，改革将使意大利使领馆变得更加自主和高效，增强其与驻在国中央和地方政府、企业和大学的联系。

总体上，改革的核心目标是通过中央机构的优化重组、驻外代表机构的精简以及海外不动产资源的有效商业运作，实现资源利用的最大化，包括外交部可以在评估市场后出售部分不动产。外交部有权将获得的资金直接再投资于"外交系统"，而且完成交易的海外代表处将从收益中获得一定的奖金。

总体而言，节约资源政策的出发点是保护环境，主要涉及合理使用纸张、垃圾分类回收、策划节能活动和对员工生活环境的环保设计——来减少对自然环境的影响。其中包括使用低燃油消耗的汽车以及在巴西实施的"绿色使馆"示范项目，即通过太阳能电池板满足能源需求。

也有人对改革持批评意见。例如，许多观察者预测，在外交机构不断削减预算的情况下，推行"国家系统"会遇到困难。从2008—2010年，政府为外交机构提供的资金从国家预算的0.35%下降到0.25%，几乎降至1997—1998年的水平。外交人员工会已经举行罢工，要求增加预算拨款。同时，职业晋升制度也激起了抗议：外交官调任至更高岗位，却在2年内得不到加薪。工会还要求废除65岁的强制退休制度。

一些人对于大使获取赞助资金的新机制表示担忧，特别是在意大利外交部制定的严格规定下，他们质疑大使是否能够有效地平衡吸引赞助与遵循规则的双重任务。也有人担心在新的"国家系统"推广框架内，原本由文化政策部门负责的意大利文化和语言的推广活动可能相对于商业推广和武器出口等方向显得不那么重要。

鉴于意大利外交部在意大利历史上是最具权势和影响力的国家机构之一，其未来改革道路充满不确定性。

为了节省资金，北欧国家多年来一直在尝试设立共同的外交代表机构。例如，在挪威，是否需要一个独立的外交部一直是个争论点，这种情况部分是因为除了贸易之外，挪威社会并未看到维持其他国际联系的必要。挪威商人对领事事务持积极态度，而对外交事务持怀疑态度。此外，在斯堪的纳维亚半岛，通过合理利用最新科技成果使流动大使制度成为可能，不出外交部大门就能了解其他国家或地区的局势。这种模式已经引起许多先进国家的兴趣，并考虑采纳斯堪的纳维亚的这一模式。

一段时间的摇摆不定之后，一些拉美国家也走上了相同的道路。加拿大和澳大利亚目前正在探索这一方向上的合作机会。一些外交机构在实践中使用了人员配备很少的"迷你使团"模式，其首要任务是解决商业问题。先进的计算机网络技术使得通过远程服务公民的方式，减少实体领事馆的数量成为可能。

新型代表机构

在全球相互依存的情况下，各国通常不愿意完全切断与其他国家的联系。例如，尽管俄罗斯不承认科索沃的"独立"，但在科索沃"首都"普里什蒂纳，俄罗斯的代表机构依然在运作。俄罗斯根据联合国安理会第1244号决议，将其视为俄罗斯驻塞尔维亚大使馆的一部分，并以此为基础，在科索沃保持其代表性存在。

按照惯例，在外交关系断绝或尚未建立的情况下，可以通过第三方维持必要的交流。中立国瑞士、奥地利和瑞典通常扮演这一角色。瑞士第一次扮演第三方国家角色是在 1870 年，当时瑞士外交官代表了巴伐利亚王国和巴登大公国在法国的利益。第一次世界大战期间，瑞士代表了25 个国家，而在第二次世界大战期间，这一数字上升至 35 个。第三国不能卷入会导致两国外交关系破裂的冲突中。因此，1965 年，在代表英国在罗得西亚利益时，瑞士明确表示不想参与对罗得西亚的制裁政策，否则它将无法代表英国利益。第二次世界大战后，一些通过去殖民化而获得独立的国家要求友好国家暂时在世界舞台上代表自己的利益，直到它们能够建立自己的外交机构。

扮演这一角色的不仅仅是中立国家，例如，第一次海湾战争后，美国在伊拉克的利益由波兰大使馆代表。据报道，波兰外交官负责处理美国的日常行政事务，并为美国公民提供领事服务。有时，一些国家出于实用性和节约成本的考虑，也会借助他国机构代表其利益。例如，在一般政治问题上，由荷兰代表卢森堡的利益，而在经济和领事问题上，则由比利时扮演这一角色。根据 1961 年《维也纳外交公约》，各国可以在没有建立外交关系的情况下保持领事关系。但值得注意的是，领事馆并不总是设在首都，而且它们的豁免权有限，没有重大的政治影响力。

在相互依存日益加深的背景下，外交机构开始实践新的非传统的维持联系的形式。1956 年苏伊士运河危机期间，由于埃及与英国断交，英国派出财产问题代表团（property mission）与驻联合国粮农组织的埃及代表举行谈判。英国代表团下设于加拿大驻开罗大使馆（Миссия была учреждена при канадском посольстве в Каире）。埃及同意给予使团团长有限的外交豁免权和特权。代表团设立在前英国使馆大楼内，其职责不仅仅局限于处理财产问题。埃及通过伊拉克大使馆，在伦敦开设了自己的代表团（伊拉克与英国断交后该代表团迁至巴基斯坦大使馆）。1959
年，英埃两国恢复外交关系，代表团团长重新成为代办。

代表处或联络处（representative offices, liaison offices）成为一种新的
维持关系的形式。例如，自 1949 年起，美国只与中国台湾保持所谓的
"外交"关系，并未与中华人民共和国建立外交关系。1972 年，尼克松
总统访华时建议互建领事馆并派贸易使团。这个提议被北京拒绝了，但
北京最终同意开设一个联络处。根据双方协议，联络处工作人员享有外
交豁免权和特权，并能够与本国自由通信。联络处负责人被视同于大使。
不过，联络处工作人员及领导不被视为正式的外交使团成员。美国联络
处从 1973 年到 1979 年在中国运作。相应地，中国也在华盛顿设立了自己
的联络处。随着中美两国建立外交关系以及美国与中国台湾断绝"外交"
关系，美国和中国台湾制定了维持非官方关系的规范。在华盛顿出现了
一个非营利性组织——美国在台协会，还在台北和高雄开设了分支机构。
截至目前，该机构发放签证、办理护照、向美国公民提供帮助。中国台
湾还在华盛顿和关岛设立了经济文化办事处。

俄罗斯与中国台湾同样没有建立外交关系。不过，双方均在对方
"首都"设立了"代表处"。冷战期间，联邦德国和民主德国之间的关系
是通过在柏林和波恩的常驻代表处（Ständige Vertretungtheen）维系的。
这些机构虽发挥着大使馆的作用，但从未获得与大使馆等同的正式地位。
由于它们不具备正式的法律地位，其豁免权仅依赖于接收国的善意。[①] 这
些新型代表机构享有外交豁免权和特权，尽管在那里工作的外交官不被
视为正式外交使团的成员。

近年来，外交界又出现了一种新的代表形式——利益代表处（interests
section, interests office, interests service）。这种形式最早出现于 1965 年，由

---

① Newsom D. (eds.), *Diplomacy under a Foreign Flag: When Nations Break Relations* (Washington
D. C: Georgetown University, Institute for the Study of Diplomacy, 1990).

于联邦德国承认以色列，埃及与其断绝了外交关系，因此联邦德国在意大利驻埃及使馆设立了利益代表处。① 虽然埃及总统纳赛尔与联邦德国断绝了官方关系，但是仍保持了它在阿拉伯世界的声望。同时，利益代表处这一机制使其能够继续与波恩保持联系。意大利同意在其驻开罗大使馆开设一个联邦德国利益代表处。开罗和波恩达成协议，双方各有 6 名外交官以及必要的人员留在两国首都。

此后，建立利益代表处成为国际间广泛采纳的做法。有时，这些代表处是非常"微型"的。例如，在福克兰群岛（英国称"福克兰群岛"，阿根廷称"马尔维纳斯群岛"）危机期间，英国驻布宜诺斯艾利斯的利益代表处只有 2 名外交官。在"六日战争"期间，原本是中东最大的美国驻开罗大使馆人员减少到仅 4 人。然而，20 世纪 70 年代初，瑞士驻阿尔及利亚使馆中的美国利益代表处的工作人员数量是瑞士外交人员的 2 倍。在 1965 年，由于前英国殖民地罗得西亚的白人少数民族宣布独立，许多非洲国家与英国断交以示抗议。英国外交部急忙发表了一个非常矛盾的声明，称这种断交是"文明外交关系框架下的象征性行动"。苏联在奥地利驻南非大使馆中设立了利益代表处。以色列在丹麦驻莫斯科的大使馆中开设了利益代表处。美国利益代表处到目前为止仍在瑞士驻古巴大使馆中运作，古巴的利益代表处设在捷克驻美国大使馆中。1980 年，美国决定在瑞士驻伊朗大使馆中开设一个利益代表处。葡萄牙和印度尼西亚同意互设利益代表处，以讨论东帝汶的未来。② 2008 年 8 月，格鲁吉亚政府单方面决定中断与俄罗斯的外交关系。为了尽量减少此举带来的负面影响，俄罗斯外交部向瑞士政府请求协助，代表俄罗斯联邦在格鲁吉亚的利益。格鲁吉亚也向瑞士提出了类似的请求。2009 年春，经过俄

① Newsom D. (eds.), *Diplomacy under a Foreign Flag: When Nations Break Relations* (Washington D. C: Georgetown University, Institute for the Study of Diplomacy, 1990), p. 43.

② Beridge G. R., *Talking to the Enemy: How States without "Diplomatic Relations" Communicate* (Basingstoke: Palgrave Macmillan, 1994).

罗斯、格鲁吉亚和瑞士互换照会，瑞士在其驻莫斯科和第比利斯大使馆开设了相应的利益代表处。

设立利益代表处的协议通常是三方性质的，基于三国外交部之间的照会交换达成，且意图设立利益处的国家需获得接收国的正式同意。在很多情况下，设立利益代表处是最佳选择，它使国家间主要联系得以保留，还为未来恢复外交关系提供了可能。此外，开设利益代表处而不是仅通过第三方代表自己的利益，这种方式本身就是一个明确的政治信号。

在利益代表处工作的外交官可以与东道国政府谈判，收集有限的信息并将其发送回国。除了其他职责外，他们还可以履行领事职能：签发签证、护照、文件公正等。利益代表处一般由参赞或总领事领导，而非大使。代表处工作人员通常由参赞、秘书和随员组成，且这些人员过去不能涉及政治或军事事务。他们不被列入正式的外交使团名单。利益代表处的所有运营费用通常由其所代表的国家承担。

利益代表处不得使用本国的国旗和国徽，国家象征也不能出现在官方通信中。为避免在东道国过分强调利益代表处的存在，利益代表处尽量不举行可能引起显著注意的活动。在外交人员名单中，利益代表处的员工被归入他们所在的托管国大使馆的名下。当然，东道国有权限制利益代表处的活动范围。在利益代表处工作的外交官享有与托管国大使馆工作人员同等的豁免权和特权。

利益代表处负责人的官邸、其使用的场所、交通工具和档案均受制于 1961 年《维也纳外交关系公约》第 22 条和第 24 条，因为它们被视为属于托管国。因此，除非得到利益代表处负责人的同意，否则不得破坏其不可侵犯权。利益代表处无权在银行开设往来账户。任何破坏利益代表处豁免权和特权的行为都被视为对托管国的不友好行为。外交官家属大多不离开东道国，这也在一定程度上表明了双方希望尽快恢复全面外交关系。

一般来说，在征得托管国同意的情况下，利益代表处可以使用独立通信手段，包括邮件、电报、电话、电传等。此外，这些设备也被视为托管国财产，因此受到《维也纳外交关系公约》相关条款的保护。利益代表处与其本国政府的通信，是通过托管国进行的，包括通过托管国发送外交邮包。在英国和埃及断交期间，一些有趣的文件有力地表明了两国保持沟通渠道的坚定意图。[①] 如前所述，并非所有英国和埃及外交官都离开了东道国。加拿大驻埃及大使馆将英国照会转交埃及外交部。照会以"加拿大使馆、英国利益代表处"开头，并以留在开罗工作的所有外交和非外交工作人员的名单附件结尾。照会中说明了代表处位于前驻英国大使馆的大楼内，同时还指出，领事、商业、信息、文化、行政、索赔机构以及财产、档案、不动产转由加拿大大使馆保护。照会还提到，由于外交关系破裂，大使馆中的政治部关闭，其工作人员应离开埃及。

一般情况下，政治人员离开时，军事武官也会随同离境。然而，埃及在伦敦留下了2名助理武官。英国外交部礼宾司仍然坚持将武官登记为卫生专员。与埃及相比，英国在减少其驻开罗大使馆人员时更为谨慎，只留下1名政治参赞来处理领事问题。

照会中还指出，照会未涉及的问题将依据国际法加以规范。英国外交官有权就共同关心的问题与埃及政府自由沟通。此外，不同于常规只需对大使提出正式请求接受函（agrément）的做法，在这种情况下，必须先得到埃及外交部对使团所有成员的具体提名的预先同意。因为特定的原因，英国驻开罗代表处的外交官无法直接与纳赛尔总统联系。因此英国任何发给纳赛尔的信件必须通过加拿大政府，再由加拿大驻开罗大使转交给埃及总统。[②] 显然，每个国家的具体情况不同，政治接触能否继续

---

① Beridge G. R., *Talking to the Enemy: How States without "Diplomatic Relations" Communicate* (Basingstoke: Palgrave Macmillan, 1994), p. 5.

② Kear S., "Diplomatic Innovation and the Origins of the Interests Section," in *DSP discussion papers* (Leicester: Centre for the Study of Diplomacy, 2000).

下去取决于双方的诚意。在 1966 年英国和坦桑尼亚断交后，加拿大驻坦桑尼亚大使馆中的英国利益代表处领导继续会见尼雷尔总统，谈判的内容完全保密，在当时的外交文件中也没有透露相关信息。在危机时期，利益代表处的数量通常会增加。

1961 年《维也纳外交关系公约》的文件中没有关于利益代表处的条款。因此，这种关系形式没有相应的国际法基础。在开设利益代表处时，国家主要参照 1965 年以来的既定做法和国际惯例。在这种情况下，利益代表处的地位往往不尽相同，需要通过外交渠道协商确定。

2011 年，美国尝试引入了一种新型代表机构形式，即在网络上建立了一个美国在伊朗的虚拟大使馆，网站文字为英语和波斯语。国务院形容这一创举是在没有官方关系情况下的"铺路架桥"。在一个日益相互依存的世界中，由于冲突形式的多样化，外交很可能会继续诉诸非常规的解决方案。新型代表机构的出现，表明现代外交追求灵活地应对新挑战。

对外交机构发展过程的研究明确显示，不同国家的外交机构演进过程本质上具有相似性。各国外交机构普遍经历同样的困难，同时也在探索解决这些问题的方法。对于专业外交机构而言，最严峻的考验是预算资金的大规模减少。在大多数国家，资金紧缩导致人员裁减和优化。

当然，削减开支和内部重组对外交人员造成了影响。在一些国家，外交官和工作人员出现了消极情绪。由于许多职位被其他部门的人员或通过政治任命填补，职业外交官的升迁机会大大减少，甚至消失。在经济形势好转时，最有才华的官员和候选人纷纷跳槽到私营企业。

毋庸置疑，一个国家的政治文化传统在很大程度上决定了各部门在其政府体系中的地位。例如，在美国，由于长期对商业的崇尚和大众文化的影响，大多数美国人对外交机构的"精英性"持怀疑态度。在斯堪的纳维亚国家，受到路德宗文化的影响，人们对领事部门持积极态度、对外交部门持有一定的不信任，反映出这些国家已经放弃了天主教的

"普世主义"。在拉丁天主教文化国家中，外交机构的威望历来相当高。又如，在意大利，外交部在国家机构中一直处于领导地位，外交界始终笼罩着神秘的光环。

到了 21 世纪第一个十年末，世界政治经济危机、国际舞台上各种利益冲突、恐怖主义威胁，使人们重新审视国家在全球进程中的角色。经济全球化从根本上改变了政商关系。在这些前所未有的条件下，各国外交部和广泛分布的外交代表机构需要更积极地开展旨在提高本国世界市场竞争力的活动。

多种维持外交关系的新方式——"代表处""联络处""利益代表处"的出现，体现了当代世界的相互依存性和外交的灵活性。

思考题

1. 外交领域的新行为体有哪些？

2. 各部门为何从外交政策的"守护者"转变为协调者？

3. 在全球化和金融危机的背景下，外交部进行了哪些改革？

4. 非政府组织在国际舞台上开展了哪些活动？

5. 在国家间没有建立外交关系的情况下，维护国家间关系的形式有哪些？

推荐阅读

1. *Зонова Т. В.* Модернизация дипломатической службы Италии // На перекрестке Средиземноморья. «Итальянский сапог» перед вызовами XXI века / Под ред. Т. В. Зоновой. М., 2011.

2. *Зонова Т. В.* Изменение классических моделей дипломатии. [Электронный ресурс].—Режим доступа, https://mgimo.ru/about/news/experts/224404/?utm_source = yandex.com&utm_medium = organic&utm_

campaign = yandex. com&utm_ referrer = yandex. com.

3. *Зонова Т. В.* Формы, методы, тенденции развития современной дипломатии // Современные международные отношения / Под ред. А. В. Торкунова, А. В. Мальгина. М. : Аспект Пресс, 2012.

4. *Лавров С. В.* Внешнеполитическая философия России // Международная жизнь. 2013. No. 3.

5. *Лавров С. В.* Выступление на юбилейной международной конференции «Россия в мире силы XXI века». 01. 12. 2012.

6. *Лавров С. В.* О предмете и методе современной дипломатии // Международная жизнь. 2009. No. 10.

7. *Попов В. И.* Современная дипломатия. Теория и практика. М. : Научная книга. 2000.

8. Jan Melissen and Ana Mar Fernández (eds.), *Consular Affairs and Diplomacy* (Leiden; Boston: Martinus Nijhoff Publishers, 2011) .

9. Jan Melissen (eds.), *Innovation in Diplomatic Practice* (London: Macmillan, 1999) .

10. George F. Kennan, "Diplomacy without Diplomats?" *Foreign Affairs* 76 (1997) .

11. Zonova T. , " Book Review. Paul Sharp: Diplomatic Theory of International Relations," *The Hague Journal of Diplomacy*, no. 7 (2012): 353 - 355.

第四章　多边外交——国家和非政府行为体

国际关系体系日益复杂，大量问题全球化，内外政策越来越紧密，都使得外交结构更趋复杂。随着世界向多极化体系转变，国家和非政府层面上的多边外交正在成为解决全球性问题不可或缺的形式。借助多边外交网络，可以实现灵活互动，协调共同利益。

多边外交在国际立法方面发挥着至关重要的作用。多边外交论坛成为国际关系主要原则得到确认并转化为法律规范的场所。

多边外交如果不能直接或间接促成各国之间的合作，将是毫无意义的。影响多边外交的因素是多样的，反映了国家利益的多样化和全球政策的不断发展。纵观历史，多边外交的目标是确保安全、联合开展军事行动打击共同敌人、恢复和平、建立国际组织、发展贸易、分配全球资源、促进跨文化交流。

多边外交反映了当下盛行的宗教和世俗价值观念、意识形态和物质利益。

多边外交的历史演进

多边外交的普遍原则在历史上有着不同的起源。最古老的多边外交原则是基于共同信仰将人们联合起来的神圣原则。例如，古希腊时期，祭司们在德尔菲的阿波罗神庙附近召集宗教联盟就是一个例子。近代（Новое время）① 以前，罗马教廷作为国际法的历史主体和中世纪许多外交行为的参与者，在许多情况下都是多边外交体系的推动者。

现代外交模式最初是作为多边外交模式诞生的，多边外交旨在通过多方协议寻求和保持国际力量的平衡。1648 年《威斯特伐利亚和约》的长期准备工作就是多边外交的典型例子。此时，欧洲已经形成了一个由专业而经验丰富的外交官组成的团体，他们通常彼此熟识。多年来，交战各方的外交官相互会晤，为在明斯特和奥斯纳布吕肯举行的和平大会做准备。在这个过程中，欧洲最有经验的外交代表——梵蒂冈和威尼斯的外交官——发挥了巨大作用。正是他们同意承担中立调解人的角色，并与对立联盟的外交官一同商定文本。通过这种方式，他们试图为未来的欧洲均势奠定基础。

均势原理通常被解释为既是动态的，也是静态的。动态上，它关注的是如何恢复受到破坏的力量平衡。这推动了多边外交论坛的召开，目的在于就实现均势的方法达成一致。静态上，重点放在如何维持已经实现的均势。存在很多静态多边外交形式，如同盟、联盟、长期条约和公约。长期条约和公约通常具有军事政治性质。各种形式的多边外交的直接任务是直接应对单个或多个国家的现有或潜在的威胁。

一些人反对理论家们将均势理念理解为联盟更迭，他们期待在未来能通过世界政府的努力实现永久和平。欧洲近代和当代的理论思想已经从简单地将均势视为一种自然法则转变为探索如何使多边外交具有持久性，即通过国际公认的机构来实现。

1462 年由巴伐利亚国王的顾问安托万·马里尼制定的"蓝图"可以看作是这个想法的早期实例。他旨在创建一个由主权统治者组成的欧洲

---

① 近代普遍被定义为中世纪之后的历史时期，起始时间一般认定为 1640—1649 年的英国资产阶级革命，结束时间为第一次世界大战（1914—1918 年）。——译者注

联盟（Европейская лига）。联盟由四个国家组成：法国、意大利、德国和西班牙。该联盟的核心是联合代表大会，由代表本国统治者的大使组成。每个成员国拥有一票，投票程序受到特别关注。联盟还成立了一支联合军队，资金来源为国家税收。联盟可以发行自己的货币，拥有官方印章、档案和众多官员。联盟之下设有国际法院，法官由大会任命。[①]

世界政府的构想最早由德西德里乌斯·伊拉斯谟提出。1517 年，他在论著《和平的控诉》中列举了战争带来的灾难，强调了和平的价值，并赞扬了爱好和平的统治者。不过，除了提出通过建立世界政府来解决问题的愿望之外，该著作没有提供任何实际方案。20 年后，塞巴斯蒂安·弗兰克（Себастиан Франк）的《世界记事》（Книга мир）出版了。弗兰克援引《圣经》提出了这样一个想法：既然战争是人类造成的，那么和平也应由人类来实现。英国诗人兼散文家托马斯·奥弗瑞（Томас Овербери）在 16 世纪末提出了一个更为详细的计划，即通过建立均势的联盟来维护和平。这个想法是一个重要创新，因为他提出的均势联盟涵盖了西欧和东欧国家，并有意将莫斯科公国（俄罗斯旧国名）纳入东欧联盟。

大约一个世纪之后，即 1623 年，埃默里·克鲁斯的作品《新齐纳斯》在巴黎出版。根据普鲁塔克的记载，齐纳斯是古代国王皮洛士的智慧顾问，他多次警告统治者战争的危险。克鲁斯希望《新齐纳斯》能成为引导现代君主的指南。为实现世界和平，他甚至勾勒出了一个旨在实现普遍和平的民族联盟计划。受到"持续谈判"理念的启发，他憧憬通过一个常设的大使会议来达成这一目标，该会议将包括欧洲所有君主、威尼斯共和国和瑞士联邦的代表。这个大会甚至可以邀请非基督教国家的代表参会，如君士坦丁堡苏丹以及波斯、中国、印度、摩洛哥和日本

---

① Heymann F. S., *George of Bohemia: King of Heretics* (Princeton: Princeton University Press, 1965), pp. 299-301.

的代表。不遵守大会决定的国家将会受到武装制裁。①

认识到三十年战争带来的悲剧，雨果·格劳秀斯在其知名著作《战争与和平法》（1625年）中呼吁建立一个欧洲国家联盟，其成员国应放弃使用暴力解决彼此之间出现的冲突。格劳秀斯认为，维护和平的前景在于国际法优先于国家利益。

叙利公爵在其回忆录中提出的"大计划"直接回应了克鲁斯的乌托邦理想和格劳秀斯的和平构想，为这些思想赋予了具体的政治蓝图，提出了一个旨在解决宗教冲突并实现全欧洲和平的方案。这个构想诞生于宗教战争频发的背景之下，距离三十年战争结束还有十年。为了建立普遍和平，叙利公爵认为有必要调和天主教徒、路德教徒和加尔文教徒的矛盾。在法国的领导下，将欧洲划分给当时六个主要的王国，以确保它们力量上的均衡。一个由各国组成的总理事会应当负责解决出现的矛盾和冲突，包括政治和宗教问题并解决国家间的争端。根据该计划，理事会每年在十五个城市中轮流召开会议。地方性问题将由六个地区理事会处理。如有必要，总理事会可以干涉各国内政，还能成立国际法院来裁决争端。不服从法院命令的国家将受到成员国的联合军事制裁。

随着欧洲对美洲殖民的推进，两大洲之间的共同体意识逐渐加强，按照当时理论家的观点，这将推动形成一个有效的全球性组织。例如，贵格会信徒威廉·佩恩，他管理的北美殖民地后来以他的名字命名为宾夕法尼亚，在1693年发表了他的"现在和未来世界的经验"（Опыт о настоящем и будущем мире）方案。其主要思想是证明有必要建立一个普遍的国家联盟。佩恩强调，公正的政府最初是由热爱和平之人所设想的一种社会。政府需要建立一个新的共同体，并自愿将部分权力移交给

---

① Saitta A., "Un riformatore pacifista contemporaneo del Richelieu: E. Crucé," *Rivista Storica Italiana* V. XIII (1951): 183-192.

它，正如人们曾经与君主签订社会契约那样。①

在启蒙运动时期，以社会契约为基础的欧洲国家联盟的概念变得日益流行，英国自由主义和法国的"理性主义哲学"在其中发挥了重要作用，这一过程也得益于法国文化和语言在当时的广泛影响力。②

1713—1717 年，圣·皮埃尔院长在乌得勒克撰写了著名的《欧洲永久和平计划》，简写本于 1729 年首次出版。根据这位早期启蒙思想家、外交家和哲学家三卷本中的计划，包括俄罗斯在内的十八个欧洲国家应组成一个联邦，联邦内的和平将由一个常设仲裁法庭来确保。奥斯曼帝国、摩洛哥和阿尔及利亚将成为该联邦的准成员国。该方案强调了边界不可侵犯的原则，并规定，如果国家内部动乱威胁到成员国的稳定，联邦可以进行武装干涉。圣·皮埃尔的思想广为流传，并受到法国和国外许多思想家的追捧。

杰出的德国哲学家康德是和平的坚定拥护者。康德认为，人类的进步是一个自发的过程，但人的意志可以延缓或加速这一过程。因此，人们需要明确的目标。对康德来说，永久和平既是一种理想，同时又是一种既有理论意义又有实践意义的行动指南，这正是他的著作——《永久和平论》（1795 年）的主题。这篇论文是以国际条约形式写成的。它包含"国家间永久和平"的条款，特别是条约的第 2 条规定，国际法应成为自由国家联盟制度的基础。和平是这一联盟的必然结果，是各国自觉的、有目的的行动的结果，各国有意愿和能力在妥协和相互让步的基础上解决矛盾。《永久和平论》一书在当时广为人知，为其作者赢得了作为集体安全理论创始人之一的荣誉。

然而与理论不同，多边外交的实践长期以来仅限于建立联盟、筹备

---

① Saitta A., "Un riformatore pacifista contemporaneo del Richelieu: E. Crucé," *Rivista Storica Italiana* V. XIII (1951): 221.

② Réau L., *L'Europe française au siècle des lumières* (Paris: Albin Michel, 1971).

和召开国际大会。这类国际会议具有纯粹的政治性质，其目的通常是签署和平条约或构建新的政治领土格局。例如：在明斯特和奥斯纳布吕克召开的会议上签署了《威斯特伐利亚和约》（1648 年），里斯维克会议总结了路易十四与奥格斯堡同盟国家战争的结果（1697 年），卡洛维茨会议解决了土耳其战争（1698—1699 年）结束的问题。这些早期会议的一个特点是仅限于双边讨论，联合会议尚未成为惯例。

1814—1815 年的维也纳会议标志着反拿破仑联盟的胜利，是一个重要的里程碑。在维也纳会议上，英国、奥地利、普鲁士和俄国签署的《联盟和友谊条约》首次明确了"为了全世界的幸福"定期举行国家元首和外长级会晤，就共同关心的问题进行磋商。各方还约定，将共同采取行动以促进"各国繁荣和维护欧洲和平"。[1] 俄国在本次大会上提出了一个前所未有的创新性提议：在多边联盟的基础上有效开展多边外交的构想，这不仅关乎军事结盟，还涉及维护内部政治结构的稳定。《神圣同盟条约》的开头是这样的："以神圣的和不可分割的三位一体之名义……庄严宣布，目前的这份宣言唯一的目的在于向全世界宣告其坚定不移的决定：在管理其国家内政以及处理与其他政府的政治关系时，唯一标准是正直、仁爱与和平。"

该条约由俄国沙皇亚历山大一世、奥地利皇帝弗朗茨一世和普鲁士国王腓特烈·威廉三世签署。后来，除罗马教皇和英国乔治六世之外，欧洲大陆的所有君主都签署了该条约。神圣同盟在亚琛、特罗帕、莱巴赫和维罗纳的大会决议中得到了实践，这些决议授权武装干涉各国内政以镇压革命活动，保持保守主义的合法统治。这是各国首次不仅签署了一项和平条约，而且还承诺共同维护国际秩序。维也纳会议建立了国家间的互动和谈判机制，并制定了后续行动的正式程序。

维也纳会议标志着从旧传统向新实践的转变，为大国代表定期会晤

---

① Hertslet E., *The Map of Europe by Treaty*（London: Butterworths, 1875），p. 375.

的灵活制度奠定了基础。**维也纳会议建立的机制被称为"欧洲协调机制"，这一体系在接下来的几十年来保障了欧洲国家之间相对稳定的关系。**

经济和技术的进步使各国人民之间的联系越来越紧密。公众舆论越来越倾向于认为，国际关系不应取决于偶然性，而应由特定的机构明智地引导。法国政论家写道："18 世纪的哲学是革命的哲学；它被组织的哲学所取代。"①

在 19 世纪末，具有民主思想的欧洲人开始普遍支持建立一个欧洲国家联盟，并设立一个由成员国选举产生的全欧洲议会。1880 年，苏格兰法学家詹姆斯·洛里默的著作问世。他否定了均势的观念，认为这是一种引发国际无政府状态的外交幌子。洛里默建议将英国的政治结构搬上国际舞台：上议院的成员由欧洲各国政府任命，下议院由各国议会组成，或者在绝对君主制国家由君主直接指派。六大强国——德国、法国、奥匈帝国、俄罗斯帝国、意大利和英国都拥有决定权。议会负责制定法律。欧洲部长委员会选出一位主席，监督整个机制。此外，还将建立一个国际法院和一个由各国法官组成的国际法庭，以及一个共同的欧洲军队来防御任何外部侵略，所有费用均通过特别税收支付。

尽管有许多理论上的构想，国际关系的实践催生出一个非常有效的多边外交新机制——大使会议。该会议首次于 1816 年在巴黎召开，旨在监督尚未巩固的法国政府，并一直持续到 1818 年。1822—1826 年在巴黎召开的大使会议讨论了西班牙革命相关的问题。1823 年大使会议在罗马举行，讨论教皇国的改革问题。1827 年在伦敦的会议讨论了希腊的独立问题。1839 年的一次大会因宣告比利时为独立王国而引起了巨大的国际和公众反响。随后的大使会议关注的议题包括终止巴尔干战争和打击俄

---

① Claude-Henri de Saint-Simon and Augustin Thierry, *De la réorganisaton de la societé européenne* (Paris: Les Presses françaises, 1925), p. 4.

罗斯布尔什维克政权。

随着时间的推移，"会议"这一术语逐渐被用于指代更具代表性的多边外交论坛。会议外交的支持者认为，国际冲突的产生主要是由于国家领袖之间的误解和缺乏接触。他们相信，如果统治者可以直接、无媒介地进行沟通，可以更好地理解彼此的立场。在这方面，不得不提的是俄国发起的海牙会议。1898 年 8 月 12 日，俄国外交部在一份经沙皇批准的通告中，向欧洲各国政府和国家元首传达了这次会议的总体构想，即通过国际讨论，寻求确保和平的有效手段，试图终止军备竞赛。国际伙伴的积极反馈使俄国外交部得以在 1899 年前夕提出会议的工作议程，其中包括讨论军备限制、人道主义战争方式以及改进解决国家间冲突的和平机制等问题。

1899 年，来自中国、塞尔维亚、美国、黑山、日本等 26 个国家的110 名代表参加了第一届海牙会议。俄国派出 3 名外交部官员代表，其中包括著名法学家、外交官、欧洲国际法研究所副所长、海牙常设仲裁法院法官、巨著《文明人民的现代国际法》的作者费多尔·马滕斯。会议结束两个半月后，签署了下列公约：《和平解决国际争端公约》《陆战法规与惯例公约》《关于 1864 年 8 月 22 日日内瓦公约原则适用于海战公约》。除此之外，还有禁止使用爆炸性子弹、窒息性气体和从空中投掷爆炸物的声明。但是，由于各代表团之间的分歧，没有就"在一定时期内保持现有陆军规模和冻结军事预算，以及研究裁减军队规模的方法"等主要问题作出决定。出席本次会议的 26 个国家签署了《关于和平解决国际争端和设立常设仲裁法院的公约》（*Конвенцию о мирном разрешении международных столкновений и учреждении постоянной Палаты третейского суда*），标志着首个此类多边机构的建立。①

应美国总统西奥多·罗斯福的倡议，第二次海牙会议于 1907 年召

---

① 常设仲裁法院现在仍存在，90 个国家为公约缔约方。

开。会议的主要目的是改进和补充先前通过的公约。当时，公约议程中没有列入军备限制问题，因为当时这是不可能实现的。来自世界 44 个国家的代表通过了十几项关于陆海战争的法律和惯例的公约，这些公约今天仍然适用（连同 1949 年的《日内瓦公约》）。

海牙会议为国际人道法这一全新的法律分支奠定了基础，后来这一法律分支扮演了重要的角色。

在俄国驻法国大使亚历山大·伊万诺维奇·涅利多夫的建议下，决定在 8 年后召开下一次和平会议。然而，历史的发展并非如人们所愿。19—20 世纪初的大会与前几届大会的不同之处在于其展现了更明确的政治目标和对技术性问题的深入关注。这些会议有时被视为召开更大规模会议的前奏，且当时的各国元首并未直接参与。

然而，在多边外交的演进中，仅依赖定期的会面显然是不够的，建立能够持续运作的国际机构变得更为紧迫。1865 年国际电报联盟和 1874 年邮政总联盟的成立，燃起了人们的希望。这些事件被视为国际社会日益相互依赖的证明。媒体写道："国际自由和团结的伟大理想通过邮政联系得到实现。万国邮政联盟预示着边界的消失，届时所有人都将成为地球上的自由居民。"[1] 20 世纪初，通过建立常设泛欧机构来复兴"欧洲协调"的想法得到广泛传播。特别是当时的法国外交部长莱昂·布儒瓦在其 1908 年出版的名为《国际联盟》的书中主张立即建立国际法院。

科学技术的进步催生了众多专门性国际组织，即所谓的"机构"（Институты）。这些国际组织具有职能性质，它们设有自己的管理机构，追求特定的目标。诸如国际农业研究所、国际私法统一研究所等机构便是其中的例子。第一次世界大战后，"代表大会"（конгресс）一词从国家多边外交的专用词汇中淡出，转移到非政府组织的外交活动中，例如和平大会、妇女权利大会等。有国家元首和政府首脑参加的外交活动被

---

① Lyons F. S. L., *Internationalism in Europe, 1815-1914* (Leyden: A. W. Sythof, 1963), p. 41.

称为"大会"（конференция）。战后的第一个多边论坛是 1919 年的巴黎和会，随后召开了 1922 年热那亚会议、1925 年洛迦诺会议以及一系列其他会议。

国际关系是一个日益复杂和多层次的体系，全球范围内的多方协商和统一认可的监管程序变得尤为重要，面对新的全球政治挑战，关于建立世界政府和议会的构想重新获得广泛关注。例如，比利时理论家建议，全球议会上院应由国际组织、跨国企业和其他经济、社会和知识界机构任命的代表组成。同时，设立国际法庭成为共识。此外，还提出需要对军事力量进行限制，确保其规模不超过国际共识的上限。经济全球化的趋势也促使人们提出建立世界银行和取消贸易壁垒的构想。各类教育和文化活动的国际支持和推广同样被视为重要议题。

第一次世界大战严重破坏了均势原则在公众心中的威信。为确保战后世界和平，迫切需要建立一个多边机构，让各国能够在其中协调立场，并共同形成具有约束力的法律标准。早在第一次世界大战期间，以布莱斯勋爵为首的一群科学家和政治家就创立了国际联盟协会（League of Nations Society）。在美国，在设立美国的类似机构——实现和平联盟（League to Enforce Peace）时，塔夫脱总统也参与了。这些组织的目的是使大西洋两岸的公众相信，有必要开辟一条新的世界政治道路。1915 年8 月，爱德华·格雷爵士对威尔逊总统的亲信爱德华·豪斯上校说："战后重建的核心应以国际联盟为核心，它将确保国际争端的和平解决。"①1916 年春，威尔逊总统呼吁建立一个全球性的国际组织。1917 年 7 月在法国众议院成立了"国际联盟草案"筹备委员会。一年后发布的草案提议建立一个比英美两国提案中权限更大的联盟。这个国际组织的雏形，最终在 1918 年初，通过威尔逊总统提出的十四点和平原则得以实现。

---

① Buehrig E. H., *Woodrow Wilson and the Balance of Power* (Bloomington: Indiana University Press, 1955), p. 206.

国际联盟成立于 1919 年，是一个具有政治和行政机制的新型的全球性组织。它包含理事会、全体大会和秘书处。理事会由五个主要盟国的代表组成，可以看作旧"欧洲协调组织"的延续。总体而言，理事会和全体大会拥有同等权力，形成类似两院制的权力结构，反映了欧美议会民主制在国际层面的扩展。国际联盟已成为新的多边外交平台，标志着外交活动从临时性安排向常设性机构过渡的历史性进步。国际联盟中出现了第一批常驻代表和使团，其成员国有义务和平解决分歧。联盟宪章规定了仲裁和调解程序，违反这些规定的国家自动被视为"对所有成员国发动战争"，将面临经济制裁，并受到所有其他国家的军事威胁。这样的机制旨在在不结成各种盟国的前提下预防侵略行为，避免代价高昂且危险的军备竞赛。国家间争端可以提交至 1922 年成立的国际法院审理。

此时，多边外交已经在制定投票程序方面积累了相当多的经验。在 19 世纪，国际组织的决定大多是基于一致同意原则。实践表明，这种决策方法很不方便，因为任何单一国家的反对都有可能使所有的前期工作付诸东流。因此，投票程序逐渐转向简单多数或绝对多数原则。国际联盟采用的所谓"积极一致"的原则实际上忽略了缺席或弃权成员的投票。

国际联盟常设秘书处的成立，为外交史开启了新篇章。它的运作是由新型的外交官——国际公务员负责。从那时起，国际公民服务机制开始形成。虽然许多因素使国际公务员更接近传统外交官，但也存在一定的差异。例如，与国家代表相比，为国际组织工作的官员的豁免权相对有限。与聚焦双边关系的外交官不同，国际公务员必须与国际组织的所有成员合作，并了解组织内各成员国的问题。

国际联盟在很多方面没有达到人们对它的期望，也未成为一个全球性组织。美国国会的公开反对导致美国未加入国际联盟（以下简称"国联"），苏联也直到 1934 年才加入。20 世纪 30 年代，德国、意大利和日本这些侵略国退出了联盟。1939 年，由于苏芬战争爆发，苏联被国联

除名。

二战期间，反法西斯联盟盟国通过多边外交奠定了战后世界秩序的基础，包括1942年的《华盛顿宣言》和后续一系列关键会议：1943年（莫斯科、开罗、德黑兰）、1944年（邓巴顿橡树园、布雷顿森林）和1945年（雅尔塔和波茨坦）。

1945年，在旧金山会议上，各国代表建立了一个新的全球性政府间组织——联合国。在联合国的领导下，出现了许多政府间国际组织，涉及国际合作的各个方面。联合国的计划旨在解决裁军、发展、人口、人权和环境保护等问题。

《联合国宪章》规定了和平解决争端的程序，以及针对威胁和平、破坏和平和侵略行为，规定了成员国的共同应对措施。这些措施包括可能的制裁、贸易禁运，以及使用联合国维和部队或联合国成员国组成的军事联盟进行维和行动，甚至是与某个区域组织基于协议采取行动。《联合国宪章》的重要意义在于，它不仅成为规范国际组织活动的基本法，而且旨在为各国在军事、政治、经济、环境、人道主义等领域的行为设立基本规范。

联合国具有制定条约的能力，推动了在其组织框架内广泛的多边协定体系的形成。[①]《联合国宪章》首次确立了所有成员国主权平等的原则。每个国家在联合国都拥有一票。该宪章还规定，如果成员国在其他任何国际协议中的承诺与《联合国宪章》相抵触，应优先遵循《联合国宪章》的义务。《联合国宪章》为国际法的发展和规范化奠定了基础。

联合国的主要机构——联合国大会、安理会、国际法院和秘书处——已成为推进多边外交的有效平台。联合国系统还包括20多个相关组织、项目、基金会和专门机构。最具代表性的是国际劳工组织、经济及社会理事会、粮农组织、教科文组织、国际民航组织、世界卫生组织、

---

① 1945—1965年，共签署了2 500份多边协议，比过去350年的总和还多。

世界气象组织、世界知识产权组织、国际货币基金组织、关贸总协定/世界贸易组织、国际复兴开发银行及许多其他机构。

国际舞台上涌现了众多地区性组织，包括欧安组织、阿盟、欧共体/欧盟、东盟、亚太经合组织、美洲组织、非统组织、独联体等。20世纪下半叶，出现了大量所谓的多边利益组织（многосторонная организация по интересам），其中包括不结盟运动、石油输出国组织、七国集团、八国集团和二十国集团。

联合国内部的多边外交采用代表团的形式。例如，各国驻联合国代表团的规模和组成与普通大使馆几乎没有区别。1946年，联合国大会通过了《联合国特权和豁免公约》。根据该公约，各国代表在联合国享有与传统外交官等同的豁免和特权。这一规定同样适用于参加联合国举办的国际会议的代表团。

然而，与在双边外交体系中工作的外交代表不同，不是向东道国递交国书以获得认证，而是在国际组织的框架内行使其国际代表权。因此，他们的任命不需要获得该组织或东道国的正式批准。这些代表在抵达联合国时，不需向联合国所在国国家元首递交国书，而是直接将委任状递交给联合国秘书长。

根据联合国总部和其他国际组织的双边协定规定，各国常驻代表享有与外交特权和豁免类似的特权和豁免，但在某些协定中，这些特权和豁免范围有所限制。1946年联合国与美国签署了有关联合国总部的协定，规定在原则上承认各国驻联合国及其专门机构的代表有权享有外交特权和豁免的同时，也允许美国当局在征得美国国务卿的同意后，对那些被认为"滥用特权"的联合国代表团团员和官员提起诉讼，要求其离开美国。

不过，该协议规定，美国国务卿只有在与相关联合国成员国磋商后（如果涉及该国代表或其家庭成员），或者在与秘书长或专门机构的主要官员磋商之后（如果涉及联合国或专门机构官员），才能给予此类同意。此外，该协定还提供了一种机制，允许在"遵守对于美国政府认证的外交机构的常规程序"的前提下，要求相关人员离开美国。①

1975 年，应联合国大会的决议，在维也纳举行的会议上通过了《维也纳关于国家在其对普遍性国际组织关系上的代表权公约》（*Конвенция о представительстве государств в их отноше ниях с международными организациями*）。该公约具有普遍性，确认了国际组织中各国常驻代表和常驻观察员的法律地位以及国际会议代表团和观察员的地位，并规定了赋予这些身份及其行政技术人员的类似外交豁免和特权的范围。② 根据该公约，享有这些特权和豁免权的人员由联合国秘书长指定，这些特权和豁免权在所有公约成员国领土上均有效。

联合国特派专家在执行任务期间享有比联合国总部官员更广泛的豁免权和特权。联合国秘书长、副秘书长以及他们的配偶和未成年子女享有等同于外交代表的全部特权和豁免。联合国秘书长不能放弃自己的豁免权，这项权利属于联合国安理会。

公约包括了有关国际组织东道国义务的规定。东道国不仅需为确保常驻代表和代表团正常运行提供必要条件，也有义务采取适当措施对那些对代表处和代表团进行攻击的人进行法律起诉和处罚。

联合国大会秋季会议已成为与会领导人相互会晤和进行必要谈判的良好平台。如有必要，他们可以请联合国秘书长进行有效调解。对于那些在某些国家没有设立外交使馆的小国来说，利用其在联合国的代表处进行双边谈判尤其重要。当然，在必要时，大国也会采用这种方法。常驻代表团成为那些没有建立外交关系或断绝外交关系的国家之间的沟通

---

① Международное право. М., 1998. С. 257.

② 国际组织官员的特权和豁免是以职能必要性理论为基础的；因此，与适用于国家代表的特权和豁免相比，它们的范围有所缩小。

渠道。在这种情况下，同在联合国工作的各常驻代表团成员之间的个人交往也有利于这种接触。

随着联合国的成立，"组织"（организация）这一术语在多边外交领域得到了更广泛的应用。国际组织是国家间的互动形式，拥有自身结构和常设执行机构。例如北大西洋公约组织、华沙条约组织、东南亚条约组织、中央条约组织、集体安全条约组织等各种军事和政治机构。在 20世纪 40 年代末 50 年代初，欧洲出现了被称为委员会（совет）的国际机构。例如，欧洲委员会①、北欧委员会和经济互助委员会。这些名称反映了缔约国相互平等和共同决策的理念。常设多边外交论坛也被称为共同体（сообщества），例如欧洲经济共同体、欧洲共同体。这标志着多边外交向一体化联盟这一新阶段的过渡，其中，超国家主义原则被逐步确立。在当下外交语境中，旧有的称谓——如欧洲联盟、独立国家联盟、非洲国家联盟、阿拉伯国家联盟被频繁使用。

联合国和其他国际组织在会议外交发展中发挥着重要作用。在它们的主导下，举行了许多关于社会、经济、法律和其他专业领域的会议。参与会议外交的各国常驻国际组织代表②，其工作团队不仅包括了经验丰富的职业外交官，还涵盖了来自各个政府部门的专业人士，专注于对特定议题进行深入探讨。因此，在专门的会议上，职业外交官通常不占多数，而是以政治家和专家为主。但是，那些掌握议会程序、能够有效分析信息、精于幕后谈判技巧的职业外交官，对于任何代表团来说都是不可或缺的宝贵资源。

多边谈判进程既在各国际组织内部进行，也在各组织召开的定期会议上进行，还在组织外就特定议题进行探讨。这些会议常常承担起制定

---

① 欧洲委员会（英语：Council of Europe，俄语：Совет Европы）是 1949 年成立的国际组织，总部在法国斯特拉斯堡，致力于促进欧洲国家间的人权、民主和法治，推动合作与一体化。——译者注

② 根据 1961 年《维也纳外交关系公约》，某国大使可兼任某一国际组织的代表团团长。

规范的任务，这使国际法领域不断扩大。特别是 1961 年、1963 年、1968—1969 年、1975 年、1977—1978 年的一系列会议在发展外交和领事法方面发挥了重要作用。

共同的规则与频繁的国际会议已经成为国际社会的公认机制。

多边外交发展出了多种工具，目的是和平解决国际争端和各种冲突。这些工具包括斡旋、调解、监督、仲裁、维和行动以及建立国际司法体系。在联合国总部、联合国下属机构和地区组织的外交官和政治领导人的定期会晤，成为议会外交、宣传和秘密谈判的重要平台。谈判不仅在国家代表之间进行，也在国际组织代表之间进行，这源于国家与国际组织的国际法人资格。这在联合国和欧盟中尤其明显。

自联合国成立以来，由于出现了非殖民化进程、苏联及其东欧集团国家的解体、分裂主义浪潮，全球新国家的数量急剧增加，因此，与1945 年相比，国家数量增加了 3 倍多。这一雪崩式的进程是在经济全球化、一体化、区域化和许多正在丧失其原有主权职能的国家四分五裂的背景下展开的。这常常导致各国政府失去对正在发生的进程的控制，进而动摇了始于威斯特伐利亚和平体系确立以来建立在主权基础上的世界秩序。

在这种情况下，与 1945 年相比，迫切需要一个有效的政府间论坛，使各国政府能够弄清在国家层面无法解决的问题，制定解决这些问题的联合战略，并协调行动以实现这些目标。毫无疑问，为了满足时代要求，联合国的结构需要进行改革。联合国秘书处面临许多跨国官僚机构普遍存在的问题，特别是有关高级官员变更的必要性。不难理解，联合国秘书长布特罗斯·布特罗斯·加利（Бутрос Бутрос Гали）在就任的头 3 个月内就削减了 40% 的高级职位。他的继任者科菲·安南向国际社会提出了两项进一步改革措施，旨在推进这一进程。

德国、日本、印度和巴西积极推动它们的议案，通过联合国大会决议草案，提议增加安全理事会常任理事国的数量，也建议增加安理会非常任理事国的席位。然而，没有机会成为安理会常任理事国的大多数其他国家，不管它们如何看待上述四国的提议，最终决定首先考虑自己的利益，并成立了一个名为"咖啡俱乐部"（кофейный клуб）小组，制定了自己的"扩大安理会的指导方针"，后来这个小组被称为"团结谋共识"（Объединившиеся в поддержку консенсуса）小组。它提议根据地域公平分配原则，增加10个安理会非常任理事国，并且允许连任。安理会5个常任理事国的处境也很艰难，它们的共同目标是避免削弱自己在安理会和整个联合国的地位和特殊作用。这不仅涉及"否决权"，而且也关乎未来拥有此权力的国家数量。当然，它们也认识到世界格局的新变化，诸如"四国集团"的崛起，以及亚洲、拉丁美洲和非洲国家的雄心壮志。但在安理会改革的具体方案和具体的候选国问题上，它们之间存在重大分歧。欧洲国家之间也没有统一意见。意大利提出应由欧洲联盟而不是英国、法国和德国代表欧洲在安理会中拥有席位。南北国家对联合国面临的优先任务的理解不一致：南方国家强调可持续发展和援助的重要性。北方国家则把安全、人权和民主放在其议程的首位。这导致这些国家集团在联合国改革的优先次序和方法上存在不同的看法。[①] 一些国家坚持增强联合国秘书长的政治作用，这引发了不同的反应。一些国家认为，这一提案倾向于赋予联合国超国家的性质。其他国家则支持将秘书长的职能政治化的观点。它们认为，只有秘书长在其行动中变得更加独立，联合国的改革才可能是有效的。在这种情况下，即使不是所有联合国成员国都赞同，秘书长也能够坚持执行某项政策。

在联合国体系内，多边外交机构之间行动的协调性成为一个显著议题。布特罗斯·布特罗斯·加利试图引入一项规则，根据该规则，在各

[①] См.：*Олеандров В. Л.* ООН как универсальный механизм глобальной безопасности / Под ред. *С. В. Кортунова.* Мировая политика в условиях кризиса. М.：Аспект Пресс, 2010.

国首都设立联合国办事处，以协调整个联合国系统各组织的活动。然而，他的提议遇到了发展中国家的强烈抵制，这些国家不愿意授予秘书长对联合国专门机构的控制权。各机构也担心这会威胁到它们的独立性。科菲·安南试图继续推进这一计划，但同样遇到了阻碍。联合国各机构（如国际原子能机构）继续主张拥有自己独立的政府间合作机构。

2011 年 6 月，法国呼吁增加安理会常任理事国和非常任理事国的数量。法国驻联合国代表表示："我们认为，日本、巴西、印度和德国应成为常任理事国，而且应该至少有一个非洲国家成为新的常任理事国。我们也提议让阿拉伯国家加入。"他强调，现行的安理会体系很大程度上反映了 1945 年的情况，现今迫切需要将其更新以反映当下的国际现实。连任至 2016 年的联合国秘书长潘基文表示，通过扩大安理会的规模进行改革，是他担任秘书长期间的优先事项之一。

现代国际关系背景下的多边政府外交

多边外交及其特征受到国际关系现状、全球化进程、一体化进程、各地区的需求、预防和解决冲突局势的需要、法律框架和人类团结意愿的影响。国际舆论、媒体和利益集团的压力对多边外交的影响越来越大。

多边外交行为体之间长期的直接接触，外交从保密向透明和公开的转变，同声传译的使用、通信技术的数字化以及决议和文件的及时传播，都使外交焕然一新。20 世纪末席卷全球的"民主化浪潮"在很大程度上影响了国际机构的运作方式。正如一位研究近现代国际关系史的外国学者宣称，"议会程序原则最终被确立为多边外交程序规则"。[①] 法国法学

---

① Eban A., *The New Diplomacy: International Affairs in the Modern Age* (New York: Random House, 1983), p. 280.

家马塞尔·普雷洛（Марсель Прело）印证了这位作者的观点。他强调，现代国际会议的议事规则在很大程度上是以英国下议院的议事规则为基础的。① 因此，我们可以推断，当今国际组织的工作不仅具有外交性质，还更多地表现为立法性质。这些机构的运作既基于谈判进程，也依赖于现有或新制定的规范的实施，这些规则通常会成为普通国际法的一部分。

议会民主的影响在国际会议和组织的活动结构中有所体现。在这些框架下成立了各种委员会、专家组、利益集团，并形成了真正的游说团体。决策的制定和采纳程序也与立法机构的运作模式相似。然而，会议或国际论坛的决议往往具有建议性或宣言性。联合国安理会的强制性决议则通过否决权进行平衡调节。此外，在多边外交论坛中，采用简单多数投票的常规议会决策程序并不总能满足需求。一些成员经常强调，"实质性问题"的提案需要以 2/3 多数通过。因此，各代表团努力将某些议题定性为程序问题，因为"程序投票"仅需简单多数即可通过。

国家数量的增多、立场协商过程的复杂、不同国家集团之间存在的深层次矛盾，这些都要求表决机制具有一定的灵活性。基于共识的决策成为一种新的举措。因此，联合国经社理事会 1974 年的决议将共识定义为"在没有表决程序的情况下达成全体一致意见，这并不意味着一致同意"。② 这种创新做法避免了针对可能存在许多微小分歧的文案进行深入辩论，而是原则上同意这项决定，留待将来有必要时再讨论细节，而不影响之前达成的基本协议。这是一种非常有趣的新做法，但其潜力尚未完全展现。关于"共识"（консенсус）一词的定义问题也有了结论，"它是用来描述竭尽全力达成一致意见的做法，但如果最终未能实现，那些

---

① Prelot M., "Le droit des assemblees internationals," in *Recueil des Cours*, ed. Academie de Droit International de la Haye（Leiden: Brill. Nijhoff, 1963），pp. 476–477.

② Third United Nations Conference on the Law of the Sea, Official Records, 1975, Volume 1: 44, UN, New York.

持异议的成员只需在相关文件中表明他们的不同意见即可"。①

同时，基于共识的决策模式也会产生一些负面后果。以共识方式通过的文件中的条款往往含混不清，缺乏明确性。在这种情况下，任何代表团都有可能延缓文件的形成过程，企图推行自己的观点。为了应对这种情况，提出转向投票的威胁通常能促使参与方选择接受已有的共识决定，以避免更大的分歧。

欧洲安全与合作组织采取了达成共识后"减一票"的决策方式。这一做法在需要批准有关南斯拉夫问题的决议而遭到南斯拉夫代表强烈反对时被应用。

在多边外交框架内，因种族、地理或政治经济原则而联合在一起的不同国家集团的代表经常举行会议，这在专有文献中被称为对等外交（паритетная дипломатия）。在这些会议中，外交资源有限的小国通过加入某一国家集团，以获得在平等基础上进行谈判的机会，从而有助于就全球问题达成协议。多边外交面临的挑战在于，同一国家集团的代表之间经常出现分歧。

多边外交方式的演变

多边外交的历史经验表明，多边外交的方式和方法在不断发展和完善。在最初阶段，国际论坛的筹备主要通过未来会议参与者间的外交信函进行。在此之后，出现了通过召开专家或高级外交官级别会议的方法。随着全球性国际组织的出现，在国际组织内部即能开展会议筹备工作。第二次世界大战后，国际公约的准备工作以及各种会议的组织，逐渐转为由那些发起会议的国际组织自己来负责。

---

① Article 161 (8) (e), *UN Convention of the Law of the Sea*.

例如，有关外交法制定的维也纳会议是根据联合国大会的决议筹备的，会议的主题也由大会决议确定。1961 年《维也纳外交关系公约》和1963 年《维也纳领事关系公约》的文本是由联合国国际法委员会编写的。这并不排除联合国大会召开会议进一步修订决议的可能性。1961 年的维也纳会议决定将讨论范围限于外交代表团问题，而不涉及特别使团问题。

在 19 世纪的外交实践中，国际会议的邀请权归属于主办国，但两次世界大战之后，这一职责转交给了发起相应会议的国际组织。因此，维也纳关于外交法典化会议的邀请是由联合国直接发出的。在第二次世界大战结束之前，非某个国际组织成员国的国家不会被邀请参加该组织召开的论坛。现在，在国际组织召开的会议上任何国家都能受邀参加，不再受其是否为组织成员的限制。

通常国际会议地点的选择受到历史先例的影响。例如，维也纳因1815 年首次制定外交规则而成为外交法典化会议的传统举办地。同样，日内瓦成为国际人道法会议的举办地，海牙是国际私法会议举办地，而布鲁塞尔是海洋法会议举办地。

随着多边外交的发展，其组织结构也变得更加复杂。17—18 世纪的国际大会的组织结构极其简单，通常是在正式会议之前，各国代表进行一系列的谈判，谈判结果汇总后形成会议最终采纳的和平条约。17 世纪以前，没有正式卷入冲突的国家的外交官通常不会出席这些国际代表大会。

随着时间的推移，没有卷入冲突的国家有了向和平大会派遣观察员的机会。例如，英国派外交官前往本国非正式参与的代表大会。美国密切关注欧洲局势的动向，并将其在日内瓦的领事馆转化为事实上的常驻观察员，尽管它并未成为国际联盟的成员。目前，即便不是某个国际组织成员的国家，也可以设置正式的常设观察员机制。例如，梵蒂冈虽然不是联合国成员国，但向联合国机构派遣了常设观察员。2012 年，联合国大会以多数票决定给予巴勒斯坦观察员地位。

19 世纪初，外交论坛主席这一角色开始凸显。通常，这一职位由主办国的政府首脑或外交部长担任。会议组织设有一位秘书长的职位，一般来说，这一角色由主办国的高级外交官担任。进入 20 世纪，多边外交的组织结构明显复杂化。各国根据多边条约和国际法建立的国际组织（全球性的、区域性的和次区域性的）成为多边外交的最高形式。每个组织都制定了自己的章程，确定了预算，并设立了总部和秘书处。这些组织中的工作被称为国际公务员制度，并遵守特定的规章制度。

国际组织和国际会议的活动不仅包括举行全体会议，还有各种委员会、小组委员会和工作组的会议。同时，表决程序也经过精心设计，以区分哪些决定需要通过绝对多数获得通过，而其他决议则只需简单多数或先前提到的共识决策就足够了。

在国际组织倡议召开的会议中，会议的日常工作由执行秘书负责，通常他是国际组织的官员，负责接收各代表团团长的授权书。应该指出的是，会议本身享有一定的自主地位，可以独立决定程序性问题。大会选举主席和副主席，决定发言顺序、投票方式和其他事项。

各国派去参加此类活动的个人或代表团被视为特别使团（миссия ad hoc）。这类使团的地位由 1969 年《特别使团公约》（1985 年 6 月 21 日生效）规定。根据该公约，使团具有代表性和临时性，由一国经另一国同意后派往该国执行某项任务，无论两国是否建立外交或领事关系。

代表团或特别使团团长可由国家元首或政府首脑、外交部长或任何其他有权执行指定任务的人担任。这些任务可以由国家元首或政府首脑的特使或者是被特别委托的大使来承担，执行任务的形式由他们执行的任务决定。目前，国际组织参加国际会议的做法越来越常见。例如，欧盟作为一个组织参加了各种论坛。

一种新的多边外交形式是召开只有国际组织参加的会议。比如，在斯特拉斯堡举行的会议中，欧洲委员会和北约的代表共同参加，以便对行政和财务的问题进行协调。

在多边外交领域，开始对外交代表提出特殊要求。他们必须有接近政治家的特质，即善于演讲，掌握说服的艺术和公关的技巧。他们需要能够正确地编写议案草稿，并能巧妙地构思出在表决时能赢得广泛支持的措辞。同时，作为谈判者，要富有耐心、毅力和灵活性。与此同时，如果代表自己的国家参与会议，他们还须具备与团队内所有成员有效合作的能力，这包括理解和考量到与所讨论问题相关的各集团和部门的利益。多边外交要求参与者严格遵守议事规则，明确了解各种多边机构之间的相互依存关系，并能够建立和利用对自己有利的政治联盟。

在多边外交框架内，谈判过程尤为重要。美国外交十分重视国际谈判的艺术。对谈判过程的研究始于20世纪60年代，并朝着实践和理论两个方向发展。冷战期间，出现了许多新的概念：博弈论、双层分析和系统论。美国的研究也催生了冲突解决理论、理性选择理论和基于信仰的外交理念（faith-based diplomacy）。

谈判方式分为"硬谈判"和"软谈判"，还有第三种方式——避免将谈判者的个人立场与讨论议题混为一谈，也不要把焦点放在对方的官方立场上，而是要着眼于实际的利益，努力制定客观的标准，共同探索互利的解决方案。

在世界各国，包括俄罗斯，出现了大量的专题文献，提供了许多在谈判中取得成功的方法。这种对于任何谈判过程组织提出详尽建议的尝试，激起了一位研究人员尖刻的评论："似乎已经证明，任何问题的解决方案都是明确的、全面的、令人信服的……同时也可能是错误的。"①

---

① Stempel John D., "The American Approach to Negotiation—Its Virtues and Vices," University of Kentucky: Patterson School of Diplomacy, September, 2001.

近年来，国际会议讨论的问题范围显著扩大。世界正面临一系列新的跨国性威胁，包括国际恐怖主义、有组织犯罪、贩毒、气候变化、转基因食品的传播、克隆、资源的公平分配、发展问题等。即使是传统的外交议题，如确保国家安全，也在现代世界呈现出新的维度。安全概念不再仅仅与国家的军事和经济潜力联系在一起。在多边外交框架内出现了对安全观念的新解读。

人们不再谈论集体安全，因为集体安全是以法律形式的协议为前提的。今天，人们讨论的是合作安全（cooperative）、共同安全（common）、全面安全（comprehensive）以及近年来的全球安全和人类安全（global and human security）。这些问题的解决在不同领域都产生了新的、更高层次的互动。同时，环境保护问题与发展问题紧密相连，贸易问题与人权问题相互交织，金融业务问题与税收问题密切相关。这些复杂议题需要新的方法、广阔的视野、对其他国家面临的问题持有积极参与态度，并要求高度的专业知识。面对新的威胁和挑战，多边外交正在突破其传统框架，越来越需要与全球政治中的新角色进行互动。

多边外交发展的阶段

几个世纪以来，外交活动不仅局限于政府领域，还广泛拓展了社会各界人士和组织。例如，在古希腊时期，外交活动借助了著名演员的才华。在中世纪的欧洲，统治者乐于派遣僧侣、商人、医生、占卜师等出国收集信息、执行非官方任务。俾斯麦时代，德国曾借调银行家担任驻德国的非官方大使。他们向总理提供了有关经济和政治的信息，促进发展与其他欧洲国家的合作。20世纪20年代，美国红十字会代表雷蒙德·罗宾斯（Раймонд Робинс）成为美国和苏联之间的积极调解人。非政府行为体在文化外交以及对外宣传中发挥着作用。

随着经济和技术进步的发展，世界各国人民的联系日益紧密，议会制度的形成、公众生活的政治化、各种群众组织和政党的形成以及大众传媒的影响，都使公众舆论越来越多地参与到国际政治中来。圣西蒙睿智地写道："18 世纪的哲学是革命的哲学，现在的哲学应是组织的哲学。"[1] 19 世纪，出现了表达少数民族利益的运动，在强国的宫廷中争取民族独立。此外，和平主义的情绪高涨。早在 18 世纪，重农主义者就声称现有的国际关系体系蕴藏着破坏性的潜力，军事胜利和领土扩张成了统治者、官员和将领们追求个人荣耀的表现。伏尔泰在 1764 年的《哲学辞典》中，强烈谴责了将战争视作"300—400 名自诩为国家领袖或政府官员的人的幻想游戏"的行为。[2] 18 世纪提出的战争因技术进步而带来巨大破坏、"理性上不可能"的观点，在 19 世纪被意识形态家们一再强调。[3] 英国和平主义者认为："目前政府在很大程度上受到公众舆论的制约，而教育的进步和媒体的力量让每个公民都能评价其政府的行为。"世界上第一个和平组织于 1815 年在纽约成立，在此之后，1816 年英国建立了一个类似的组织。1843 年，第一次和平主义者大会在伦敦召开，之后，大会相继在布鲁塞尔（1848 年）、巴黎（1849 年）、法兰克福（1850 年）召开，并于 1851 年再次在伦敦召开。和平支持者协会陆续在荷兰（1870 年）、比利时（1871 年）、意大利（1878 年）、丹麦（1882 年）、挪威和瑞典（1883 年）成立。自 1889 年以来，和平支持者大会已成为一年一度的会议。1901 年，在格拉斯哥召开的和平者支持大会上，参会者正式采纳"和平主义者"作为自己的称呼。1892 年，国际和平局在伯尔尼成立。到 1903 年，欧美已有 100 多个和平主义组织，在比较保守的威权政

---

① Saint-Simon and Thierry, *De la réorganisaton de la societé européenne*, p. 4.

② Anderson M. S., *The Rise of Modern Diplomacy 1450-1919* (London: Longman, 1993), p. 231.

③ Ladd W., *An Essay on a Congress of Nations for the Adjustment of International Disputes without Recourse to Arms*, 1840, pp. 77, 245.

体国家（德国、俄罗斯），和平运动并未得到广泛推广。

1867 年，由朱塞佩·加里波第（Джузеппе Гарибальди）主持的和平主义者大会在日内瓦举行。会议上不仅强调了在欧洲建立一个联邦体制的必要性，而且就建立"国际和平与自由联盟"作出了决议。参会者强烈呼吁废除君主制，转向共和制度，实现教会与国家的彻底分离，并倡导取消常备军队。在 19 世纪下半叶，人们日益认识到在英语国家推广法语学习，以及在讲法语的国家推广英语学习的重要性，提出两种语言应该成为国际交流的主要语言。与此同时，为了促进全球交流，人们还尝试创造人造的国际语。1880 年，沃拉普克语问世，10 年后出现了世界语，之后创造出了伊多语。

在工作中，和平主义者遇到了宣称战争必然性的民族主义理论家的反对。这些民族主义者认为，战争是人性中固有的，并且服兵役可以塑造年轻人的品格，巩固民族团结。此外，在德国出现了一种关于战争必要性的理论，认为战争有助于技术进步、工业发展，从而提高国家经济实力，促进国家繁荣。这一理论主张，短暂的牺牲可以带来长远的利益。

一些激进的知识分子坚信科技进步将使战争变得不再那么残酷和漫长，他们赞同尼采的观点，称战争能够激发人性中的高尚品质——勇气、纪律、友爱、自我牺牲，并帮助人们超越物质利益的诱惑。他们认为，军备竞赛对国家是有益的，信奉"优胜劣汰"的原则。一位支持这些理论的美国人说："武器是社会力量自然积累的结果。"这些陈旧的理论在 19 世纪后 30 年兴盛起来。在俄罗斯，作家列夫·托尔斯泰、社会学家雅科夫·诺维科夫等许多文化界和科学界人士强烈反对这种理论，警告说民族的光辉总是在战争中消亡。

随着政治和文化的普及，涌现出大量不同类型的公共组织。当然，那个时候的政府对没有获得官方认可的组织表示怀疑。尽管作出了不懈努力，但非政府组织最终未能获准参加 1899 年及 1907 年的海牙裁军会议和战争法规会议（两次国际和平会议，又称"海牙会议"）。

第一次世界大战之后，局势有了转机。国际联盟授予非政府组织非正式咨询地位。凡尔赛体系内成立的国际劳工组织，允许不仅是政府机构，还包括工会和商业组织的参与。第二次世界大战后，根据《联合国宪章》第 71 条，经济及社会理事会被授权"与那些涉及其职权范围内问题的非政府组织进行咨询"。

在冷战期间，社会主义国家的工会、学生组织、和平团体和友好团体都变成推进其意识形态和外交战略的工具。受到左翼和共产党思想影响的其他国家的非政府组织也与它们站在了同一阵线。私人基金会和人权组织也积极参与意识形态斗争。它们的资金被用于举办国际会议、建立交流，推动联合研究，并致力于建立跨国专家协会。

在后冷战时期，电信、货币政策和环境保护等领域的专家团队在国际谈判中发挥了重要作用。非政府组织、商人、文化和科学人士、私人基金会和公民个人日益活跃于国际舞台。在这种背景下［如果像阿拉姆·詹姆斯（Алам Джеймс）那样将外交理解为国际社会的沟通系统］，非政府行为体在国际舞台上的行动可以看作现代外交不可分割的一部分。

正如美国内政研究专家尤特金所指出的那样，在发达国家，特别是在美国，精英阶层与大众对于外交战略存在分歧。这一点尤其体现在少数族裔的游说活动中。例如：波兰裔美国人为了让波兰加入北约付出了巨大努力；古巴难民推动了美国的反卡斯特罗政策的实施；中国侨民在中美关系问题上对政府施加影响；亚美尼亚侨民努力推动美国制定亲亚美尼亚政策。

各侨民团体提供了令人信服的论据、分析材料，提名外交使团候选人，甚至在志愿军中招募成员。侨民影响着美国对希腊、土耳其、高加索和中东国家的政策。他们在承认马其顿的独立、对克罗地亚的支持以及对古巴和南非实施制裁的决定中发挥了重要作用。爱尔兰移民的后裔积极参与探讨北爱尔兰冲突的解决办法。正如苏联（俄罗斯）历史学家尤特金（A. И. Уткин）强调，这些行动有时违背了美国的国家利益。美国著名历史学家阿瑟·施莱辛格在华盛顿战略与国际研究中心的一次演讲中指出，美国外交政策"早已不再秉承传统的超级大国精神，因为它受到某些选民群体的压力"。① 在其他国家，官方外交机构需要与各类非政府行为体进行接触和互动，这些非政府行为体在国际政治中日益自信。

1998 年，根据联合国制定的分类标准，有超过 100 个非政府组织被归为"第一类"组织（关注广泛的经济和社会问题，具有广泛地理分布）或"第二类"组织（高度专业化的组织）。目前，包括 47 个俄罗斯非政府组织在内的约 3 000 个非政府组织已获得经社理事会的咨询地位。这些组织与联合国之间的合作，不仅涉及动员全球公共舆论、通过活动和抗议施加政治压力，还包括对联合国计划和基金的共同资助。

在某种程度上，我们可以说，非政府组织作为一个重要的公共机构，通过在外交的多个领域内建立和发展对外联系，有效地填补了当前国际政治中过度"官僚化"所留下的空白。专业知识不再是政府机构的专利，非政府行为体往往拥有政府难以获取的大量信息和专家资源。这推动了跨国"学术社群"或"专家网络"的形成。根据克里斯托弗·希尔（K. Хилл）和比绍夫（П. Бишоф）的说法，在冷战结束后形成的动荡环境中，政府与非政府组织和智库建立联系变得尤为重要。咨询机构（институт консультантов）已经成为联结政府和民间的纽带。尤其是在美国，它们往往被称为"影响力机构"，② 近年来，非政府组织的活动既展现了其积

---

① Arthur Schlesinger Jr., "Has Democracy a Future?" *Foreign Affairs* 76, no. 5 (September–Octocber 1997): 2–12.

② Choate P., *Agents of Influence: How Japan's Lobbyists in the United States Manipulate America's Political and Economic System* (New York: Alfred A. Knopf, 1990); Chung-In Moon. "Complex Interdependence and Transnational Lobbying: South Korea in the United States," *International Studies Quarterly* 32, no. 1 (1988): 67–89.

极的一面，也暴露了一些极端的负面影响。特别是在 20 世纪 90 年代初的俄罗斯，一支宏观经济管理顾问团队中有成员因利用职务便利进行个人获利而遭到指控。

国家间竞争的方式也发生了转变。宏观经济管理和财政政策的重要性日益凸显，已经与传统的外交政策并驾齐驱。例如，苏珊·斯特兰奇（Сюзан Стрейндж）说，外交已经跨越国界，成为一种跨国行为。政府不仅需要与其他国家政府进行谈判，还需要与企业和企业家进行沟通协作，同时，企业间的互动也日益频繁。新的跨国外交的一个有力体现是区域和全球行为准则数量的激增，这些行为守则往往是在联合国主持下制定的。

跨国联系网络为非政府行为体提供了一种独特的外交参与方式，其渠道不仅补充而且取代了政府的沟通渠道。借助最新科技，个人和团体能够绕过国家机构，直接亮相国际舞台。这种现象催生了所谓的"二轨外交"（парадипломатия），即非官方的、非政府性质的外交活动。

非政府组织的法律地位在不同国家有所不同。例如，在欧盟成员国，对非政府组织实行一种宽松的注册制度。外国公民可以是非政府组织的创始人和参与者，且这些组织享受与当地国民相同的待遇，非政府组织的解散必须经法院裁决。在美国，有关非政府组织活动的法律规范包含在州立法中。如果一个非政府组织基于犯罪目的或在注册过程中提供了虚假文件，可能会被拒绝注册。在其他国家，非法目的也是拒绝注册的理由。

在许多国家，那些积极参与政治并从国外获得资助的非政府组织成为国家重点监管的对象。当然，不能否认，外国援助有时会被滥用，包括资助恐怖主义和极端主义组织、违反税法和腐败。为了打击滥用行为，各国制定了相应的法律，1938 年在美国一直实施外国代理人注册法，该法针对的是代表其他国家利益进行游说的个人。但这项法律不适用于专门从事商业、宗教、教育、科学或美术活动的公民。2011 年，以色列政府提出的一项旨在限制外国对本国非政府组织资助的法案引起了全球的关注。内塔尼亚胡总理将这些资金比作"特洛伊木马"，当地媒体对欧盟和一些欧洲国家向以色列提供"恶臭的资金"表示不满。作为回应，联合国人权事务高级专员将以色列列入限制人权维护者活动的国家名单。美国犹太委员会发表声明，谴责议会违反民主原则。在以色列本国，政府的这一意图激起了反对党和公众的强烈反对。结果，该法案被搁置。①根据欧洲委员会部长委员会 2003 年通过的《关于欧洲非政府组织地位的基本原则》，非政府组织有权申请外国资金。

美国政府亦主动采用"民间外交"策略来推进其目标。例如，"富布赖特计划"等教育和文化交流计划使成千上万的美国人参与到实现美国外交政策的目标中去。国际访问者项目（International Visitors Program）被称为美国外交中最有效的手段之一。作为该项目的一部分，多年来，外国领导人、"政策制定者"和有影响力的"政见制造者"都被邀请到美国进行专业进修。该组织的理事会是国务院的私营部门合作伙伴。

每年有 8 万多名美国志愿者参与到国际访问者项目委员会的活动中，该组织的委员会成员贯彻"民间外交"的倡议，通过组织专业和文化交流项目，让外国访客深入了解美国，体验美国人的生活方式。这一过程不仅加强了美国社区与世界各地的联系，促进了商业往来，还拓宽了美国人自己的国际视野，增强了他们参与跨文化对话的能力。

为了吸引外国学生到美国留学，美国在世界各地设有与国务院密切合作的咨询中心。国际教育项目凭借在美消费的外国学生，每年为美国带来约 130 亿美元的收入，创造了至少 10 万个新的就业岗位。

此外，还有"姐妹城市""美国伙伴""美国青年政治领袖理事会"

---

① "Израиль включен в 'черный список' ООН-наряду с диктатурами," Newsru. co. il, 30 Апреля 2012 г., http://newsru. co. il/world/30apr2012/navy456. html.

等交流项目。这些方案也旨在帮助美国人更了解国际需求，掌握跨文化交流的技巧，更深入地了解外国人的需求和优先事项。这些项目通过最广泛的人际交往，促进了基层之间的对话。还有一些由私人基金会资助、与国务院教育和文化事务局紧密合作的交流项目。

美国领导能力联盟是一个由40个成员组成的非营利组织。其目标是完善外交政策资金的分配体系，并为"围绕国际问题和美国国家利益问题进行有效公共讨论"创造有利条件。①

对于那些受限于部门指令的职业外交官来说，赢得信任并非易事。相比之下，从事公共外交的非政府参与者处于更有利的位置。他们能够展现自己国家政治生活的全貌，传播的信息不仅限于官方观点，还包括反对派的声音。

非政府行为体在其活动中不仅积极利用最新技术，而且对此表现出极大的热情。有时，这种对先进技术的追求成为它们发起绝望乃至攻击性行动的基础。例如，在1995年，世界各地的黑客组织发动了一场"对阶级敌人服务器的电子攻击"，实际上就是对法国政府机关网站进行了同步且大规模的访问。这是对法国政府进行核试验的一种抗议行为。这次行动导致多个政府网站暂时瘫痪。

1998年，一个主要由15—18岁的美国、荷兰、英国人和新西兰青年组成的国际黑客组织，使用昵称（互联网别名）"Milworm"，成功入侵了一个印度核研究中心的网站并下载了数千页的电子邮件和研究报告，包括印度核物理学家和以色列政府官员之间的通信内容。

1999年科索沃事件期间，美国黑客组织 Team split 在美国政府的网站上发布了"要求你们的政府停止战争"的标语。同时，欧洲国家（如阿尔巴尼亚）的黑客在5个美国网站上发布了印有"自由科索沃"字样的

---

① Denning D. E., "Hacktivism: am emerging threat to diplomacy," *The Foreign Service Journal* 77, no. 9 (2000): 43-49.

红黑旗帜图片。其间，许多西方组织收到了携带病毒的电子邮件。在一枚美国轰炸机投掷的炸弹击中中国驻贝尔格莱德大使馆后，美国驻华大使馆的网站上出现了"打倒野蛮人！"的中文标语。美国国务院网站上出现了在爆炸中丧生的中国记者、北京抗议示威者以及飘扬的中国国旗的图片。能源部网站上出现了"抗议美国纳粹行为！"的标语。

1998 年，名为"电子干扰场域"（Electronic Disturbance Theater）的黑客组织了一系列针对白宫、五角大楼、法兰克福证券交易所和墨西哥证券交易所网站的攻击，抗议"资本主义全球化"。大约有 1 万人参与了这次电子攻击。黑客表示，"他们将网络空间视为一种手段，使非政府的政治参与者能够跨越国界，在当前和未来的冲突区域发挥作用"。同年，泰米尔猛虎组织用数千封电子邮件"攻击"了斯里兰卡大使馆（每天大约 800 封，连续数周）。[①]

在国家和非国家行为体之间的互动越来越频繁的背景下，当代世界政治呈现出哪些特征？詹姆斯·罗塞诺建议将国际政治视为"第一和第二世界的政治"，其中"第一世界"代表主权国家统治，而"第二世界"则由许多不同的权力中心组成。这两个"世界"并行发展，相互作用。这位美国研究人员认为，官方外交和非官方外交相互交织的国际事件非常多。另一位著名的美国政治学家西蒙·布朗在这个主题上进行了更深入的研究，他建议将现代世界体系视为一个充满复杂联系的"全球多头政体"。

由于国家和非国家行为体在世界政治中的相互作用，外交活动领域经历了一种独特的融合。

"多头政体"的坚定支持者托马斯·普林森和马蒂亚斯·菲格纳表示："从逻辑上讲，外交不再是传统国家政策行为，而是转变为国家行为

---

① "Restoring America's International Engagement," A White Paper prepared by the Coalition for American Leadership Abroad, Washington, D. C. , 2000.

体之间以及国家行为体与非国家行为体之间建立的复杂关系。"①

著名的外交研究者布赖恩·霍金提出了"催化型外交"② 这一概念，强调官方外交和非官方外交之间的密切互动。③

值得一提的是，"催化型外交"的概念与迈克尔·林德之前提出的"催化型国家"一词在理念上相呼应，这位美国学者认为，国家在经历了几个世纪的发展，现又面临快速变化的环境，不可避免地成为一个能够适应新要求的"催化型国家"。

林德认为，"催化型国家"不仅依赖自身资源，而且力图通过领导其他国家联盟、参与跨国机构和与私营企业合作来实现其目标，同时保持自己的特性和目标不变。④

今天，国家主权不断受到来自全球化力量的压力，受到一体化和区域化进程的影响，或者用一些政治学家的话来说，受到分裂力量的影响。政府常常难以满足其面临的众多且多样化的需求。在这些条件下，被罗森诺称为"无主权"行为体的参与者在国际关系中获得了更重的分量和意义。这是它们参与世界舞台行动的结果，能够为那些政府无法正式执行的行动提供合法性。

普林森和菲格纳进一步提出了一个颇具争议的论点，认为合法性的基础"并非在于主权本身，而是在于那些能够提供广泛服务并认同某种明确的政治方向的个体或组织，环保主义者就是一个例子。他们强调，

---

① Princen T. and Finger M. (eds.), *Environmental NGO's in World Politics: Linking the Local and the Global* (London: Routledge, 1994), p. 42.

② 催化型外交（catalytic diplomacy）强调国家行为体与非国家行为体在对外活动中存在日益增长的共生关系。以美国电信巨头 AT&T 的案例为例：1995 年，该公司在竞标欧洲复兴开发银行在东欧的两个项目时遭到排挤，因而寻求美国政府的外交支持以介入并解决这一争议。此例展示了跨国公司与政府合作以追求特定的国际商业利益。——译者注

③ Hocking B., "Beyond ' newness' and ' decline': the development of catalytic diplomacy," in *DSP Discussion Papers* (Leicester: Centre for the Study of Diplomacy, 1995).

④ Lind M., "The catalytic state," *The National Interest*, no. 27 (1992): 3.

政府通常愿意接受该群体所宣扬的价值观"。① 这个观点之所以引发一些学者的争议，是因为一些非政府组织行动的合法性可能会因为缺乏选民明确意愿的支撑而受到质疑。当然，非政府组织可以采取直接行动战略，绕开对主权国家具有约束力的条约。然而，这也是为什么它们的活动经常遭到政府的反对。

与此同时，非政府组织需要与各国政府和国际组织保持联系，以便获得政治信息，还能加强其政治倡议的影响力。在联合国及其组织内，这种接触已经成功地开展起来。近年来，反全球化运动（No Global）联合了各种非政府力量，一直非常积极地反对世界贸易组织、世界银行、八国集团和国际货币基金组织等组织的活动。然而，世界银行和国际货币基金组织目前正在努力吸引非政府行为体进行合作，这体现在它们热衷于识别出在经济理论领域具有杰出贡献的非政府组织代表，并与他们签订合同协议。这种政策在一定程度上是为了削弱反全球化阵营的凝聚力。

政府和非政府组织之间的相互需要催生了复杂和矛盾的关系。非政府组织中最激进的一派认为，非政府组织一旦与政府机构建立密切联系，就可能面临丧失独立性的风险。例如，当有人提议在联合国内设立一个民间社会论坛时，一些非政府组织代表发表声明，认为"由国家机构赞助的民间社会不再是真正意义上的民间社会，非政府组织变成了政府的附庸"。②

当然，各国政府显然意识到利用非政府组织既能解决国内政治问题，也能开展外交行动。事实上，实践表明，这种合作是富有成效的。例如，来自 23 个国家的约 350 个人道主义组织和军备控制非政府组织与加拿大

---

① Princen T. and Finger M. (eds.), *Environmental NGO's in World Politics*, pp. 34-35.

② Lang T., Hines C., *The New Protectionism: Protecting the Future Against Free Trade* (New York: New Press, 1993).

政府密切合作，克服了一些国家的抵制情绪，签署了地雷禁令。越来越多的非政府组织参与到预防性和人道主义外交活动中。最近，英国外交部与非政府组织在民用航空、海运、人权、能源外交、科学研究、环境保护和解决非洲大陆问题等领域的合作卓有成效。在澳大利亚，工党政府积极支持非政府组织在人权领域的活动，以期赢得年轻一代的选票。

国家和非国家行为体之间的关系既包含合作也包括冲突。绿色和平组织的活动便是一个典型的例子，非政府组织和政府之间的关系有时会变得非常紧张。出于这个原因，各国政府经常限制非政府组织的对外活动。例如，在英国，非政府组织积极参与筹备妇女权利会议，但由于就业部的阻挠，它们的代表未能加入前往哥本哈根会议的官方代表团。

有时，一些国家面临非政府组织的挑战，这些组织不仅财力雄厚，而且影响力巨大。正如联合国前副秘书长古尔丁所言，有时，非政府组织虽出于人道主义动机，但在发展中国家的行动有时会适得其反。例如，它们试图将本国的发达国家体制模式硬套到不发达国家，这种做法不可避免地会严重削弱当地机构的作用，而这些机构在适当的外援下本可以更有效地运作。

在这种情况下，涉及政府和非政府行为体之间相互作用的"催化型外交"需要采取灵活的对策，发展各项能力，诸如迅速适应局势、有能力在追求自身利益的同时吸引对手加入自己阵营。今天，各国必须随时准备迎接外部挑战，并迅速应对其他国家可能作出的反应。为了采取有效措施解决政治、经济和社会问题，外交重心转向国内问题变得更加迫切和必要。这一过程中涉及的外交活动将能够突破官僚体制，消除传统的公私之分。通过拓展与各方的联系，外交官们能够获得更多的信息，并与政治上分散的权力中心建立更紧密的关系。

同时，需要认识到谈判的性质正在发生变化。毕竟，官方谈判者通常受到严格指令的限制，这往往使谈判过程本身变得复杂。通常，所谓的"二轨外交"（second-track）有助于取得积极成果，即组织谈判人员（通常不是代表团领导层）参与非正式场合会议，以及通过非正式调解探讨各方立场、找到可接受的解决办法。

有关气候变化、基因工程和环境保护的多边谈判议题异常复杂，需要科学界、工业界、商业界和信誉良好的非政府组织的代表参与谈判。建立共识研究所（马萨诸塞州的一个非营利性私营组织）开创了一种广受认可的"平行国际谈判"理论。该理论在1994—1996年的关于贸易和环境问题的几轮谈判，以及在1997年京都和1998年布宜诺斯艾利斯气候变化会议筹备工作中得到检验。

在这些非正式谈判中，官方代表团领袖和相关非政府组织的负责人得以在非正式场合会晤，开展通常在官方场合难以进行的自由讨论和集思广益。对谈判者的调查显示，每个人都对会面的结果非常满意，认为这些非正式会议极大地简化了在正式谈判阶段达成一致的过程。

这种涉及国家和非政府行为体之间合作与互动的"催化型外交"并不意味着传统外交的衰落，也不意味着国家角色的削弱。罗西瑙得出了公正的结论："未来对外交部的要求只会越来越多。"非政府组织在传统上被视为官方外交"禁区"的领域中扮演越来越重要的角色，这要求改变许多传统做法以及需要政府展现出创造性思维。

所有这些新变化对外交官来说意味着什么？找到这个问题的答案非常重要。首先，这意味着对外交官职业提出了更高要求。毕竟，今天的职业外交官必须具备管理、协调和整合的素质，以适应"催化型外交"。他们不仅需要能够识别和动员非政府资源以实现国家目标，而且也需要能够准确判断何时以及以何种方式将政府外交资源分配给其他从事国际活动的行为体。

这一观点得到了霍金的支持，他认为这种情况不仅不会降低专业外交的重要性，相反，还能增强其作用。面对新形势下出现的各种挑战，专业外交官不可能立即作出回应，因此他们通过扩展自己的联系网络，与个人和组织建立互动关系，提高收集信息的效率，从而增强了自己的工作能力。

外交活动参与者对政府决策制定过程的积极参与，有助于在世界舆论中提升国家的形象。

在多边外交的有效运作中，遵循正确的程序至关重要。这就是为什么在多边外交历史中，所谓的"位次"或"优先权"问题始终是关注的焦点。

在中世纪的欧洲，罗马教皇被视为最高的主权象征，所以他的代表，即使节和教廷使者，自然拥有了比所有世俗使节都高的优先级。在世俗化的过程中，每个统治者都宣称自己拥有主权，导致统治者之间开始争夺位次。复杂的礼仪和仪式用以彰显国王、公爵或伯爵的地位。正如著名的中世纪文化学者约翰·惠津加所指出的那样，在 11 世纪，基督徒用黄金和宝石装饰圣物，而到 15 世纪，彩虹色泽的华服成了骑士和外交官的标志。

世俗的等级制度取代了教会的等级制度。统治者们对于自己应获得的礼仪十分看重，严格监督这些礼遇的执行。礼仪仪式在文艺复兴时期兴盛绝非偶然。世俗仪式首先体现了对统治者主权和地位的认可。这不可避免地导致了外交代表之间的冲突、争端甚至流血冲突。

因此，从现代外交诞生之初，统治者们为了证明和凸显自身主权而进行激烈竞争，使外交场合的气氛变得尤为紧张。

罗马教廷接受了世俗统治者的游戏规则，并试图给多边外交带来一定的秩序。早在 16 世纪初，教皇尤里乌斯二世便编写了一本《古代君主登记册》。根据这份《登记册》，不同国家代表在教皇宫廷参加官方礼仪活动时，需按照地位排序就座。

在《登记册》中，教皇排在首位，其次是神圣罗马帝国皇帝，接下来是罗马恺撒（кесарь）（根据选举权成为罗马皇帝合法的继承人）。在所有国王中，第一个是法兰西国王，被称为"教会的长子"（因为法兰克国王克洛维斯于481年成为第一个采用拉丁仪式皈依基督教的蛮族统治者），第二个是西班牙国王（因为阿斯图里亚斯国王在718年得到教皇的承认），第三个是英格兰国王（众所周知，英国国王埃格伯特于827年得到教皇的承认），等等，这一排序基于各基督教君主国被罗马教廷认可的历史悠久程度。名单的最后是威尼斯共和国和热那亚共和国，它们的统治者立即提出抗议，要求与其他国王平起平坐。当这项特权被授予威尼斯总督后，出于嫉妒，热那亚总督立即从罗马召回了自己的代表。

为获得良好声誉，每个前往罗马的使节团都必须展现出最佳形象，毕竟罗马舞台是整个欧洲的焦点。大使的到来，即所谓的盛大入城仪式（Grand entrée），最终演变为最重要的外交行为之一。派遣国的重要地位是由参加仪式的马车和骑兵的数量来评判的。这一耗资巨大的活动的大部分费用由各国国王承担，但大使本人的贡献也是相当可观的。因此，外交官在同意成为本国君主在罗马的代表之前，必须认真权衡自身的财力。

为新教皇的选举而召开的枢机会议为各国君主提供了展示其国家实力的宝贵机会。大使们被要求带着随行人员前往梵蒂冈，其车队至少由12—15辆马车组成。其他大使的队伍紧随其后。为了让派遣大使的国王在会议上留下深刻印象，并尽可能长时间地成为人们讨论的焦点，采取了各种措施。

宗教改革和宗教战争大大削弱了罗马教皇的影响力。各国主权君主开始忽视由尤里乌斯二世建立的君主等级制度。在三十年战争中，瑞典国王古斯塔夫二世·阿多夫主张所有独立和拥有主权的统治者享有平等地位。这一原则在签署《威斯特伐利亚和约》时得到瑞典女王克里斯蒂娜的支持。不久之后，英国也提出了平等的要求。

关于位次的争论再次爆发。外交史上此类冲突的例子比比皆是。1633 年，丹麦国王决定给自己的儿子举办婚礼。被邀请参加晚宴的法国大使不确定主办方是否给了他一个恰当的位置，所以他决定等经验更丰富的西班牙大使坐到最尊贵的位置上，再把西班牙大使赶走，自己坐在那里。得知法国大使的意图后，西班牙大使以有紧急公务为由选择不出席仪式。

在后威斯特伐利亚时代，随着独立主权国家数量剧增，位次问题更为尖锐。尼克尔森所描述的 1661 年事件广为人知，关于瑞典大使正式访问伦敦时发生的纷争。法国和西班牙派出骑兵去迎接大使，却因位次引发了争端，演变成了一场血腥冲突，差点引起了法西战争。俄国皇帝彼得三世的大使在伦敦的一次决斗中受伤，原因是在一场宫廷舞会上错误地坐在了法国大使的专座上。

在 18 世纪的启蒙时期，人们尝试改革了礼仪系统。1760 年，葡萄牙首相、著名改革家侯爵庞巴尔给驻葡萄牙宫廷的各国大使发了一份通告，提议在官方典礼上，他们的位次安排不再依据教皇登记册，而是依据他们递交国书的时间顺序。教皇的使节和神圣罗马皇帝的使节被视为例外。对此，坚决捍卫传统的维也纳礼仪官员称这样的倡议是荒谬和可鄙的。遵循帝国外交惯例的法国和西班牙也立即拒绝了庞巴尔的提议。

这个问题最终通过 1761 年的《家族盟约》得到了解决，根据该条约，在那不勒斯和帕尔马这两个由波旁家族统治的地区，法国大使总是享有优先权。在其他首都的外交使团中，建议根据大使抵达的日期确定位次。如果大使们在同一天到达，法国大使将自动享有优先权。

随着 17—18 世纪大国对平等的要求越来越高，外交礼仪中出现了一些颇为奇特的形式。例如，在 1667 年《布雷达和约》的签署仪式上，荷兰、英格兰、法国和丹麦的代表坚持同时进入会议厅。在这种情况下，主办方不得不在宫殿的大厅里多开几扇门。在其他国际会议中，代表们也采取了各种巧妙的手段来维护自己的地位。

1689 年的卡洛维茨大会上，为了举行和平条约的签署仪式，① 特意建造了一个入口数目与参会国数目相等的场馆。1713 年在乌得勒支大会上，应法国代表的要求，用于签署条约的宫殿大厅被重新设计：壁炉被移走，并开凿了与参会国数量相等的门洞。

在拿破仑战争期间，教皇最终失去了以前的影响力，神圣罗马帝国不复存在，法国也失去了以前的特权地位。外交机构需要制定法律以规范主权国家间的关系。

需要指出的是，在 17 世纪和 18 世纪，奉行均势原则的外交官不仅代表大国，也包括代表意大利、德国等小国。这些外交官的职衔并不统一，他们可以被称为常驻公使（министр-резидент）、大使、使节或代理人。通常情况下，统治者并不是很清楚他们在与何种级别的外交官谈判。

在那个时期，只有俄国驻华沙的代表拥有大使头衔。其他在国外的俄国代表大多被称为二等大臣（министр второго ранга）。有些人被称为常驻公使。二等大臣和常驻公使具有代表和政治功能。同时，负责保护俄罗斯商人利益和推动贸易关系发展的总领事，也被归为大臣级别。担任大使、大臣和总领事的通常都是经过专门训练的、来自统治阶级的代表。

《维也纳会议总决议书》的附件——《章程》对于外交事务的进一步发展极为重要。一个专门的委员会花费两个月时间对其内容进行精心编撰。《章程》首次确定了外交代表的级别分类。第一等级包括大使和教廷使节（ambassadeur, nonce），第二等级包括公使（envoyé），第三等级包括临时代办（chargé d'affaires）。大使和公使由国家元首任命，代办由外交部任命。这种等级制度体现了会议以法律形式确定了各国的不平等

---

①　原著中提及的卡洛维茨大会召开年份有误，实际上谈判始于 1698 年，而和平条约的正式签署是在 1699 年。——译者注

地位。根据英国外交大臣卡斯尔雷子爵的建议，拥有"广泛利益范围"的大国间有交换大使级代表的特权。这首先指的是俄罗斯、英国、普鲁士、奥地利和法国等"大国"（великий）。而拥有"有限利益范围"的国家——包括公国、侯国、两个共和国，即瑞士和美国——可以互派公使和临时代办。随后，"大国"的范围扩大，奥斯曼帝国、意大利王国、德意志帝国、美国、日本等国也被包括进来。

按照惯例，总领事被派往附属国，随后也开始派遣专员。根据1818年亚琛会议通过的议定书，外交代表的级别增加了常驻公使一级，置于公使和代办之间，享有向接收国国家元首提交国书的权利。这些创新规范了外交代表的级别体系，使外交官的等级不再引起争议。

1927年，国际联盟在日内瓦成立了国际法编纂专家委员会，该委员会向各国政府询问是否需要重新评估维也纳和亚琛会议所建立的外交代表分类标准。委员会特别关注的是，是否有必要对外交代表的级别进行统一，以及各国是否应享有自主决定其外交代表级别的权利。各国政府在这些问题上意见不一，最终未能达成共识。

联合国对各国主权平等的主张，"大国"一词在官方用语中的逐渐淡出，世界地图上新国家的迅速增加和外交代表制度的发展，迫切需要制定新法律文件以规范外交事务。

1961年通过的《维也纳外交关系公约》是联合国内部广泛筹备工作的成果。该公约废除了常驻公使级别，保留了外交代表的主要级别——特命全权大使、特命全权公使及外交部任命的代办。

然而，根据《联合国宪章》确定的各国主权平等原则，《维也纳外交关系公约》第14条规定，"除关于优先地位及礼仪之事项外，各使馆馆长不应因其所属等级而有任何差别"。国际社会拒绝将国家分为"一流"和"二流"的做法，这赋予了各国基于相互原则自主确定其代表团团长所属类别的权利（第15条）。目前，几乎所有国家都倾向于互派大使。

　　纵观历史，关于双边和多边文件的签署次序经常引发争议。这种轮流签名被称为"轮换制位次"（альтернат）。其本质是，每一个签署条约的国家都保留一份副本，在该副本上，本国代表的签名排在最前。这一规则早在1546年就由英法两国外交官确立，并且，英法两国拒绝给予其他国家同样的特权。

　　1718年，奥地利皇帝、西班牙国王、英国国王和法国国王的全权代表齐聚海牙，签订联盟条约。他们一致同意，所有条约副本上，首先由奥地利皇帝的大使签署，其余三个签名按先后次序轮流排列。如果条约各方不能就先后次序达成一致，就使用椭圆形纸张，让所有的签名环式排列。在维也纳会议召开期间，参会各国同意引入按字母顺序签约的原则。然而，很快就因为胜利国在签署和约时无视国名首字母，坚持占据首位而被破坏。

　　这一做法在后来也未被严格遵守。在1919年的巴黎和会上签署了《凡尔赛条约》，五个盟国的代表的签名位于前列。美国总统威尔逊的签名居于首位，因为他是签约代表中唯一一位国家元首。现在，会议的最终文件通常由会议主席和会议委员会主席率先签署，在某些情况下，多边外交会议议定书规定，外交级别最高的"高级外交官"享有首位签名的权利。在联合国，代表团的先后顺序是通过抽签决定的。秘书长从一个盒子中抽取标有国家名的纸条，其余的国家则按英文字母顺序排列，从国家名称的首字母开始。

　　语言是外交会议程序中的一个重要因素，外交会议语言的选择与国际关系的发展过程有关。从罗马帝国时代起，很长一段时间里，外交会议语言都是拉丁语。拉丁语之所以被长期使用，得益于中世纪基督教共和国的"天主教普世主义"理念。《威斯特伐利亚和约》和18世纪前半叶签订的其他和约均采用中世纪拉丁语书写。随着法国作为主导力量登上欧洲舞台，法语逐渐成为双边乃至多边外交的首选语言。这也得益于法语本身的明确和清晰，以及法国哲学和文学的普及。

然而，在 18 世纪末，英国试图用英语与其他国家，特别是与法国进行交流。这成了英国外交部对其海外使团的标准指令。19 世纪各国际会议最终文件的文本通常是用法语写成的，明确后续文件不必强制使用法语。

在 1899 年和 1907 年的两次海牙会议期间，一些代表用英语、德语和西班牙语发言。1919 年巴黎和会的官方语言是法语和英语。随着美国在世界政治舞台上的崛起，英语最终被确立为第一次世界大战后召开的外交会议的官方语言之一。

第二次世界大战后世界舞台发生了变化，苏联、中国和拉丁美洲国家为反法西斯战争胜利作出了贡献，这使俄语、西班牙语和汉语与英语和法语一起被确立为联合国的官方语言。自 1976 年以来，阿拉伯语也成为联合国的工作语言。冷战期间，俄语被广泛用于经济互助委员会和华沙条约组织的工作中。一些欧洲组织——欧洲委员会和欧安组织仍然保留英语和法语为其官方语言。在不断扩大的欧盟中，官方语言包括了所有成员国的语言，形成了一个极为复杂的语言环境。

纵观历史，多边外交一直致力于确保安全、联合军事力量打击共同敌人、恢复和平、建立国际组织、发展贸易、分配全球资源以及跨文化交流。多边谈判进程既在国际组织的框架内进行，也在由它们召开的定期会议中进行，还在组织框架外就特定议题进行。共同规则的制定和国际会议的常态化，使这些会议成为国际社会的一种既定机制。

跨国联系网络为非政府行为体提供了一种独特的外交参与方式。借助最新科技，个人和团体能够绕过国家机构，直接亮相国际舞台。这种现象催生了所谓的"二轨外交"，即非官方的、非政府性质的外交活动。由于国家和非国家行为体在世界政治中的相互作用，外交活动领域经历了一种独特的融合。政府和非政府组织之间的相互需要催生了复杂矛盾的关系。

在多边外交的有效运作中，遵循正确的程序至关重要。这就是为什么在多边外交历史中，所谓的"位次"或"优先权"问题始终是关注的焦点。

思考题

1. 过去的理论家如何探讨维护和平的问题？

2. 历史上有哪些多边外交平台？

3. 联合国及其他多边组织是如何作出决策的？

4. 如何理解"位次争端"？

5. 什么是"轮换制位次"？

推荐阅读

1. *Заемский В. Ф.* Необходимость перемен в ООН // Международная жизнь. 2005. № 9.

2. *Зонова Т. В.* Публичная дипломатия и ее акторы. [Электронный ресурс].—Режим доступа, https://russiancouncil. ru/analytics-and-comments/analytics/publichnaya-diplomatiya-i-ee-aktory/.

3. *Зонова Т. В.* Сохранятся ли НПО в будущем?. [Электронный ресурс].—Режим доступа, https://russiancouncil. ru/analytics-and-comments/analytics/sokhranyatsya-li-npo-v-budushchem/?sphrase_ id = 103273644.

4. *Караганов С. А.* Россия в мире: противоречие противоречий. 16. 10. 2012. [Электронный ресурс].—Режим доступа, https://karaganov. ru/rossija-v-mire-protivorechie-protivorechij/.

5. *Лавров С. В.* Выступление на юбилейной международной конференции «Россия в мире силы XXI века». 01. 12. 2012. [Электронный ресурс].—

Режим доступа, https://www. mid. ru/ru/foreign_ policy/news/ 1652393/.

6. *Лавров С. В.* Демократия, международное управление и будущее мироустройство // Россия в глобальной политике. 2004. № 6.

7. *Олеандров В. Л.* ООН и идеология мирового сообщества // Вестник МГИМО Университета. 2012. № 3.

8. Современные международные отношения / Под ред. А. В. Торкунова. М. : Аспект Пресс, 2012.

第五章　公开外交与公共外交

公开外交的概念

当公众越来越热衷于讨论外交政策问题时，摒弃秘密外交并向公开外交过渡成为一种时代要求。国际政治中也开始采用议会民主方式，在试图解决国家间的分歧的同时诉诸公众舆论。随着时间的推移，其他国家的社会舆论对一国政策的感知开始发挥越来越大的作用。

公共外交成为影响他国舆论的渠道和跨文化交际的工具。

公众舆论反对传统外交渠道附加的秘密性，在政治生活中的影响力越来越大。在危机时期，要求对外交进行有效监督的呼声越来越高。1792 年，法国大革命时期立法议会成立了一个外交委员会，旨在严格监督所有国际交往，特别是外交官的活动。①

外交政策在其他实行议会制政府的国家也逐渐受到越来越严格的监督。政府被迫承认公众舆论的力量。1808 年，奥地利外交部长、政府首脑克莱门斯·梅特涅亲王开始确信："公众舆论是所有媒介中最强大的，就像宗教一样，渗透到最隐秘的角落。"这位奥地利政治家的观点得到了

---

① Sur la necessité d'organiser le département des affaires étrangeres dans le sens de la Constitution, Paris, 1792, p. 231.

英国首相亨利·约翰·坦普尔响应："舆论比刺刀更有力。"①

在扫盲学习普及、大众期刊出现和民选议会建立等背景下，国家元首、部长和外交官意识到有必要在公众舆论面前公开论证自己行为的合理性。媒体和其他通信手段的传播也对国外舆论产生了影响，从而进一步影响了这些国家的政府。在自由民主制度形成的背景下，外交已政治化。

在维也纳会议期间（1814—1815 年），与会国外交官广泛利用媒体宣传本国观点和进行游说。1818 年亚琛会议是第一个被新闻界广泛报道的国际会议。大会秘书长定期会见报纸编辑和记者。可以说正是在那时出现了第一批用于发表在媒体上的公报，并朝着所谓的"公关外交"方向迈出了第一步。政府鼓励外交代表与立法会议代表进行沟通。例如，俄罗斯驻伦敦大使列文公爵接到了来自圣彼得堡的关于在英国议会反对派和记者队伍中开展工作的指示。诚然，当时与新闻界和议员的接触仍然是零星的，而且通常取决于外交官的个人关系和主动性。

外交和外交政策公开化更为有效的一种表现方式是出版"皮书"——阐述历史上危机时刻政府政策的文件汇编。19 世纪前 30 年英国开始出版蓝皮书，里面的文件都预先经过精心挑选。在德国，俾斯麦开始出版白皮书。在法国，拿破仑三世初期决定出版外交部年鉴。随着时间的推移，这一倡议推动了黄皮书的出版。1861 年，美国国务院开始出版系列外交政策文件《美国外交文件集》。19 世纪 60 年代，在戈尔恰科夫·A. M. 总理的倡议下，俄国开始出版《外交年鉴》，其中公布了俄国当时外交政策的最重要文件——公约、照会和议定书。

透明性旨在塑造国内的公众舆论。同时公布文件被认为是向外国舆论施加压力非常有效的工具。各国政府不择手段，只为使其行为显得合理。有时候，它们的政策不仅导致隐瞒了一些文件材料，还有对它们的

---

① Serra E., *La diplomazia in Italia* (Milano: Franco Angeli, 1984) , p. 13.

虚假阐释。只要回顾一下法国驻圣彼得堡大使毛里斯·巴列奥洛格（М. Палеолог）那封"俄国宣布动员"的战前电报就够了。在法国出版的黄皮书中，电报的原文被增加了一个暗示，即俄国对国际紧张局势加剧负有责任。[①]

首批著名的系统化档案文件出版物出现于 1871 年普法战争结束时。当时这些出版物激起了人们极大的热情，激发了对外交关系历史的文献研究。当然，并非所有的外交秘密都被公之于众。按照惯例，暴露政府政策的不光彩之处、政府行为的不一致性和不连贯性以及幕后交易和内情等文件不会进入汇编。即使如此，出版"皮书"和文件汇编的事实本身已为讨论和争论提供了素材，吸引了公众对国际问题的关注。

到 19 世纪末，许多外交政策机构都出现了负责与议会关系的外交事务副部长。这一特殊的副部长被要求定期向议员们通报国家对外政策的新方向，并向他们报告外交部所做的工作。这一程序提供了更高水平的外交政策民主监督。很多欧洲外交机构开始与新闻界进行长期的积极合作。1879 年，新闻局出现在外交部的架构中。这个部门的主要任务是分析期刊，并与新闻界和公众保持联系。

意大利康苏塔宫（Консульта）（1922 年前意大利外交部名称）于 1901 年设立了新闻办公室。然而意大利外交部门拥有的用于宣传工作和与境外媒体联络的资源太过有限。外交官们回忆说，印刷室"位于两间不起眼的小房间里，不大透光的窗户外是昏暗的庭院。在古代这些窄小房间是教皇用来监禁犯错的卫兵的禁闭室，因为康苏塔宫曾是梵蒂冈最高法院的所在地"。据回忆，记者们从未来过新闻办公室。"第四权力"倾向于直接与内阁部长或副部长联系获取信息、新闻和指示。"意大利外交部新闻办公室的所有工作仅限于将出现在英文、法文和德文报纸上的主要文章的摘要印刷六份。事实上，这个部门只有一台打字机。当打字

---

① Serra E., *La diplomazia in Italia* (Milano: Franco Angeli, 1984), p. 164.

机出故障时，新闻办公室的活动也停止了。"① 一位意大利外交官在简报中强调，"民主使公众舆论成为外交政策方针不可或缺的基础"。1911 年，在意大利—土耳其战争期间，意大利驻巴黎大使蒂特托尼（Титтони） 千方百计试图影响法国媒体，以便公众舆论能够理解意大利在非洲的诉求。

在 1910 年伊兹沃尔斯基（А. П. Извольский） 部长提出的外交部改革期间俄国建立了新闻局。对于俄国大多数报纸来说，外交部成为对外政策信息的主要来源。中央新闻社外事部门的编辑定期收到外交部的必要指示和建议，并利用出版物形成必要的社会舆论，保障了俄国最重要的对外政治行动的民间支持。外交部新闻局负责人与各政党和主要报纸领导人的定期会见对社会舆论倾向和外交政策纲领的制定产生了一定影响。

第一次世界大战期间，对外政策宣传开始发挥更大的作用。英国外交部在战争一开始就设立了新闻部，以使公众舆论了解英国政策。起初隶属于内政部的战争宣传局被划分到外交部。1918 年，随着信息部的成立，外交部成立了政治情报司。

1916—1917 年，帝俄外交部在一些中立国家，特别是挪威，进行了一次"秘密行动以对抗敌人煽动，首先是德国新闻界日益增长的影响力"。这次行动代号为"影响"。② 根据俄罗斯驻挪威大使尼古拉·古尔凯维奇（Н. К. Гулькевич） 的建议，依托俄罗斯国家杜马预算委员会划拨的资金在奥斯陆设立了一个新的挪威电报局。挪威电报局的成立是挪威第一次世界大战期间宣布完全中立的重要确认，也是挪威对俄国和协约国的善意中立的证明。③

---

① Varé D., *Il diplomatico sorridente* (Milano: Mondadori, 1954), pp. 96-97.

② Архив внешней политики Российской империи. АВПРИ. Ф. Отдел печати и осведомления (ОП). ОП 477. Д. 42.

③ *Гайдук В. П.* Операция «Воздействие» в Норвегии: Российсконорвежские отношения во время Первой мировой войны // Северная Европа. Проблемыистории. Вып. 3. М., 1999. С. 155-160.

在战争毁灭性后果的认知影响下，彻底修改国际关系、使未来不可能发生战争的呼声日益高涨。这一趋势在英国尤为活跃，法国的规模略小。外交批评家认为，建立在贵族和武力所控制的赤裸裸强权政治基础上的旧体制是无耻和闭塞的，已经完全证明了自己的不可靠性。这反映在 1915 年英国成立的民主外交监督联盟所受到的异常欢迎。

那些纵容战争的人的罪责问题被提上了日程。社会舆论指责外交未能完成其主要使命——防止军事冲突与和平解决有争议的问题。俄国 1917 年二月革命和十月革命又给这种不满情绪注入了新的动力。人民外事委员会下设了国际革命宣传局。布尔什维克领导人遵循革命时代的规则，绕过传统的外交渠道，开始直接向工人们讲话，号召他们向本国政府施压。彼得格勒①开放了这些档案，沙皇政府的秘密协议也开始被公开。

德国政府不同意《凡尔赛条约》的条款，发起了一场关于厘清战争真正罪魁祸首——战争罪责问题的公开讨论。德国外交部设立了相应的部门——债务办公室，后者支持出版了杂志《战争罪责》。这一部门的目标是吸引国际社会对凡尔赛调停问题的广泛关注。为此，根据政府决定，开始公布使协约国颜面扫地的战前和战争期间的秘密外交文件。德国外交部汇编的多卷本《大政治》（*Die Grosse Politik*）特别令人感兴趣，最后一卷于 1926 年面世。

在了解到秘密条约的内容后，西方公众开始要求本国政府解释参战国的外交手腕。英国国会工党领导人拉姆齐·麦克唐纳呼吁社会党人彻底摒弃秘密外交。他将这场战争归咎于"一小撮"完全根据自身利益来决定对外政策的贵族和"财阀"代表。迫于舆论压力，英法两国政府被迫稍微开放了一些外交档案，公布了一批文件。

但即使是丰富扎实的政府出版物也没有揭示全部真相。德国出版的

---

① 彼得格勒，今圣彼得堡。——译者注

《大政治》关于第一次世界大战爆发的卷本丑闻被公之于众。其中，拟定占领比利时的"施里芬计划"以及与该计划有关的所有文件都被删除。关于奥地利合并的备忘录只公开了一部分，略去了包含这一行动负面后果清单的重要部分。F. 蒂姆（Ф. Тимм）的往来信函在二战后落在了盟国手中，这些信函证实了曾蓄意隐藏诽谤德皇的真相。[①]

在某种程度上，为了应对苏联的挑战，1918 年 1 月美国总统威尔逊提出了十四点和平计划，其中的第一点宣称："被公开了的和平条约、被公开讨论的和平条约不会使这些条约出现不同说明，外交将能够在公众面前坦诚进行。"1918 年 11 月与德国缔结停战协定的条件是接受这十四点。这一事件是哈罗德·尼科尔森所形容的"民主外交时期"的开始。

然而，巴黎和会并没有遵守威尔逊的这些戒律。记者只能接触全体会议。所有文件都是在最严格保密的情况下制定的。由威尔逊及其国务卿，日本代表团的两位团长，英国、法国和意大利的首相和外交部长组成的"十人会议"会议室大门紧闭。在特别困难的问题上，协议则是在更小的范围内达成的，威尔逊的巴黎公寓只允许劳埃德·乔治、克莱蒙梭和奥兰多进入。和以前一样，公众主要从官方公报中汲取会议进展相关信息。威尔逊唯一一次试图公开向意大利人民发表讲话，是表示反对皇室政府的领土主张，结果以意大利代表团的领导人示威性离会而告终。尽管如此，威尔逊所称的"公开外交"逐渐走上正轨。国际政治中也使用了议会民主的方法。试图解决大国之间的分歧时诉诸公众舆论。

威尔逊称为"全人类有组织的舆论"的《国际联盟宪章》显然与保密原则相冲突。根据宪章，成员国之间签署的所有条约和协定都应在联盟秘书处登记并公布。

民主国家的相对公开外交与极权国家的秘密外交相对立。后者被一

---

① Serra E., "Su Bismarck e sui limiti della 'Die Grosse Politik'," *Rivista Storica Italiana*, no. 3 (1959): 474-483.

种秘密狂躁症所控制，强调掩盖统治者真正意图的宣传。当局控制的媒体只公布那些官方允许公布的材料。不言而喻，在第二次世界大战期间，所有参战国的外交又一次被要求保护军事机密的国家秘密所笼罩。

战争结束时，就像1914—1918年战争之后一样，公众对外交的兴趣再次达到顶峰。外交部门又一次处于耻辱柱境遇。它们再一次被指责未能阻止战争、圈层封闭、幕后操纵和秘密勾结。外交机构的臃肿和架构官僚化限制了公众接触"外交秘密"的机会。此外，在冷战开始的背景下，集团间的对立显然无助于外交的开放性。对国际问题的讨论往往带有意识形态的性质，公开性被宣传运动所取代。

政党的多元化、议会就外交政策的辩论、不同报纸和杂志对这些辩论的报道、民主国家执政党和在野党在国际关系问题上的争论仍旧向公众传达了国际问题的实质。外交部举行了记者招待会，对外政策部委的活动在专题出版物中得以讨论，并对外交体制改革方向进行了辩论。20世纪50年代初，在舆论的压力下，一些国家通过了档案时效法令，研究者逐渐能接触到外交档案。当然，这指的是30年前甚至半个世纪前的档案。

20世纪下半叶外交研究者遭遇了新的问题，包括材料冗余问题。在档案文件日益增多的背景下，来自军事、商业、文化和新闻专员等特殊来源的文件如潮水般涌入。一些材料由特种部门公布。国务活动家和外交官的一些私人档案也得以开放。一些国家开始将内阁文件、各部委文件、总参谋长文件和议会辩论材料公之于众。有关国际政府和公共组织、政党和宗教组织的文件进入了学界。著名政治人物和外交官的回忆录引起了人们的极大兴趣。有时它们会引起公众的争论，比如温斯顿·丘吉尔的回忆录。其中援引了大量未公开的官方文件，以至于英国就丘吉尔是否有权使这些文件被公众知晓进行了辩论。部分解密的苏维埃、共产国际、共产党的档案以及苏联外交官、情报官员和政治家的回忆录，都在国际社会引发强烈震动。

在后两极世界大量冲突蔓延导致的国际局势恶化、恐怖主义和劫持人质、利用外交豁免权和特权非法运输武器和毒品使公共外交领域的工作大幅复杂化。将国内行政法适用于外交官来限制外交特权和豁免的政策给外交官带来了挑战，给公开外交制造了威胁。根据杰明的权威意见，采取这种限制性做法的原因之一是驻在国政府希望回应公众对许多外国外交代表滥用特权和豁免权的大量情况的不满。特别是出于个人利益使用豁免权的情况促使美国出台了关于外国外交使团工作人员有义务在某些情况下向美国法院证明其享有豁免权的法律，这显然违反了 1961 年《外交关系公约》的规定。

英国首相撒切尔多次建议西方国家政府支持限制外交特权和豁免权的措施。英国权威杂志《经济学人》写道："只有在未被怀疑参与在英国领土上策划或实施暴力事件的情况下，人员、外交邮袋和建筑物才具有外交地位；如果之后被怀疑，这一地位应被取消。如果不能更好地与一些国家保持外交关系，英国也可以用放弃这些关系的方式来解决。"①

可以在著名的有限国家豁免原则中找到类似趋势的理论基础。正是在此基础上，司法实践产生了一些先例，如法院审议私营公司对外交代表的索赔以及法院查封大使馆的银行账户。对外交人员的系列限制可以视为各国政府希望通过适用互惠原则获得额外好处。发展中国家政府也同意这一点，因为它们中许多国家由于财政原因被迫参加外交交流，往往是驻在国，而不是派遣国。②

此外，使馆和工作人员的安全问题成为派遣国的首要问题。多年来，外交官遇袭事件一直占所有造成国际影响的政治暴力案件的 1/3。外交官是恐怖活动的诱人目标，对他们的任何攻击都是关注的焦点。

---

① "Vienna Convention, and Abuse of Diplomatic Immunity Rules," *The Economist*, May 5, 1984, p. 10.

② *Демин Ю. Г.* Статус дипломатических представительств и их персонала. М., 1995. С. 13–14.

当代外交问题的研究人员提出这样一个问题：安全问题是否与开放性如此格格不入？[①] 乔纳森·吕弗勒（Джонатан Лоффлер）回忆说，在20世纪50年代，美国建筑师认为安全只是外交馆舍设计方案的强制细节。国务院建筑部门下令用玻璃和混凝土建造建筑，旨在唤起人们对开放政治和民主理想的联想。类似于路边的巨大广告牌，驻德国领事馆、驻斯德哥尔摩和哥本哈根的大使馆将美国描绘成一个面向未来、为自己艺术和新技术成就自豪的国家。设计这些办公室的现代主义建筑师——沃尔特·格罗皮乌斯（雅典）、埃罗·沙里宁（伦敦）和约翰·约翰森（都柏林）——或许在没有意识的情况下，扮演了公共外交领路人的角色。

得益于其公众开放性，图书馆和展览馆的建筑吸引了公众的注意，本身就是美国存在的象征。罗马、布拉格和巴黎的历史建筑被美国国务院购置并精心修复，体现了美国对这些城市生活风格的喜爱。

越南战争和中东冲突使美国代表处成为恐怖行动的目标。1985年国务院成立了外交安全局，专门负责美国外交代表处的安全事务，并制定了大约100条关于防范恐怖主义的建议。

美国驻外使团的安全官员数量大幅增加。安全围栏、电子锁、监视系统、高围墙和偏远地点把许多美国代表处变成了"恐惧区"。随着恐怖主义升级，安全条例也更加严格。有人提议将大使馆和领事馆的建筑物搬到商业中心以外，并将大使馆设在距离公路至少100米的地方。现在代表处大楼的设计还需要国会批准。不过国会议员拒绝了设计者将窗户开口与挡墙的比例定为1∶5的打算，因为"对监狱很好的东西对大使馆不适用"。1998年美国驻东非使团遭遇恐怖袭击使局势更加恶化。在一些国家，已经开始建造美国代表处的新建筑。设计方案的最终决定权已经

---

① Loeffler J. C., "The Identity Crisis of the American Embassy," *Foreign Service Journal* (June 2000)：18-25.

不属于建筑师，而是属于工程师、技术人员和爆破专家。2000 年 11 月，巴巴拉·鲍丁（Барбара Боудин）大使在华盛顿"安全与开放相结合"的科学与实践研讨会上发表讲话，表达了她对萨那新使馆大楼的负面态度。该使馆离市区有半小时车程，而且离其他使馆都太远了。长期在人烟荒芜的道路上下班导致发生了两起绑架外交官未遂的事件。

许多其他外交官也批评了这种情况，指出，由于使馆建筑经常看起来像是坚不可摧的堡垒，美国外交开始显示出精神分裂式的自相矛盾特点。建筑师哈尔斯班德（Холсбанд）将这种情况恰当定义为"美国价值观和恐惧之间的冲突"。在他看来，最新的使馆建筑在视觉上呈现出一种孤独、焦虑和缺乏善意的感觉。这有悖于旨在宣传民主和开放思想的外交。

2001 年美国本土发生"9·11"事件后，外交代表处的安全问题变得更加尖锐，同时与公众进行公开对话的需求也急剧增加。

高科技也成为外交的挑战。外交官们喜欢说，几个世纪前，华盛顿将近两年没有收到任何来自美国驻西班牙大使的消息。托马斯·杰斐逊说再等一年，但如果大使仍没有消息，我们就给他写封信。几十年后，电报的出现引发了革命。英国首相亨利·帕麦斯顿（Henry Palmerston）勋爵在第一次收到电报时惊呼："完了，这是外交的终结！"

开始谈论秘密外交的终结与不久前维基解密揭发的丑闻有关，大量的外交机密文件被公之于众。报纸的头版、电视节目的黄金时段和新闻网站都争先恐后地解读张贴在网上的文件内容，首先是关于美国外交官与其所在部门的秘密通信。外交官让政治家及其谈判伙伴十分难看的一面被公之于众。引起轰动的，与其说是信件中提出的问题（媒体一再讨论这些问题），不如说是官方声明与现实政治赤裸裸的犬儒主义之间的不一致问题。在这一背景下，（影响）自然可与印刷术发明之后的历史时期相比。15—16 世纪出现的新的大量信息流掀起了前所未有的思想热潮，在一定程度上引发了世俗化、改革等进程。现在由于互联网的出现，传统外交工具的变革势在必行。

这就引出了一个问题：网络空间中能保护秘密吗？一位美国外交官曾在国际会议上发言表示，建议不要在密码电报上耗费巨资，总会有黑客可以破解通信，或者叛徒准备出售文件，无论以何种方式，一切秘密都会公开。这位外交官若有所思地说，为什么不直接在互联网上通信呢？应该像大型超市那样，前期在监控系统、保安和视频监控方面花费一些资金，能够抵消不可避免的盗窃造成的一定比例的损失。当然，这位美国外交官提出的激进建议是有争议的，外交未必能彻底放弃保密性。最重要的谈判仍然是秘密进行的，大使馆通过密码电报与中心联系。显然主要的问题是，外交政策行动没有超出民主监督的范围，在国际法确立的法律框架内开展。但是，外交机构应该认真思考今天出现的问题。

当然，某种外交形式的合法性问题并不像乍看起来那么简单。在危机时刻，迫切需要保密协议。先前的一些立场协调规则正在被摒弃，人们开始寻找新的合作形式来取代原有的机制。一个相当显著的例子是20世纪70年代初新型峰会在国际舞台上的出现，其推动性力量是布雷顿森林体系的崩溃、石油价格的暴涨以及随后的全球能源危机。

这些峰会的起源可以追溯到所谓的"图书馆集团"，这是一个由德国、美国、英国、法国以及之后的日本财长组成的团体，他们于1973年开始聚集在白宫图书馆大厅的安静角落。瓦莱丽·吉斯卡德·德斯坦（Валери Жискар Д'Эстен）和赫尔穆特·施密特（Гельмут Шмидт）参加了聚会。随后，他们提出了"自由"世界主要国家领导人在"壁炉旁"举行非正式会议的想法。会议被提议根据需要举行，保证就数量非常有限的战略问题坦率地交换意见。但最重要的是，记者和顾问被绝对排除在外，决定也不被公开。

正是在此基础上，"六国集团"（美国、英国、法国、德国、意大利、日本）首次首脑会议于 1975 年在法国总统官邸朗布依埃城堡举行。1976 年，加拿大加入了这一精英倡议，奠基了"七国集团"。自 1977 年起，欧盟一直参与该集团的工作。首脑会议变成了年度会议，每个国家轮流担任主席，邀请其他成员国参加峰会。作为国家元首和政府首脑的个人代表的协调人取代了独立组织者雷蒙德·巴尔（Раймон Барр）、乔治·舒尔茨（Джорджа Шульц）和威尔弗雷德·古斯（Вильфред Гут），并得到副协调人（通常是经济和金融机构的负责人）的协助。在峰会期间，协调人通常会举行五六次会议。发展中国家的部长也参加了一些峰会。苏联代表于 1991 年首次出现在峰会上。1994 年和 1996 年俄罗斯以有限的形式参加了那不勒斯和里昂峰会。1997 年，丹佛峰会期间俄罗斯出席了除专门讨论经济问题和国际金融体系会议外的所有会议。这标志着"八国集团"的开始。随着时间的推移，具有政治和战略意义的问题在"八国集团"的工作中日益重要。1999 年，来自二十个国家的财政部长和中央银行行长举行了论坛。2008 年，二十个国家元首首次在华盛顿举行峰会，会议决定由"二十国集团"取代"八国集团"。

在峰会期间，人们感受到了现代外交的"公开性"。通常情况下，峰会议程是事先知道的。由协调人准备最终公报的草案，其内容足够快速地提供给国际媒体。代表团人数大幅增加，约有两千名媒体代表前来报道峰会。在附近的酒店里，也有一些人自行来参加活动。峰会已经失去了原来的简单性，变得昂贵起来。反全球主义运动的日益高涨以及恐怖主义导致警卫人数成倍增加，安全系统不断完善。可以推测，在现代外交被迫开放的背景下，更为封闭得多的军事部门和特种部队的作用正在增加。

公共外交的概念

公共外交的概念与公共政策的走向密切相关，而后者被定义为全球信息化时期权力实现的新形式。

今天，公共外交（public diplomacy）的目标是影响舆论和在国外塑造客观的国家形象，是政治家，文化、科学和教育界人士，媒体，非政府组织和社交网络用户运作的一个完整的"空间"。而且，特别重要的是，现在公共性正在成为职业外交的一个不可或缺的特征。

如今探讨的"公共外交"术语是由美国人引入外交领域的。它在 20 世纪 70 年代末左右开始被广泛使用。在墨菲委员会[1]一份关于负责外交政策宣传、人文交流、意识形态保护以及论证政治行动的机构重大重组的报告中，这一术语实际上是对新外交政策学说的确定。

这一学说在吉米·卡特总统执政期间（1977—1981 年）得到了最终正式确立，当时人权斗争被宣布为美国外交政策的一个关键要素。白宫甚至成立了一个专门的公共外交规划小组。该小组下设四个从属组别——国际信息、国际政策、国际广播和社会事务。美国新闻署的信息服务得到了加强。该机构在 126 个国家设有 203 个办事处，全面恢复向西欧国家播放美国之音。[2]

此外，还设立了负责公共外交事务的国务秘书特别顾问、拉丁美洲和加勒比公共外交协调员职位，建立了公共外交咨询委员会。罗纳德·里根

---

[1]　墨菲委员会（Murphy Commission），其正式名称为外交政策政府组织委员会（Commission on the Organization of the Government for the Conduct of Foreign Policy），该委员会由前副国务卿罗伯特·墨菲领导。——译者注

[2]　Kenneth L. Adelman, "Speaking of America: Public Diplomacy in Our Time," *Foreign Affairs* 59, no. 4 (1981): 916–917.

总统的顾问之一埃德尔曼（Эделман）强调"公共外交必须公开、大声地进行"。[①] 因此，政府首脑公开并直接与一国公众沟通是公共外交的方法之一。

由于新技术的发展，宣传已经成为外交政策的关键工具。电视的普及促使国务活动家们不放过出现在屏幕上的机会。甚至大使们也"走出幕后"，开始在电视、媒体和立法会议上发表讲话，阐述他们国家的政策。高级外交官需要更经常地在社交网络上表明态度，这不仅可以宣告事件，还可以影响事件的发展。

以极其简单的说法，公共外交是价值观、宣传和营销技术的某种合成。但是实际上，它是一个复杂得多的机制。当然，巧妙运用市场规律是有回报的。例如，意大利外交部提出了一个成功的营销手段——使用费德里科·费里尼世界著名电影《甜蜜的生活》这一名称在国外举办展览和博览会。营销是一套完全没有思想交流的产品宣传工具，互动对话使之与公共外交有别。利用这种对话，政治家们获得了支持者和盟友，并使自己国家的形象更加人性化。

同时，在公共外交（经常由非政府组织和个人牵头）的框架内，完全允许存在不同的观点，包括与政府官方立场不同的观点。这也使需要与越来越广泛的不同政治力量打交道的外交任务复杂化。因此，外交人员必须掌握在国外有针对性地形成公众舆论的艺术。公共外交在推翻本国在国外的刻板印象的同时，塑造着一个复杂的、多面的、长期的联想形象总和。当然，公共外交虽然具有公司营销技巧的特征，但它不应该是这个词负面含义之下的宣传和广告活动。

遗憾的是，公共外交有时被用作虚假信息的渠道。英国广播公司驻华盛顿记者卡弗（Карвер）在 2002 年 2 月报道说，五角大楼正在研究建

[①]　Kenneth L. Adelman, "Speaking of America: Public Diplomacy in Our Time," *Foreign Affairs* 59, no. 4 (1981): 928.

立一个"战略影响力"部门的可能性，该部门不排除使用"黑色宣传和虚假信息"。美国法律禁止在美国媒体上散布"黑色"宣传，但卡弗指出，没有人能阻止美国记者发布某种外国来源信息。[①]

面对日益广泛的不同力量和媒体，外交的任务逐渐复杂。应当确定国内外的哪些力量，即所谓的利益攸关者（stakeholders），能够影响某一特定事件的结果。美国研究人员格伦·费希尔写道，"仅仅确保自己的外国外交官同行理解贵国政策是不够的，还要确保影响该国外交部政策的公众舆论也理解贵国政策"。[②] 其他国家的公众舆论对一国政策的感知正在发挥越来越重要的作用。公共外交领域需要公众舆论、非政府机构和公民个人更加积极地加入国际政治问题的讨论。

在 2000 年一个专家组为美国国务院编写的一份特别报告中指出，为了激活公共外交，"国务院和大使馆应扩大联系：与民间组织和科学界磋商并达成协议。需要鼓励大使与媒体和公众进行积极对话"。[③] 在给美国大使的指示中明确指出，他们的任务也包括了就驻在国公众舆论中最迫切的问题挑起讨论。[④]

在信息革命的背景下，信息和虚假信息都是在眨眼间就传播开来，向外国公众解释本国外交政策和行动的能力变得尤为重要。在很大程度上，国家政策和对外经济项目在世界舞台上的成功是由其信息系统的水平保障的。美国海外信息计划的有效性主要由其国务院负责，更确切地说，是国际信息局，它被赋予决定信息流动战略方向的广泛权力。与此同时，信息的传播速度决定了许多事情。罗斯福总统在任时创立了一个

① BBC News, February 19, 2002.

② Fisher G. H., *Public Diplomacy and the Behavioral Sciences* (Bloomington: Indiana University Press, 1972), p. 4.

③ William C. Harrop, "The Infrastructure of American Diplomacy," *American Diplomacy*, no. 3 (2000).

④ "AFSA-Statement on Ambassadors," *The Foreign Service Journal*, http://www.afsa.org/fsj/. 原著网页失效。——译者注

每天收集官方决议和文件的汇编——"无线文件"（The Wireless File），现在它有了新的名称——"华盛顿文件"（The Washington File），至今仍被分发到美国各使馆。目前在国务院网站上可以看到这份报告的电子版。有兴趣的海外组织和个人可以通过订阅方式收到"华盛顿文件"。为了帮助美国外交官和专家就国际关系的热点问题向外国听众发表演讲，美国国务院制订了一个"专业演讲者计划"，提供官方立场解释，并确定演讲者应该关注的要点。

为了提供信息，美国外交部门广泛利用卫星电话会议。在华盛顿和纽约，国务院官员与当地的外国新闻中心保持密切联系。得益于这个系统，大量的出版物和电子出版物将信息带给国外读者。美国大使馆的信息中心与驻在国的政府官员、科学和文化界的代表以及"舆论制造者"保持在线沟通。

美国国务院的官方声明将公共外交描绘为支持民主制度、市场导向的一种方式和保持海外社会舆论好感的一种手段。对许多使馆来说，公共外交是最重要的活动类型。[①] 实际上就是有目的地形成海外舆论，为美国在国际舞台上的行动提供支持。非常关注在外国公众中塑造美国正面形象。

媒体在公共外交中发挥着越来越重要的作用。据说，加拿大总理皮埃尔·特鲁多曾提议用订阅《纽约时报》来取代整个昂贵的外交部。在这位总理看来，报社的记者比外交紧急报告的作者更了解事件。媒体已经成为使馆更为严峻的竞争对手，因为它们可以实时地从热点地区传回信息。

为此，国务院资助了许多国际新闻节目——"美国之音""自由"和"自由欧洲"等广播电台。特别电视节目也旨在向外国观众传达美国

---

① John Schall, *Equipped for the Future: Managing U.S. Foreign Affairs in Twenty－First Century* (Washington: Henry L. Stimson Center, 1998).

的价值观。众所周知，这些项目非常昂贵，大概消耗了信息领域预算的40%。① 由于世界舞台上发生的变化，这些新闻机构的战略也发生了变化，停止为东欧节目提供资金，并将资金重新分配给中东和东南亚国家。1999 年，拥有雄厚信息管理资源的美国新闻署（USIA）被纳入国务院，提高了公共外交的信息能力。这一合并推动了新闻署官员与在国外工作并推动公共外交的美国外交官之间的直接接触。由于国际无线电广播作为外交政策工具的功能不断增强，英国研究人员威廉·韦斯特（Вильям Вест）认为"普通外交丧失了它的一些地位"。②

然而，在外交界，这一体系有时受到非常尖锐的批评。前美国驻克罗地亚大使加尔布雷思（Galbraith）表示，"很少有人收听""自由欧洲"的克罗地亚语广播，因为收听广播直播的无线电频率只能用第二次世界大战时期的电子管收音机且必须有中继器。加尔布雷思写道："在我担任大使的四年里，我只见过一位当地的克罗地亚人听过'美国之音'，而且她是瑞典大使的妻子。"③

20 世纪 80 年代，里根总统在其顾问的坚持下，决定开始实施政府版本的有线电视新闻网（CNN）——"世界网"（Worldnet）国际项目。根据国会议员要求进行的相应调查结果发现，这个节目在欧洲的观众只有 2 万人，大多处于退休年龄段。在法国一个观众的身份都未能成功确认。这个节目被关停了，但一年后又重新启动。调查结果中在古巴的电视广播耗费的 1 亿美元损失引发了纳税人的强烈愤慨。由于节目很容易被"消音"，普通古巴民众根本无法收听。

公共外交显然具有巨大的宣传潜力，同时我们也不应该忘记，公共外交的主要目的是进行公开对话，对比立场，为国际交流的发展创造良

---

① John Schall, *Equipped for the Future: Managing U. S. Foreign Affairs in Twenty – First Century* (Washington: Henry L. Stimson Center, 1998).

② West W. J. , *Truth Betrayed* (London: Duckworth, 1987), p. 79.

③ Galbraith P. , "Reinventing Diplomacy, Again," *Foreign Service Journal* 76 (February 1999): 20–88.

好的环境。长期以来，许多国家的外交部都设立了公共外交部门，在大使馆设立了相应的小组，在一些国家，它们在公共关系部门的框架下运作。英国外交文件强调，"国家外交政策利益的现代范畴首先包括伙伴关系和信息交流，因此，对话和自由选择的时代正在取代意识形态思维模式的时代"。①

当时英国外交机构因不够重视公共外交而受到批评，下议院有人呼吁，需要经常性地向那些英国打算对其执政圈施加一定影响的国家证明自己的友好态度。如今，公共外交在英国驻外使团的工作中受到越来越多的关注。除了大使馆外，由外交部监管的英国文化教育协会和英国广播公司也积极宣传英国政策。英国文化教育协会的办公室网络遍布254个城市和110个国家，其中包括225个信息中心。英国广播公司拥有1.51亿听众，由在世界各地工作的250名记者提供新闻材料。

实践表明大使已经更频繁地参与到驻在国的公开讨论中。他们出现在学生礼堂，参加辩论，有时这些辩论会出现激烈的碰撞。总体而言，现代外交研究人员一致认为，"公共外交"的概念包含着旨在建立长期关系、维护国家外交政策目标、争取本国的价值观和制度在海外获得更多认同的广泛行动。公共外交通过研究外国公众舆论情绪、提供信息、影响舆论塑造者，促进国家利益和保障国家安全。公共外交主要面向大众，其前提是公众舆论能够对政府和政治制度产生重大影响。任何类型的公共外交都针对特定受众，使用适合这一受众的语言和方式。这使它能够实现既定的政治目标。

公共外交旨在扩大本国公民与外国伙伴之间的对话，这意味着积极进行国际交流、创建信息节目和推广自己的文化。

通常，"公共外交""文化外交"和"大众传媒外交"这些术语是可

---

① Leonard M. and Alakeson V., *Going Public: Diplomacy for the Information Society* (London: Foreign Policy Centre, 2000) .

以互换的。媒体外交包含了宣传的概念，毫无疑问已成为公共外交的一部分。现在外交官和各国政府有一个补充交流渠道，使他们能够履行外交工作的典型职能：交换意见、表明立场、作出象征性姿态、发出某些信号和确认所作的承诺。

外交机构历来将信息分析工作视为其最重要的活动领域之一，这在20世纪获得了新的机遇。广播电台的发展显著扩大了信息收集和处理的半径，其专门节目履行了公共外交的职能。特别是与外交部最密切相关的无线电监听业务。这种特殊业务主要形成于第二次世界大战期间。

例如，据罗恩斯利（К. Д. Ронсли）回忆，在 1944 年英国无线电监听业务机构每天跟踪着 30 种语言广播。[1] 以这种方式收集的信息汇编在每日的《世界广播》（*World Broadcasts*）里。每一本汇编都针对一个单独的地理区域（苏联、中欧、巴尔干半岛、亚太地区、中东、拉丁美洲和加勒比地区的国家）。这些汇编附有每周经济评论。与监听有关的工作不仅需要掌握语言，还需要时事、政治、经济、历史和地理知识。"监听是不断地与虚假信息作斗争，在这场斗争中，知识、直觉天赋、联想思维是不可替代的盟友"。[2] 监听获得的材料以订阅的方式分发给有关组织，首先是外交部，其次是个人。外交部吸纳了这些信息的大部分。这些信息在所谓的外交部"智囊团"——分析研究司的工作中是不可取代的。得益于所拥有的广泛数据库，分析研究司的参考和分析资料覆盖能够影响当前外交政策方针制定的国际关系主要问题的历史信息。

该部门还掌握着一份超过百万人的名单，这些人的活动范围或影响力水平使他们能够在解决具体问题方面发挥重要作用。外交部传阅的报告和简报材料主要是所有收集的信息的综合，包括监听到的信息。危机

---

[1]　Rawnsley C. D., "Media Diplomacy: Monitored Broadcasts and Foreign Policy," in *DSP Discussion Papers* (Leicester: Centre for Study of Diplomacy, 1995), p. 2.

[2]　Walker A., *A Skyful of Freedom: 60 Years of the BBC World Service* (London: Broadside Books, 1992), p. 91.

情况下，每当使馆和中央外交机构之间的常规沟通渠道受阻甚至中断时，监听材料就尤其有价值。在某种程度上，监听材料表明英国外交部对某一情况存在特别的兴趣，因此它们是外国外交机构开展分析的基础。[①] 在美国也有类似的机构，即联邦对外广播新闻处（FBIS）。该机构也出现在第二次世界大战期间，现在由中央情报局管理。英国广播公司（BBC）和联邦对外广播新闻处积极合作、交换信息。计算机通信使这一过程能够实现实时交换。[②]

媒体给外交进程带来了两个创新之处。一是信息传递的速度。二是见证了越来越消息灵通的公众舆论的作用日益上升。外交官和政治家可以从中受益，因为媒体能够迅速影响公众舆论，可以利用其潜力来实现他们的目标。回顾历史，通过广播发表声明有时能帮助政治家打破外交僵局。1962 年，在加勒比海危机最严重的时期，在分秒必争的情况下，苏联政府决定通过在国外受到密切监控的莫斯科电台向肯尼迪总统发出特别信息。

20 世纪 90 年代初，美国研究员奥海夫曼对美国政治和军事精英的大量代表进行了调查，以确定第一次海湾战争期间媒体对美国政策的影响。87%的受访者指出，媒体不止一次曾作为决策依据信息的唯一来源。65%的人认为准备作出政治决策的专家通过媒体获得信息是最迅速高效的。决策者得出结论，媒体在政治进程的发展中发挥了积极而显著的作用，决定了信息环境的性质，成为传递最紧迫外交信息的首要渠道。[③]

还必须指出，由于在全球范围内保障实时通信的信息技术的进步，公众舆论可能受到误导。大众媒体在世界政治中的作用日益增强，试图

---

① Dickie J., *Inside the Foreign Office* (London: Chapmans, 1992), p. 229.

② John Schall, *Equipped for the Future: Managing U. S. Foreign Affairs in Twenty - First Century* (Washington: Henry L. Stimson Center, 1998).

③ Bennet W. L. and Paletz D. L. (eds.), *Taken By Storm: The Media, Public Opinion and US Foreign Policy in the Gulf War* (Chicago: University of Chicago Press, 1994), p. 236.

排挤专业外交机构、取代传统的外交沟通渠道，所有这些都有可能使外交关系严重复杂化。跟着媒体走，外交政策就将不具备创新属性，局限于回应报道。

当然，媒体报道为外交官和政府提供了额外的信息来源，但整个决策过程要复杂得多，除了媒体中获得的信息外，还需要同等考虑所有其他因素。决策前的分析工作不仅仅是基于信息的收集和处理过程。这项工作还包括核查所收集信息的准确性，因此信息来源必须充分多样化。这样一来专业外交官在分析当前进程中的作用仍然是首要的。同时，现代通信的即时性大大缩短了外交界内部寻求共识和相互理解、深入分析和讨论问题的时间。

克林顿总统多次被批评过于"痴迷"媒体，经常根据有线电视新闻网的报道制定外交政策。[①] 当时克林顿设法显示自己是一个熟练的外交官，利用全球电视宣传其外交政策。非专业的媒体外交常常在没有足够权限的情况下插手微妙的、基本上封闭的外交政策世界。事实是，这种公开性可能威胁谈判的机密性，而保持机密仍然是需要灵活性和深思熟虑的外交进程的主要条件。与以往一样，世界舞台上某一行动的政治结果在很大程度上取决于掌握传统外交艺术和外交政策方针执行方法的专业外交官的努力。

外交官们很清楚，这要求他们具备新的素质。美国国务院 1999 年 12 月进行的一项调查显示，在完成问卷调查的 500 名官员中，大多数人认为，在互联网世界里，外交官不仅是信息的传递者，他的任务还包括恰当地筛选、评估和解读这些信息。一个外交官必须是一个有战略指向的舆论处理者。换言之，他不能将自己局限于被动观察者的角色，需要具

---

① Bennet W. L. and Paletz D. L. (eds.), *Taken By Storm: The Media, Public Opinion and US Foreign Policy in the Gulf War* (Chicago: University of Chicago Press, 1994), p. 8.

备形成自身必要的信息流的能力。① 无论如何，应当认识到，现代媒体对公众舆论和以民意为名的决策具有重大影响。职业外交不能忽视这一点。当然，外交部不会放弃利用媒体作为谈判进程的可能渠道和使合作伙伴和敌人信服自己正确性的工具。广播和电视都将被用作影响公众舆论和向决策者施压的有效手段。

在信息革命的背景下，外交官们面临掌握新技术的必要，以便充分利用现有的机会。外交部正在非常努力寻找灵活使用电子信息产品的新方法。这也是由当今外交机构面临的财政问题所推动的，因为信息技术有助于节省时间和金钱。

自古以来，使馆和外交部各部门的工作人员通过各种方式收集信息，包括购买或订阅获取通讯社的定期出版物和资料等。笔者从自己的经历中了解到，在一位高级领导人访问某国期间，使馆的试用人员一大早就被派到最近的报摊购买各个方向的报纸。然后从报纸中作出与这次访问直接相关的剪报。这些带有使馆新闻专员或参赞评论的剪报在大使馆办公室被重印。在此基础上形成密码电报发送到中心。②

目前，几乎所有的主要期刊和主要通讯社都有自己的网站。如果需要，可以立即打印这些材料。在这种情况下，成本的节约是显著的，因为大多数纸质媒体的网站可以免费访问。即使这些服务是付费的，支付金额也大大低于从国外寄来的外国报纸的费用。互联网还提供许多其他信息服务。外交官感兴趣的部分可以通过其他来源的链接进行更详细的研究。搜索引擎能提供参考书、百科全书和所需组织的网站，帮助外交官彻底弄清问题。

迅速获取信息可以节省时间，有助于深入分析和总结，从而使决策

---

① Kinney S. S., "Developing Diplomats for 2010: If Not Now, When?" *American Diplomacy*, no. 3 (Fall 2000).

② 这里指的是1967年苏联最高苏维埃主席团主席尼古拉·波德戈尔内对意大利的访问。

过程更加平衡和连续。在计算机和互联网普及的外交部，每天外交官的第一件事就是阅读收到的电子邮件。就职业而言，很少有人对与位于各国的同事进行实时联系如此感兴趣。互联网有助于克服时差，所以如果外交官从欧洲发送一封邮件到日本，他确信在日本的伙伴来到办公室时能立即读到它。此外，邮件的成本很低。通过电子邮件，简讯、新闻稿和正式文件可以立即发送给任意数量的部委、办公室、组织和个人。

联合国积累了配备最新技术的先进经验。过去，外交官们在试图尽快获得安理会、联合国大会、经社理事会等新通过的决议时总遇到困难。而今联合国网页立即提供秘书长报告的必要信息和联合国秘书处的新文件。某些文档的访问受到用户名和密码的限制，这在一定程度上防止了这些机密信息被不受控制地传播。联合国人道主义事务部通过电子邮件向所有外交部和外交使团发送有关世界各地紧急情况的最新信息。

值得注意的是，由于新技术的引入，从 1995 年到 1997 年，联合国总部的纸质文件传阅在短短两年内下降了 30%。传输信息的时间大大缩短。例如，从瑞士往意大利寄一份约 300 字的外交公文，通过外交邮袋至少需要一昼夜才能送到收件人手中，有时需要 4—6 天。这段文字用电传需要 6 分钟，等它到达收件人手中可能还需要一些时间。通过传真输送文本需要 49 秒的实时时间。而通过电子邮件在 20 秒以内就可以实现。相应的电传传输的费用是 12 瑞士法郎，传真是 0.42 瑞士法郎，电子邮件是 0.16 瑞士法郎。[①]

欧洲联盟、欧洲委员会、欧安组织、北约和其他国际组织迅速地提供有关其活动的信息。目前，所有重要的国际会议、首脑会议和论坛通常都会在各自的网站上向世界公众提供有关工作进展的信息。大多数外

---

① Baldi S., "The Internet and Diplomats of the Twenty First Century: How New Information Technologies Affect the Ordinary Work of Diplomats," in *Modern Diplomacy*, J. Kurbalija, ed. (Malta: Mediterranean Academy of Diplomatic Studies, 1998), p. 260.

交部也有自己的网站，在那里你可以了解它们的历史、架构、人员和入职外交部的竞争条件。外交部在互联网上上传新闻稿，发表各部门负责人的讲话，就特定问题阐述官方立场。例如，英国外交部每天多次更新其新闻网站。俄罗斯外交部网站的信息也非常丰富。

通过访问大使馆和领事馆的网站，可以更容易地与它们联系。该信息工具提供了有关双边关系状况的信息，有助于更多地了解使馆派遣国以及获得签证所需的手续。

大使馆和领事馆提供位置信息和接待访客时间的信息。许多国家的领事馆都在互联网上开通了互动联系，人们不用到领事馆就可以拿到入境签证。为快速获取感兴趣机构的电子邮件，可以访问其网站。常驻国际组织的代表团的类似网站提供了本国与该组织关系的全面信息。毫无疑问，新技术虽然不是外交体制发生变化的首要原因，却显著改变了外交官工作的性质。

当时，国际电信联盟副秘书长卡西亚（Касия）在日内瓦大使会议上发言时指出，电子设备将改变外交官的工作方式，它要求外交官能够从海量信息材料中挑选出最感兴趣的内容。外交活动的质量有了新的提高，这将带来新的广阔机遇。

与此同时，卡西亚警告称："因为文件能够以电子形式获得，且互联网将联合国与世界上大多数国家连接起来，你们在日内瓦收到的信息会同样迅速地显示在位于首都的外交部的电脑上。因此常驻代表团与收集信息和向中心发送信息有关的一些传统职能已经失去了意义。相隔异地的收件人之间电子邮件沟通所具有的相对非正式性质改变了磋商进程。没有必要将参与线上讨论的人员聚集在一个地方，这很可能将会触动这样的中心城市，例如目前已有 140 个国家的代表居住的日内瓦。这种趋势威胁到就业机会，因为各国外交部将越来越多地绕过代表处，使用直接来自联合国的信息。"①

　　一些经验丰富的外交官指出，技术在外交中的作用普遍被夸大了，他们强调在外交中技术只是一种辅助手段，而不是目的本身。据美国驻克罗地亚大使回忆："1995 年，我主持了穿梭谈判，在萨格勒布和东斯拉沃尼亚的塞族叛军之间建立了联系。由于军事行动，连接我所访问地区和克罗地亚其他地区的电话线路遭到损坏。因此克拉克将军指派了一个军事小组给我提供移动通信系统。在正在进行谈判的别墅周围地区，士兵们部署了一个由巨型天线组成的卫星系统。它给我和塞尔维亚人留下了非常深刻的印象。然而，我们没有使用它。所有美国东斯拉沃尼亚问题的专家都和我在一个房间，因此华盛顿没有一个专家能够提供有益的建议。高科技为沟通提供了潜在的机会，但无法取代专业的协商。"②

　　随着电子革命的发展，外交官们也迎来了新的机遇。美国驻德黑兰大使馆关闭数十年后，美国国务院决定在伊朗首都建立一个虚拟的网络使馆，但没有恢复外交关系，当时在网络空间《维也纳外交关系公约》尚无法适用。以没有相关公约为由，伊朗当局在网络大使馆出现在互联网上几个小时后就严密封锁了该网站。

　　更有吸引力的想法是：不离开本国首都、通过积极参与社交网络发展公共外交。这种外交被半开玩笑地称为"推特外交"（Twiplomacy）。"第二人生"（Second Life）空间的外交也开始流行起来，瑞典外交部在这个空间里建造了"瑞典之家"。这座虚拟建筑是瑞典驻华盛顿大使馆的完整复制品。开幕式由外交部长卡尔·比尔特，也就是他的网络虚拟角色，亲自剪彩。对于用户来说，他们的网络虚拟角色，访问大使馆不会有任何困难。虚拟工作人员会提供帮助，它可以轻松地将您带到所需的

　　① Baldi S., "The Internet and Diplomats of the Twenty First Century: How New Information Technologies Affect the Ordinary Work of Diplomats," in *Modern Diplomacy*, J. Kurbalija, ed. (Malta: Mediterranean Academy of Diplomatic Studies, 1998), p. 258.

　　② Galbraith, "Reinventing Diplomacy, Again," pp. 20–88.

楼层，并将您引领至感兴趣的瑞典信息存储的厅室。在这样的虚拟大使馆里，您可以参加研讨会、听讲座，还可以花钱租一个房间举行自己的会晤和会议。不知疲倦的虚拟外交官全天候为您服务。如果需要，任何外交部都可以在这个 3D 空间里购买一块土地甚至整个岛屿，并在那里开设一个代表处。

当然，电子信息网络是相当脆弱的，这给安全部门带来了很多问题。黑客闯入电脑，阅读电子邮件，并"下载"秘密文件。以这种方式获取信息并将信息提供给公众或其他政府，会严重破坏外交使团的活动。例如，这可能会中断谈判或机密通信。黑客对国家外交机构计算机系统的入侵次数正在迅速增加。1995 年美国登记了 4 起此类案件，1996 年 18 起，1997 年 27 起，1998 年 233 起，1999 年其数量已增至 3 736 起。[①]

在这种情况下，为应对危机，外交机构不得不使用诸如"内联网"这样的封闭系统，这些系统不能接入互联网并能保障内部通信。在哈洛普报告中，提出了以下提高美国外交部门技术装备水平的建议：将国务院的四个内部信息系统减少为两个——秘密的和公开的。这将确保既能接入互联网，又能传输部门信息。报告中还提议建立一个将所有可以进入国际舞台的政府部门联合起来的系统。报告呼吁实现现有信息技术的现代化，尽可能利用高科技市场上现有的一切技术。为此，有人提议在相关组织的参与下设立一个 4 亿美元规模的基金，用于支付顾问的薪资、采购必要的设备和购买额外的频率、保障员工再培训、雇用和保留必要数量的高素质专家，并确保信息系统随着行业的发展不断更新。

前联合国副秘书长古尔丁对信息革命的问题表现出包容性观念。在一次关于全球化背景下的信息流通问题和联合国面临的挑战的演讲中，古尔丁得出以下结论：

---

① Denning D. E., "Hacktivism: An Emerging Threat to Diplomacy," *Foreign Service Journal* 77, no. 9 (September 2000): 43-49.

"我们只能欢迎信息的自由流通和全球范围内的思想交流。很好的是，镇压方式再也不能对人民隐瞒周围世界正在发生的事情以及世界对他们的看法。资本、原材料和商品流动的障碍减少了，这也是好事。但是硬币还有另一面，信息技术也会传播错误的想法。便宜和便捷的出行助长了国际犯罪、恐怖主义和非法移民的发展。人员流动成为传播疾病的渠道，逐渐腐化地方政府和破坏环境。国家——我们仍然生活在一个由国家组成的世界——必须保护公民不受新技术的负面影响，并帮助他们认识到新技术带来的好处。"[1]

信息系统化和总结的现代化方法的发展必然会影响到外交历史档案的问题。

汉密尔顿说："研究人员如何解释过去以及这种解释如何嵌入人们的意识，对公众舆论产生着很大影响。因此，外交部从一开始就试图处理历史遗产，并非常努力塑造本国的历史形象及其与周边世界的关系。在批判性回顾过去的同时，国家就能建设一个新的、更美好的未来。"[2]

只有在可靠的历史资料的基础上，才能理解走过的外交之路。保管外交文件是外交机构最艰巨的任务之一。例如，意大利外交部的外交档案存放在总长度估计有十几千米的柜子里。[3] 而且文件的数量仍在不断增加。因此，档案事务专业管理和掌握知识系统化现代管理手段至关重要。与此同时，电子信息的长期存储问题尚未找到最终解决方案。因此，传统档案馆在一定时期仍然是无可比拟的。

公开外交和公共外交已成为公众舆论作用日益增强和现代世界相互

---

① Goulding M. , "Globalization and the UN: New Opportunities, New Demands, " *International Relations* 14, no. 4 (April 1999) : 52-62. 马拉克·古尔丁，1986—1997 年担任联合国副秘书长，现任圣安东尼学院院长。

② Leonard and Alakeson, *Going Public: Diplomacy for the Information Society*, p. 8.

③ *Зонова Т. В.* Архивы Министерства иностранных дел Италии // Российская дипломатия в свете мирового исторического опыта. M. , 1997.

依存的反映。公开外交要求摒弃外交秘密和实现国际政治的最大透明性。这是为了让公众获悉官方国家代表之间谈判的内容和结果。传统外交是政府间沟通的渠道，而公共外交则首先面向广大受众。政府首脑直接与公众对话是公共外交的常规方法之一。有外交官参与的公开讨论也变得频繁起来。公共外交实际上是一国与其他国家之间的一个公开的交流渠道。公共外交要求在复杂的情境中树立起客观的国家形象。公共外交不可避免地具有营销技巧的特征，但它不应看起来像是赤裸裸宣传或广告活动。在信息普遍通达的情况下，只有客观真实、带着所有优点和问题的国家形象图景，才会被世界舆论认为是可信的。专业行为体的公开外交应该成为非政府行为体活动的催化剂。而且这种协同效应是非常重要的。

公共外交创造了一个复杂的、多面的、长期的联想形象总和，从而克服国家海外形象的简单化和刻板印象。公共外交最重要的目标是防止根除极端主义意识形态的努力升级为文明层面的冲突。

思考题

1. 如何理解外交的公开性？
2. 公共外交的本质是什么？
3. 非政府组织在公共外交中的作用是什么？
4. 媒体在公共外交中的作用是什么？
5. 电子革命背景下外交官面临哪些挑战？

推荐阅读

1. *Зонова Т. В.* Wiki Leaks-это «забавное чтиво». [Электронный ресурс].—Режим доступа, https://mgimo. ru/about/news/experts/170884/.

2. *Зонова Т. В.* Дипломатическая специфика межкультурных аспектов

коммуникации в условиях глобализации // Межкультурная коммуникация в условиях глобализации. М. : МГИМО Университет, 2009.

3. *Зонова Т. В.* Имидж России и новые требования к подготовке дипломатических кадров // Современный образ России: перспективы развития. М. : Общественная палата РФ, 2008.

4. *Зонова Т. В.* Публичная дипломатия и ее акторы. НПО-инструмент доверия или агент влияния? [Электронный ресурс].—Режим доступа, https://russiancouncil. ru/analytics-and-comments/analytics/publichnaya-diplomatiya-i-ee-aktory/.

5. *Зонова Т. В.* Сохранятся ли НПО в будущем? [Электронный ресурс].—Режим доступа, https://russiancouncil. ru/analytics-and-comments/analytics/sokhranyatsya-li-npo-v-budushchem/?sphrase_ id = 103273644.

6. Общественная палата РФ. На пути к публичной дипломатии. 25. 05. 2012. [Электронный ресурс]. —Режим доступа, http://top. oprf. ru/main/7895. html. 原著网页失效。——译者注

7. Jan Melissen, Donna Lee and Paul Sharp (eds.), *The New Public Diplomacy: Soft Power in International Relations* (New York: Palgrave Macmillan, 2007).

第六章　经济外交

经济因素在外交史上的作用

经济全球化扫除了边界壁垒，使世界市场的运作更加复杂，并将大量国内问题归入普遍利益范畴。这就给各国提出了一个挑战，即如何在一个日益互联的世界中确定自身的作用。外交机构作为公共行政部门的一个分支，比以往任何时候都更加迫切地需要对这些挑战作出充分的反应。

经济外交属于国际事务的一部分，在国际事务中经济与政治间的联系有了质的发展，经济外交的任务是为国民经济参与世界经济创造最佳条件。

当然，从历史上看，外交在对外经济关系领域发挥着重要作用。

为了让货物和商人可以在交通干道上自由流动，沿线国家需要签署贸易保护的协议。为了促进贸易的繁荣，有必要在国际条约中确定商人的权利和义务。只有在这样的协议存在的情况下，才能正常进行贸易。因此，经济外交本身的存在从根本上来说并不是什么新鲜事。①

历史学家最近发现了一份公元前 1750 年的文件，其中规定了泰莱兰

---

① Cohen R. , "Reflection on the New Global Diplomacy: Statecraft 2500 BC to 2000 AD, " in *Innovation in Diplomatic Practice*, J. Melissen (ed.) (London: Palgrave Macmillan, 1997) , p. 6.

城（Tell Leilan）中亚述商人的移民地位，证实了当时存在先进的有关管理国际贸易的金融和法律规范。即使在交战国领土上，商人也享有豁免权。[①]

现代外交制度是在文艺复兴时期、在新型国家出现的过程中形成的。从那时起，关心国家及统治者的经济利益就成为外交机构和驻外使节工作的重要组成部分。这一般指的是贸易往来。因此，最常见的经济外交形式是促进商贸。

国家间的贸易关系扩大可以说是一种前（ante litteram）经济全球化。1683 年，意大利科学家杰米尼亚诺·蒙塔纳里（Джеминьяно Монтанари）在他的研究《论货币的本质》中写道：

"各国之间的交往已经遍及全世界，可以说，整个世界几乎成了一个城市，在这个城市里，所有的商品构成的集市从不歇业，在这里，每个人坐在家里就可以通过金钱获得并享受土地、动物和人类工业所生产的一切。这是一项令人惊叹的发明。"[②]

贸易外交（Торговая дипломатия）在路易十四时期的法国扮演着重要的角色。频繁的战争使得国库空虚，需要不断补充资金。金融家兼国王顾问让-巴蒂斯特·科尔伯特（Жан-Батист Кольбер）开始大力发展贸易外交，并在这一领域取得了相当大的成功，从而避免了灾难的发生。欧洲和北美的工业革命、现代银行体系的发展、市场竞争、原材料商品贸易和投资流动使 19 世纪各国的经济问题特别尖锐。经济扩张被视为国家强大的证据，殖民贸易问题日益受到重视。

普鲁东（Прудон）认为，政治时代已经结束，经济时代已经到来，它战胜了政治冲突和国家对抗，他在 1851 年写道："民族、祖国这些词

---

① *Щетинин В. Д.* Экономическая дипломатия. М. : Международные отношения, 2001. С. 5.

② Цит. по: Маркс К. К критике политической экономии // К. Маркс, Ф. Энгельс. Соч. Т. 13. С. 134.

语的政治意义已然消失。政治经济已经成为我们这个时代的女王和统治者。"在美国，就像在欧洲一样，许多人都认为，对外关系主要是贸易关系。造船厂、商人和石油公司独立地与外国进行谈判。由此他们认为，国家岗位中仅保留从事商业推广的领事就足够了。

事实上，历史上设立领事馆主要是为了保障贸易利益。在十字军征服中东地区时代，领事作为欧洲殖民地选出的长官，也具有行政和司法职能。在当时与地中海国家统治者签订的条约文本中，欧洲人要求必须写上有关商人和传教士行动自由的条款，以及治外法权原则，这意味着欧洲人不受当地法院管辖，审理欧洲人的案件为领事法院的管辖范围。从 17 世纪开始，欧洲国家开始将领事视为公务员。①

然而，时间证明，一个自由贸易可以结束政治分歧的世界，显然仍是自由主义者的遥不可及的梦想。在德国，俾斯麦选择了保护主义，这极大地助长了整个欧洲的保护主义情绪。在法国，拿破仑三世的自由贸易精神显然不受欢迎，最终高额关税壁垒建立起来，严重的保护主义在该国滋生。俄国也走上了同样的道路。到 19 世纪 70 年代，欧洲的政治边界与经济边界重合。对外经济关系领域日益集中在国家手中，外交工作面临新的挑战。

贸易和金融政策逐渐成为外交不可或缺的一部分。英国外交大臣帕默斯顿（Пальмерстон）勋爵说："英国应该让商人在外交政策上有发言权。"比利时外交大臣对此表示赞同："当我们的工业部门在密切地寻找市场时，我们的驻外代表首先应该努力为我们的贸易铺平道路。"人们意识到了经济因素的重要性，他们推荐俾斯麦一开始在关税同盟的管理部门工作，而后者梦想成为一名外交官。

政府的外交旨在确保贸易路线的安全，征服和保留殖民地，建立势力范围，缔结贸易协定以及积极支持本国企业家。在外交官的帮助下，

① 认为领事机构是外交机构的雏形是不完全正确的，现代外交模式先于现代领事模式的形成。

成立了无数的贸易公司，划定了势力范围，对矿产资源的专有权进行了谈判。在 19 世纪最后 1/4 个世纪中，各国政府出于外交目的，努力利用自身影响力对商品和资本市场施加压力。1887 年，法国市场在海关危机期间对意大利关闭，直到 1902 年，意大利政府承诺在英法两国发生战争时保持中立后，法国市场才重新对其开放。

法国外交积极推动对奥斯曼帝国的投资。埃及的债权人能够对许多大陆强国的外交方针施加压力。法国驻君士坦丁堡大使试图向土耳其人征收高额贷款利息，这让他获得了"12%先生"的绰号。在法国和俄国就金融贷款进行外交谈判时，尼古拉二世的财政大臣谢尔盖·维特在巴黎安排了自己的代理人。

20 世纪初，英国外交部极为关注德国在土耳其投资的政治和战略后果，于是与法国谈判建立一种"工业协约"，以遏制德国在该地区的发展。因此，英国和法国驻伦敦、巴黎和君士坦丁堡的外交官开始创建一个由商人和银行家组成的财团，并活跃于该地区。

美国历史学家形象地描述了这一时期："到 19 世纪下半叶，世界经济联系空前紧密，每个地区都有着自身的专业优势，一个真正的世界市场得以建立。商品、服务、金钱、资本和人员跨越国界流动。商品以统一的世界价格出售。这是不受监管的资本主义的真正胜利。"①

全球市场缺乏共同的"游戏规则"，迫使企业向政府寻求帮助，因为政府拥有能够支持企业家的外交机构。这证明了国家在对外经济关系中的影响日益增长，而外交作为一种执行外交政策的机制，被赋予了明确的经济内涵。

外交部积极提供有关外国市场和产品的信息，外交官就贷款和关税进行谈判。设立专门的经济政策司变得越来越有必要。驻外机构中出现

---

① Palmer R. R., Colton J. and Kramer L., *A History of the Modern world* (New York: McGraw-Hill, 1995), p. 603.

了贸易和商业随员。在这种情况下，经济外交具有特殊的意义。①

1850 年，设立商务和领事事务司成为撒丁王国②外交部改革的一部分。这一结构为 1861 年统一的意大利王国外交部奠定了基础。1865 年，英国外交部内设立了商务司。1880 年，第一位商务专员出现在英国驻巴黎大使馆，随后在柏林、君士坦丁堡、北京和横滨的英国大使馆也设立了该职位。在 19 世纪的最后 30 年，德国在外交部中设立了相应的部门，并开始向国外派遣商务专员。1906 年，法国外交部组建了一支商务专员队伍。

第一次世界大战期间，国家加强了对经济的控制。盟国的联合行动需要军事和经济合作的协调，大量部门参与了这一合作。许多使团被派往国外，各种代办处与大使馆一起开展了自己的活动。他们参与购买武器、军装和食品供应。为了协调此类对外活动，交战国设立了各种委员会。

战争对外交部门产生了重大影响。很明显，经济外交问题在战后世界变得尤其重要。英国外交部某部门负责人指出，今后其负责的部门不能将贸易和金融作为无关事务排除在日常工作内容之外。1919 年，法国外交部建立了商业和贸易办公室，其代表在战后债务和赔偿谈判中发挥重要作用。英国外交部积极参与这一进程，但遭到财政部的反对，财政部后来继续对英国与世界的关系产生重大影响。

事实上老派外交官并没有立即认同经济利益拥护者的新角色。英国外交大臣索尔兹伯里勋爵是一个自由放任主义（laissez-faire）的热心支持者，早在 1879 年，他就对新的事态发展感到困惑。贵族外交官认为外交官应该为贸易和企业提供更好的条件，但是为了订单和租赁而奔波则

---

① 许多历史研究者倾向于使用"贸易外交"（торговая дипломатия）一词，"经济外交"（экономическая дипломатия）一词被用于描述 1970 年以后的现象。

② 撒丁王国，后来的意大利王国的前身。——译者注

不在他们的职责范围内。"古典"外交的代表人物习惯于处理所谓的大政治问题，他们认为商业外交是次要任务。在第一次世界大战前夕，英国商务部要求外交部提供有关俄帝国境内步枪工厂的信息。驻圣彼得堡大使乔治·布坎南爵士在回应其部长的要求时，傲慢地宣布他在俄罗斯宫廷代表国王陛下，他的职责不包括商务部的会计工作。[①] 另一位英国大使声称，如果他的前任被指派从事贸易，他们会感到震惊：邀请他们到商店工作不是更合乎逻辑吗?[②] 不过外交历史学家提到，一些大使很快意识到他们在这个体系中的优势，并不排斥为了个人利益而进行金融投机。

战争使人们意识到原材料的重要性，尤其是欧洲极为匮乏的石油。由于市场的不稳定和混乱，石油价格时涨时跌。1928年，在美国和英国政府的支持下，寡头垄断集团"七姐妹"成立，其成员缔结了关于竞争规则和定价制度的协议。新出现的"石油外交"侧重于供应问题和价格控制。法国总理克莱门梭在给美国总统威尔逊的信中写道，"一滴石油就是一滴血"。

石油已成为地缘战略原材料。政府成为石油公司的股东，并在其中一些公司获得了控股权。英国和法国掌握了崩溃的奥斯曼帝国遗留下来的中东油田的大部分。美国人预料到可能会出现原材料短缺，于是恢复了他们著名的"门户开放"政策，这一政策最初是为了打开中国和日本的市场。在两次世界大战之间，欧洲的多边外交的作用得到增强。在国际联盟经济会议上，欧洲各国政府开始将双边贸易协定转变为多边协定。现有的国际清算银行致力于处理战败的德国战争赔款事宜，并执行杨格计划。参与到国际机构的工作中已成为外交成功的前提。经济外交演变为多边外交后，又获得新的发展。由国际条约以及相关国际机制确立的

---

① Langhorne R., "History and Evolution of Diplomacy," in *Modern Diplomacy*, J. Kurbalija, ed. (Malta: Mediterranean Academy of Diplomatic Studies, 1998), pp. 148-149.

② Цит. по: *Щетинин В. Д.* Указ. соч. С. 226.

法律规范为经济外交奠定了坚实的基础。

多边外交中的经济外交

第二次世界大战摧毁了现有的经济秩序。二战后的经济比一战后遭受的破坏程度更大，1945 年以后，世界经济恢复问题变得尤为急迫。1944 年在布雷顿森林举行的货币和金融会议决定建立新的经济和金融机构。国际货币基金组织的宗旨是促进国家间货币合作，解决国家间货币和结算关系，维护成员国国际收支平衡，调节汇率。国际复兴开发银行作为一个信贷机构，确保了马歇尔计划的实施。1947 年，关税及贸易总协定（以下简称"关贸总协定"）签署，旨在实现贸易自由化。关贸总协定基于不歧视原则，这意味着恢复最惠国待遇。联合国贸易和发展会议开始长期运作。

对 1929 年经济危机的记忆让人们对政府干预产生了信心，这种干预具有"反周期"性质，包括收入再分配和通过需求导向提高经济调控的效率（这些理论是凯恩斯的追随者在战后前几十年发展起来的）。随着第二次世界大战后的非殖民化，发展中国家的外交变得更加活跃。1963 年，由发展中国家组成的"77 国集团"（现已超过 130 个）成立。1988 年，成立了一个 15 国集团（G15），它是南北对话及发展合作的发起者，也是"七国集团"的抗衡者。

1994 年，关贸总协定发展为世界贸易组织。经济发展与合作组织也将其活动扩展到各大洲。

随着全球化进程①的推进，这些机构在组织架构和事务议程方面都在

---

① 一些研究人员，特别是法国、比利时和德国的研究人员，坚持区分"全球化"和"世界化"两个术语，前者被理解为美国经济体系的扩散，后者反映了多极世界中日益增长的相互依赖。

朝着普遍化的方向发展。这样就形成了一个义务网络，每个参与者都与其他参与者联系在一起，合作伙伴互相承担着遵守共同制定的规则的义务。

这与通常的双边交流有区别。国家在国际贸易中受到严格的限制：不能采取条约未规定的单边行动，不能诉诸报复，不得以他国不能履行义务为由拒绝履行义务。有趣的是，在金融组织中，特别是在国际货币基金组织，采用了所谓的平衡决策制度。在这些组织中，各国的投票权重取决于该组织所采用的标准。在投票时，考虑各国对组织经济贡献的大小，一国的投票权重与其贡献成正比。国际经济组织作为经济外交机构，旨在监测各国的经济形势，制定适当的战略，以完成国家外交系统无法应付的任务。事实上，复杂的投资政策背后的"国家利益"与维护国家主权有关，更与市场竞争加剧背景下的展示本国实力有关。"如今，赢得市场比保护领土重要得多"。①

电子系统导致国家交易所的消失，卫星电视使得国内法律的管控变得艰难，外国银行正在向国内渗透。社会越复杂，就越需要规则、法律、有效的治理和公平的司法。

在这种情况下，国家需要为出口企业创造有利的海关、税收、法律及其他制度条件，增进其在世界市场上的利益，并提供信息咨询服务。全球化迫使各国政府为外国投资提供更具竞争力的条件，同时不仅为本国，而且为外国生产商创造更有利的环境。自20世纪80年代以来，新自由主义学说变得非常流行，其目的是将政府干预限制在市场有效运作所需的框架内。根据放松管制的政策，各国根据本国特色，创造有利于金

---

① "Secret services unite against crime," *Financial Times*, November 22, 1993, p. 3.

融自由流动的条件。① 这影响了整个世界经济，并成为经济外交的主要内容。

人们意识到，经济外交必须处理全球问题，其目的是实现可持续的经济增长。当然，这超出了单一国家的政策。经济外交不能再忽视对外政策和国内政策之间日益紧密的联系。

国际谈判的内容是缔结关于避免双重征税、组织打击腐败的公约，签署保护投资、知识产权等的条约。在竞争日益激烈的情况下，一些国家的经济以及法律基础承受着巨大压力。雪上加霜的是，尽管越来越多国家参与经济互动，但最重要的决定仍然由少数大国作出，它们组成了非正式的集团，这些集团未获得正式的国际地位。这些集团的会议通常闭门举行，由于高度专业化，相关谈判内容不向媒体公开。

这些集团是：

（1）五国集团（美国、日本、德国、法国、英国）；

（2）七国集团（五国加上加拿大、意大利）；

（3）八国集团（七国加上俄罗斯）；

（4）十国集团（七国加上比利时、荷兰、瑞典）；

（5）二十国集团（包括发达国家和发展中国家）；

（6）工作组三（汇集了"十国集团"的财政部长/大臣和央行副行长，他们对"八国集团"的筹备工作产生很大影响力）。

各国外交应推动完善这些尚未形成最终框架的机制。经济学家还必须解释加密文本背后的信息，并试图引导舆论认识到决定的正确性抑或是错误性。各国也将不得不与这些非正式机制迟早会建立的外交机构保持联系。

---

① 盖·卡隆·德·拉·卡里埃区分了法国的放松管制和英国的放松管制，前者遏制保护主义，支持恢复健康竞争以及促进经济增长，后者要求消除一切规则，支持自然经济力量不受限制的行动自由。参见 Carron de La Carrière G., *La diplomatie économique. Le diplomate et le marché* (Paris: Economica, 1998)。

现在几乎所有经济领域都拥有相关的国际组织，这些组织可以分为五种类型［盖·卡隆·德·拉·卡里埃（Ги Карон де Ла Каррьер）的分类①］。

（1）举办定期会议、促进信息与经验交流的论坛，干预手段有限。它们是经合组织、粮农组织、联合国贸易和发展会议。

（2）拥有明确目标、大量资金的机构。例如，世界贸易组织、国际货币基金组织、国际复兴开发银行、各类发展银行以及具有独立地位的基金——联合国粮食及农业组织。

（3）服务提供者、执行机构——国际原子能机构、国际清算银行。

（4）高度专业化的组织——国际标准化组织。

（5）很难对欧盟内部的组织进行分类，因为它们是一体化的工具，集共同政策的制定、执行、立法和司法职能于一体。与其他国际组织不同，欧盟对其成员国来说并不是一个外部组织。

上述组织构成了运用经济外交的新舞台。经济在国家安全领域占据更重要的位置。现在一个国家的实力直接取决于国民生产总值的水平及其产品在世界市场上的竞争力。当然，经济外交并不是外交的全部，但外交不能再忽视经济问题，不能再不处理经济问题。

经济外交行为体

在此背景下，俄罗斯研究员瓦伦丁·德米特里耶维奇·舍奇宁（В. Д. Щетинин）对现代经济外交的定义是非常成功的。在他看来，经济外

---

① 盖·卡隆·德·拉·卡里埃（Guy Carron De La Carrière）为法国经济学家、外交家，著有《经济外交：外交官与市场》（*La Diplomatie économique：Le Diplomate Et Le Marché*）一书，书中对经济领域的国际组织进行了分类。——译者注

交是国际关系和外交中所有构成要素的融合，包括经济、社会、法律、军事和情报等方面的机制，这些机制管理着社会及其对外和经济资产，同时也管理外国进入本国经济的资产。

世界经济获得了一套更为多样化的工具，包括非关税壁垒、竞争规则、货币平价、税收协调和经济制度的趋同。所有这些都为经济外交的战略性奠定了基础。同时，经济外交不仅仅是职业外交官的任务。由于现代经济的多样性和复杂性，经济外交的任务由多种机构来执行。除了外交部、财政部、国防部、农业部、工业部、电信部等中央机构，还涉及新的行为体：地方政府、区域组织、非政府组织、工业和贸易协会、公司和个体商人。新行为体的出现是出于沟通和行动的便利，政治家和企业家希望绕过政府自己评估形势并采取行动。经济外交似乎超出了外交的经典定义。

还应考虑到，经济外交的现代特征要求深厚的专业知识。尤其是在谈判进程中，需要谈判人员具有项目融资方面的经验，了解关税、海关以及克服非关税壁垒等问题。例如，对俄罗斯来说，培训合格的谈判人员在世界贸易组织内开展业务尤为重要。经济外交的主题还包括货币信贷关系知识、税收立法知识、支持农业生产的方法、保护环境的措施等。谈判过程需要专家来指导。

如今，经济外交的目标往往超出传统外交政策，即超出外交部的职权范围。渐渐的，国内政策和外交政策之间的界限越来越模糊。像企业国际化、招商引资等行为属于国际计划，不具有双边性质，也与针对某一国家或国际组织实行的政策无关。正因如此，部级机构中的经济部门越来越多地出现在国际舞台，一些国内机构中出现了负责国际事务的机构。

国家不仅没有被淘汰，而且越来越多地利用其机会促进本国的商业发展。1993 年 9 月，美国总统克林顿提出了国家出口战略（National

Export Strategy）的理念。其中包括支持企业在 2000 年实现 12 000 亿美元的出口额，而 1982 年为 6 180 亿美元。

为此，商务部设立了战略方向支持中心（advocacy network）和作战室（war room）。由大约 20 人组成的小组不断跟踪项目进展情况，并在必要的时候启动支持机制。

国家积极参与担保及融资过程。例如，农产品出口商一如既往获得国家补贴，并受到鼓励寻求销售市场。但是，大型项目的担保和融资正在发生变化：原来是通过统包合同（安装、启动）和市场合同（产品商业化）简单销售设备，现在是采用"建造—运营—移交"（Build. Operate. Transfer, BOT）合同。当采用"建造—运营—移交"方式时，供货商有义务在一定时间内对供货企业进行管理，并在规定的时间内将货物移交给买方。

众所周知，国家的经济外交作用的增强，很大程度上是因为当今世界的形势类似于 19 世纪末的情况。当时"经济秩序极不稳定，许多人的处境极其脆弱，地区与地区竞争，人与人竞争"。[①] 的确，在 20 世纪 80 年代放松管制的背景下，经济全球化进程促成了一种世界秩序的出现，在这种秩序里，全球化进程中技术不断加速演进，而与之相匹配的共同的"游戏规则"尚未制定。许多公司陷入"市场丛林"，成为缺乏适当监管的牺牲品。

"不要忘记：贸易就是战争"，比利时外贸大臣皮埃尔·谢瓦利耶（Пьер Шевалье）警告说，"在世界贸易中，一切都是为了赢得或维持市场份额"。[②] 企业为了能在高度竞争的环境中生存而寻求本国政府的支持。各国政府通过向本国企业提供外交支持来给予配合。有时出于政治原因，

[①]　Palmer, Colton and Kramer, *A History of the Modern World*, p. 603.

[②]　Former State Secretary for Foreign Trade Pierre Chevalier at the (annual) Diplomatic Conference, Brussels, September 3, 1999.

政府提醒企业不要签订合同。

在德国，所有拟议交易中约有 10% 面临政治阻力。这方面的一个例子就是德国向土耳其供应豹-2 坦克出口协议的遭遇。2000 年，联邦贸易委员会批准了该协议。理事会的意见得到了经济、国防和财政部长/大臣本人的支持，压制了外交部长和经济合作与发展部长的反对意见。结果，来自执政党领导层的反对结束了与土耳其政府的谈判，因为土耳其的人权状况被认为是发放出口许可的必要条件。①

美国科学家罗斯科普夫表示，"劳动力资源和领土仍然在国家边界内，并要求国家继续存在，在市场无能为力的时候，由国家来维护这些利益"。②

基于国际经济关系的实践，许多现代经济外交研究者一致认为，在有关贸易、投资和市场准入的国际谈判中，只有国家才能保护本国企业的公司利益。美国经济学家卡普斯坦（Э. Капштейн）坚信：

"在诸如航空运输、开设银行及保险销售权等问题上达成协议的最终决定权不属于公司代表，而是属于外交官和官员。"③

中央政府为了使本国商业与外国竞争者同等条件，非常重视限制价格和金融风险问题。国有信贷公司承保进出口和对外投资的风险。国事访问越来越多地用以达成经济外交的目的，并且经济上的考虑往往优先于原则性问题。1978 年，罗马尼亚独裁者齐奥塞斯库对伦敦进行了国事访问，女王显然没有心情接待他，但卡拉汉总理说服了她，向罗马尼亚出售飞机和武器的需求使接待变得合理。1978 年，齐奥塞斯库对巴黎进行了国事访问。这与一家法国电脑公司和一家汽车公司与罗马尼亚人的

---

① Walzenbach G. , *Coordination in Context: Institutional Choices to Promote Exports* (Aashgate: Aldershot, 1998) , p. 146.

② Rothkopf D. J. , "The Ultimate Lagging Indicator, " *Foreign Affairs* 77, no. 1 (1998) : 135–138.

③ Kapstein E. B. , "We Are US: The Myth of the Multinational, " *The National Interest,* no. 26 (1991) : 56.

交易相关联。法国总统将这次访问比喻成"不可避免的自然灾害"。①

目前，外交部长、总理甚至国家元首出国访问时都会带着由企业领导及高层管理人员组成的庞大团队。访问变成了签约的场合，有时签约会在官员见证下隆重进行，似乎官员们能为交易提供保障。这一切并没有伴随大量的附函和电话。法国总统希拉克在担任总统一年后发表电视讲话表示，得益于他的亲自介入，估计达成的合同价值高达 1200 亿法郎。

比尔·克林顿在任时毫不犹豫地向沙特阿拉伯国王发了私信，希望说服他在购买飞机时优先考虑波音公司，而不是欧洲的空客公司。在另一个场合，美国总统甚至威胁说，如果欧盟委员会谴责波音和麦克唐纳-道格拉斯的合并，将引发贸易摩擦。1995 年 3 月，电信集团 AT&T 试图争取美国政府的支持，以便将欧洲复兴开发银行排除在其参与投标的两个项目之外。② 企业家们有意寻求政府帮助以签订有利可图的合同。正是在这种背景下，所谓的"外交三角"概念诞生了，即政府—公司、公司—公司和传统的政府间外交。

"政府不仅需要与政府谈判，还应该与公司和企业家谈判，而公司既要与政府打交道，也要彼此间打交道。国家之间竞争的性质已经发生改变，现在宏观经济管理和产业政策与传统外交政策几乎同等重要。外交已变得跨国化。"③

但是当今，一如启蒙运动时期一样，存在国家的经济外交不应干涉世界市场的观点。

现代新自由主义理论的支持者关注全球贸易、金融联系以及其他经济活动的影响，这些经济活动改变着或推动着国家边界的"消失"现象。

---

①　Behr E. , *Kiss the Hand You Cannot Bite: The Rise and Fall of the Ceausescus* (New York: Villard, 1991) , pp. 188-189.

②　Marsh P. , "AT&T Seeks Washington's Weight In Tender Row, " *Financial Times*, March 6, 1995.

③　Strange S. , "States, Firms and Diplomacy, " *International Affairs* 68, no. 1 (1992) : 1-2, 14.

他们认为，全球化已经使经济超越了国界，并导致与政治国界不符、不能表达单一国家利益的公司的形成。①

一些私营企业的代表表示，他们希望避免国家机构干预商业交易。德国亚太委员会主席冯·皮耶尔指出：

"德国不是计划经济。谁应该为我们的经济开展市场营销活动？当然，每个企业家都是为了自己而且是独立的。国家不能剥夺他的这一特权。顺便说一句，我认为联邦政府提出的'政治支持'（*politische Flankierung*）正是美国人公开称呼的政治压力。"②

面对经济全球化，外交部正在失去对外关系的垄断权。经济部、财政部、农业部、电信部、工业部等成为新的国家行为体进入国际舞台。它们进行了机构改革，成立了新型的对外关系部门。可以说，这些机构在经济外交领域的活动范围不仅没有缩小，反而扩大了。制定知识产权领域的操作规则、解决倾销问题、制造和克服非关税壁垒、确保国际金融和经济体系的稳定以及制定食品和药品标准等问题被提上议程。政府各部门与国外同行建立密切联系，与外国同行通过电话达成很多协议、保持传真和电子邮件联系、协商并交换信息，有时还直接进行谈判。与此同时，外交部官员并不总是了解情况。在许多国家，外交官经常抱怨说，他们没有及时获得信息，面对的是既成事实。他们指出了公司交易的风险，这种交易快速而简单，但并不总是能够弥补国民经济其他部门可能遭受的损失。

为了寻求更有效的管理，各地都在进行政府机构的改革。例如，在加拿大和澳大利亚，外交部与外贸部合并，两国都成立了对外关系和贸易部。澳大利亚外交部前秘书长指出，合并的主要目的是"减少部际间

① Tarzi Shah M., "The Role of Norms and Regimes in World Affairs: a Grotian Perspective," *International Relations* 14, no. 3 (1998): 71-84.

② "Die Reformen in Asien sind vielfach nicht tiefgreifend genug," *Frankfurter Allgemeine Zeitung*, September 20, 2000, p. 18.

批准的开支，提高效率，这只能在单一的管理结构内实现"。① 苏联也进行了类似的改革，1991 年底，成立对外关系部（Министерство внешних сношений）取代外交部和外贸部。

为了更有效地协调对外经济活动，通常设立部际委员会，委员会成员通常包括外交部、经济部和财政部的代表，有时还包括进入世界市场的其他部门的代表。当然，在这些委员会的工作中，通常只讨论最重要的项目，例如与武器和核材料贸易有关的问题。这些委员会还参与起草出口合同签订相关的法律。在作出重要决定时，每个部都拥有否决权，在此之后协商和建立共识的进程将得以继续。总体而言，最重要的领域是以下这些方向，外交政策机构近期将优先关注：

（1）制订全面合理的出口计划；

（2）提高参与实施进出口计划的各机构之间的协调水平；

（3）为企业提供快速获取必要信息的途径；

（4）促进中小企业出口；

（5）完善政商合作；

（6）外事机构和公司之间的人员互换。

对政府和企业互利环境的研究催生了所谓的催化剂外交理论（теория дипломатии-катализатора），这绝非偶然。这时，官方外交成为经济行为体间关系的某种催化剂。

商界代表组成了一个特殊的经济外交行为体。如前所述，商界愿意利用国家影响力，寻求国家机构的庇护。英国国际贸易总署（British Trade International）在 200 多个英国驻外机构中设有办事处，共有 2 000 名员工。英国设计委员会（Design Council）与英国外交部及英国文化教育协会联系密切，它在国外开展活动，宣传英国的创造力。商业旅游组织

---

① Harris S., "The amalgamation of the department of foreign affairs and trade," *Occasional Paper* (Melbourne: Australian Institute of International Affairs, 1989), p. 23.

成功运作，在 37 个国家设有 43 个办事处。同时，商人和企业家倾向于建立自己的关系网。这尤其体现在英国企业家与欧盟企业家之间，他们的订单总额远超出英国政府计划的外贸额。

商人可以充当对外经济政策的实际代理人。例如，一些商业协会对其政府施加了相当大的压力，反对美国单方通过的《赫尔姆斯—伯顿法》和《达马托法》。①

国际商会网络已经成为经济外交的一种类型。双边联合委员会组织也促进了贸易发展，该委员会包括两国的外交官和商界代表。他们通常非常关注为双边经济关系制定明确的法律框架。与此同时，许多人毫不掩饰他们对跨国公司作用增强的担忧，因为跨国公司的活动日益失去控制。比利时研究员 R. 库尔塞特（P. Кулсет）不安地指出："可以肯定，经济外交从属于跨国企业的规划是十分危险的（这方面有很多例子）。"②

这种危险把建立监管金融和商品流动机制的问题提上了议程。联合国前副秘书长古尔丁关切地指出："我们必须确保过剩的商品不会使国民经济和民族文化负担过重，不会使公民的处境比以前更糟。"

今天我们面临另一个问题。众所周知，经济外交的主要传统任务之一是为本国企业在国外的活动提供便利，推广它们的产品。然而，现在很多企业属于合资性质的，它们的产品在来源上更是混合的。在这种情况下，外交部鼓励本国制造商的行为，也推动了制造商外国合作伙伴的发展。大型工业项目通常是由国际财团把控的。位于同一国家的企业可能属于不同的产业集团。例如，大约 20% 的德国产品是在国外生产的。因此，企业在世界经济范围内运行，很难确定国家属性，因此很难清楚

---

① 这两部法律于 1996 年通过，前者授权美国法院惩罚在古巴国有化期间购买被没收财产的外国投资者；后者还对那些被指控支持国际恐怖主义的国家实施制裁，在伊朗和利比亚石化行业投资超过 4 000 万美元的外国公司受到制裁威胁。

② Coolsaet R., "Trade is War: Belgium's Economic Diplomacy in the Age of Globalization," in *DSP Discussion Papers* (Leicester: Centre of the Study of Diplomacy, 2000).

地确定某一国家的利益。

新型企业网络已不适应传统经济外交的框架。因此，许多旧的经济外交机制需要更新。

法国著名外交官、科学家盖·卡隆·德·拉·卡里埃建议将经济外交分为宏观经济外交和微观经济外交。

在宏观经济外交中，行为体负责政府授权他们进行的外交层面的谈判。换言之，宏观经济外交适用于国家政策的战略方向。微观经济外交在竞争激烈的市场中是必要的，其工具包括与企业家建立直接联系和有针对性的商业支持，但行为体不参与战略性的谈判。

外交机构活动的经济方向

各国外交部机构都在努力应对时代挑战。在美国，早在20世纪30年代初，胡佛总统就坚持将最高外交职位授予一小批商业专家，这些专家与他在担任商务部长期间保持联系。此后这一做法暂停了，直到20世纪70年代，专门研究贸易问题的美国外交官才获得与研究政治的外交官平等的权利。20世纪80年代中期，美国国务院成立了经济和商业事务局，内设20个部门。由于国务院积极参与推进美国的商业活动，目前美国公司在海外总利润中近1/4是受到外交系统各部门保障的。不过外交和商业之间的关系通常不会被宣传。[1]

一般来说，美国的对外经济活动是由商务部协调的。它通过于1993年成立的贸易促进协调委员会（Trade Promotion Coordination Committee）来执行其政策。委员会包括四大出口和投资促进机构，以及职员人数

---

① Chomsky N. , *"Human Rights" and American Foreign Policy* (Nottingham: Spokesman Books, 1978) , p. 24.

不多但与总统关系密切的美国国家经济委员会（National Economic Council）。

在经济政策领域，总统的权威极高。根据宪法，他在就职后任命各部门和机构的所有主要人员，从而确保人员构成的政治统一性。因此，商务部长或总统任命的大使负责进行重要谈判，具有令外国同行羡慕不已的影响力和权威。国会的作用也极其重要。根据宪法，国会必须规范对外贸易。这样一来，国会拥有有效影响对外经济活动的工具，并通过行使调查和确定预算的权力对经济活动进行严格控制。因此，行政部门所拥有权力大小由国会决定。

国会和政府之间经常进行积极协商，各种利益集团参与其中。的确，一段时间以来，私营部门一直坚持进一步扩大其在负责出口的国家机构中的存在，最近其在进出口业务管理中所占的权重显著增加。当最终达成一致意见时，国务院就加入其中，领导谈判进程，而其他机构只是提供必要的文件。

值得注意的是，美国经济外交的进攻性日益增强。美国大使的主要责任是"尽可能修正东道国阻碍美国企业进军该国市场的立法规定"。[①]受兰德公司委托，著名的美国外交官哈洛普（B. Хэрроп）向新总统提交了一份报告，其中包含了有关建立三方论坛的建议，即国务院、国会和商界代表三方。论坛的目的是：（1）针对与各国和市场具体情况相关的商业问题进行讨论；（2）更有效地维护美国企业的利益；（3）明确大、中、小型企业的需求差异。国务院收到建议，需提升其促进出口的工作水平，促进出口已成为美国外交政策的主要任务。人们还讨论了一项建议，即在私营公司培训外交官，并确定使用政府机构服务的税率。[②]

---

① Lee D., "Globalisation and Diplomatic Practice: Export Promotion Strategies in the UK," Paper presented at the BISA Annual Conference, Manchester, December, 1999.

② Harrop William C., "The Infrastructure of American Diplomacy," *American Diplomacy*, April, 2000, https://americandiplomacy. web. unc. edu/2000/04/the-infrastructure-of-american-diplomacy/.

21 世纪第二个十年伊始，国务院领导人呼吁使用所有的经济外交工具来应对挑战。这意味着，一方面，鼓励创新，促进全球经济的开放、透明和自由；另一方面，推动重振美国经济。美国国务院经济和商业局设有将商业问题分析和公共外交相结合的部门，这并非巧合。①

在美国的大型使馆中，有专门负责经济、金融和公共财政问题的常设小组。小组也处理农业、工业和就业问题。此外，打击贩毒和洗钱变得越来越紧迫。它们所负责的大多数问题中涉及政治的内容需要大使的特别关注。经济组负责人通常为公使衔，一般由国家政府代表与他对接。这些小组的职业外交官都经过预先培训。近年来，各小组越来越多地靠其他机构派出的专家来充实队伍。例如，财务参赞通常是来自财政部的官员。许多大使馆都有农产品外销局（Foreign Agricultural Service）的代表，他们向农产品和林业产品出口商提供援助和支持。在小型使馆，政治和经济问题由一个联合小组解决。大量专家签署了劳动合同，通常，他们是地方公民。

美国大使馆的商务部门有双重从属关系——既隶属于国务院，又隶属于美国和国外商业服务局（US And Foreign Commerce Service）。在一些城市，特别是那些取消了领事馆的城市，已经开始开设所谓的美国存在的岗位（American Presence Post），它们的任务也主要是促进商业发展。近年来，公共外交基金会资助了 150 个由美国大使馆推出的创新项目。在英国，外交部、财政部以及贸易和工业部共同负责金融和货币事务。外交部在工业、外贸、竞争、能源和保险等领域拥有广泛的权力。部际委员会发挥决策中心的作用，由首相私人内阁的一名成员担任主席。首相私人内阁直接隶属于首相，但它不取决于首相的政治派别，具有纯粹的行政性质。因此部际协调过程是在行政层面进行的，而不是在政治层面进行的。根据其宗旨，委员会协调对欧洲关系、监督对外贸易、运行

---

① "Exploring Public Diplomacy," *Columbia University Report*, 2012.

支持发展计划等。

贸易和出口促进总局（Trade Policy and Export Promotion）负责确定对外经济活动的主要方向，制定对外贸易战略，推动扩大出口。实际业务由联合出口局（Joint Export Directorate）开展，该局归外交部和贸易部两位部长领导。

近年来，商务部派往使馆商务部门工作的人员明显增加。而且这些工作人员中大约有 3/4 是签订劳动合同的地方专家。但职业外交官也倾向于去这些部门工作，因为大使任命的条件之一是要有商业方面的经验。在 2000 年英国举办的"出口伙伴"会议上，经济外交问题备受关注。与会者在发言中强调，外交部冷眼旁观本国商业发展的日子早已一去不复返了。这个领域已是今天关注的焦点。外交代表机构中 34% 的外交人员从事经济外交工作，外交部 25% 的预算用于实现经济外交目标。

尽管如此，英国外交领导层仍对吸引"外人"到外交部、向使馆派遣商界代表持怀疑态度，这些商界代表需要在一定时期内从事商业项目。由于与生产商达成了一系列协议，私营部门的代表可以在使馆商业小组常驻。

德国对外经济政策协调具有极其复杂的结构。财政部主管宏观经济政策、信贷和金融关系以及与国际金融机构保持联系等问题。经济部在这方面也扮演着重要角色。合作部负责发展与合作支持政策。经济产业部处理经济和工业问题。农业部也在国际政策方面发挥着积极作用。

外交部仅限于确定主要的政治方向。在此背景下，有必要根据联邦政府的管理原则，不断进行磋商，寻求共识。对外经济活动领域的决策过程相当复杂。德国总理没有足够的权力来解决有争议的问题。因此，只能由内阁集体作出决定。德国没有可与法国或英国相媲美的协调和仲裁机构。政府的联合政府性质使协调进程更加复杂。国务秘书会议是一个论坛，旨在通过比较立场来解决协调问题。该会议属于高级官员会议，他们没有达到部长级别，但有权接任最高级别部长，包括部长委员会会议成员。这些官员能够有效提升公共服务，因为他们具有非常重要的仲裁权。

在德国，为企业提供直接援助的微观经济外交主要通过商会（AHK）的活动开展。商会接受国家补贴以履行其职能。联邦对外贸易信息局（BFAI）收集和传播信息，该局也接受补贴，并维持海外通信员网络的运行。上述机构在法律上是独立的，不与大使馆保持任何特殊关系，大使馆也不干涉它们的事务。但是，这些组织的代表和专业外交官定期在中央办事处所在地举行圆桌会议。这些活动的目标是制定促进德国商业发展的全球战略。

直到 1998 年，促进德国对外经济联系一直由外交部经济司负责。该司工作人员很少，只有一名司长、一名副司长、三名年轻外交官和两名没有外交等级的官员。该司负责对外贸易各领域事务、协调联邦各州的活动、外国投资、投资担保、出口信用保险、交易会和展览会。其任务还包括与利益集团和外国商会建立密切联系。1998 年，作为外交部全面改革的一部分，在经济司内成立了一个工作组（Arbeitsstab），其任务是为贸易代表团提供政治支持，支持各种地区性商业倡议，并塑造德国对投资者具有吸引力的国家形象。该工作组与德国大使馆保持直接联系。德国的金融参赞通常是央行官员，这在其他国家的使馆中并不常见。

由于经济相关工作内容的增多，从事该领域的外交官人数也越来越多。在过去大约只有 1/3 的德国外交官涉及经济事务，这一数字在过去 10 年中大幅增加。国有企业在东京、北京和墨西哥城的使馆都有代表。一些空缺被分配给德国工业联合会。当然，德国工商大会（Deutscher Industrie und Handelstag, DIHT）等其他利益集团也寻求类似的任命。外交官在出国前在私营公司进行短期（3 个月、6 个月和 9 个月）进修。在进修期间，外交官们通常能够建立必要的联系，并了解一些公司的区域战略。

德国工业贸易博览会协会在为德国企业搭建信息结构方面发挥着关键作用。该协会与外交部、经济部和农业部密切合作，组织德国公司参加享有盛誉的展览，帮助吸引投资。联邦政府还特别关注新兴市场，在新加坡、上海、北京和雅加达建立了新的贸易和工业中心。目前，类似的中心正在拉丁美洲、非洲和远东建立。

最近在法国普遍实行的做法是，由国家参与的最大企业的代表以及私营企业的代表轮流担任外交部的工作人员。外交官在雷诺、卡丹和法国航空公司等法国大公司工作的经验有助于他们更清楚地了解国家在海外的经济利益。不过，交换项目并不总能为参与方带来有关市场结构、金融交易或国内某些行业出口机会的详细信息。

1913 年 3 月，法国外交部设立了商业和世界经济局。它旨在维护法国企业的利益，特别是在有关全球经济监管谈判期间。该局还负责协调使馆和其他参与全球市场的行为体的活动。

法国外交部尽可能多地参与欧盟和经合组织问题的政策协调。它总是参与欧洲经济合作问题部际委员会总秘书处（SGCI）的工作，该委员会由总理领导，由一名政府成员管理，他通常是一名经验丰富的职业外交官。

在法国使馆里有两类负责经济政策问题的机构。几乎所有使馆中都设立了"经济发展局"（Poste d'Expansion Économique, PEE）。它们由公使或参赞级别的外交官领导。经济发展局负责监督经济、贸易、工业、农业、服务业和国际贸易。它们为企业家提供支持，并负责他们所在使馆中的经济事务。经济部对外经济关系司在国外有自己的机构。在 15 个主要使馆中，都有与经济财政部有关联的金融事务机构。该机构由公使或经济参赞领导，负责处理信贷和金融问题以及开展宏观经济分析。在 6 个国家中，经济发展局和金融事务局合并为一个经济金融代表团

（MEF）。有时该机构的代表包括来自农业部、法国对外贸易中心和法国银行的专家。这样一来，大使的任务也包括协调上述领域的活动。

1994 年，在外交部领导下成立了国家海外资源使用部际委员会（CIMEE）。该委员会对拥有海外业务的相关部委进行监督，分析其管理方法，监管人事和财务事务，并提出适当建议。

为了吸引外国企业家，并为其在法国设立企业创造有利条件，法国成立了外商投资代表团。代表团在经济财政部召开会议，由一位无任所大使领导。代表团的主要合作伙伴是企业、银行和各类投资人。2012 年，为了使法国政策与全球发展"同步"，决定让法国大使担任世界领先国家创建的所谓"经济团队"（Équipe de France économique）的负责人。

在意大利，位于法尔内西纳宫的外交部一直在对外经济政策中发挥着主导作用。国际经济领域没有超出其权限的问题（与其他地方一样，唯一的例外是金融问题和与国际金融组织的关系，这些问题由财政部处理，意大利银行提供支持）。外交部是为发展、对外贸易和欧洲一体化提供援助的主要组织。它也是一个部际协调机构，试图把纯粹的技术问题留给其他部委，特别是外贸部。外交部的地位是建立在其崇高声望和合格工作人员的基础上的。

众多外交参赞和负责对接所有部长以及总统的外交部工作人员发挥了重要作用。参赞们在所有国家中央行政机构中进行活动，确保国家机构与外交部的活动有效协调，并与使馆保持日常联系。因此，如果没有外交部的知情和授权，任何事情都很难办成。

有些国家委托国家机构为企业提供支持，这些机构的经济代表处不属于大使馆组织架构，意大利也是这样的国家。意大利对外贸易委员会（ICE）就是这样一个机构，它不直接向使馆报告，其工作人员也不享有外交特权。该研究所在全世界设有 105 个办事处。还有 66 个商会也处理经济关系问题。

相应地，使馆内没有商务参赞，使馆只负责全球经济关系事务及其政治方面的问题，在特殊情况下才会采取某些正式外交行动。金融参赞通常是派遣机构中的普通官员。重要的国家金融事务由经济参赞或专门从罗马派来的官员负责。总体而言，金融参赞人数不多，很少超过10人。

由于 2000 年改革，通过了一项法律，拟加强意大利外交的经济方向。然而，在 2011 年开始的改革中，外交部不得不继续深化改革。政府指示，驻外代表处的工作应该以经济为主要方向。有人提议不应像以前那样派遣职业外交官当大使，而应派出杰出的实业家、金融家和商人。但是采用美国任命制的意向在意大利外交界饱受诟病。许多人认为，这一制度在美国本身产生了非常消极的反应。政府还打算在意大利每个地区设立一个协调中心，处理与企业对外经济活动有关的所有问题。地区协调中心将与在世界各国设立的"意大利之窗"办事处相联系。首批八个办事处已经设立，其中在俄罗斯的办事处于 2002 年开设。

西班牙的情况很像法国的情况。财政部和经济部的职权范围包括金融事务以及与国际金融机构和世界贸易组织相关的事务。外交部负责监管支持发展的工作。经济事务委员会系统协调国内和国际市场的经济活动，该委员会每周在部长理事会会议之前召开会议。海外经贸工作组由一位参赞领导，这位参赞需在国家机关精英部门有人脉和工作经验，例如在隶属于经济财政部的"国家经济和商业"部门（Tecnicos comerciales y economistas del Estado）工作过。在大型使馆内，这些参赞与金融参赞，以及作为本部代表的工业或农业参赞并肩工作。西班牙的许多部在国际组织中都有代表。这些代表团通常由外交部的一名外交官领导。

早在 1948 年，比利时就成立了对外贸易局，将私企和政府的代表聚集在一起。该局的目的是告知比利时出口商有关附近国家的海关规则、配额和进口条例的信息。20 世纪 50 年代，在世界贸易自由化进程中，对外贸易局开始直接促进出口和吸引外国投资。为了达到这一目的，它的代表团和商业机构网络在世界各地建立起来。在私有化进程中，国家官员对部分私有化进程以及对外贸易局本身表示担忧。事实上，大企业不断争相将其任命的人员提拔到对外贸易局的高级职位，特别是总干事一职。1997 年，在布鲁塞尔设立了一个协调委员会，汇集了各地区、联邦政府和私企代表。

在葡萄牙，外交部长根据外贸部长的建议任命商务参赞。这位商务参赞属于使馆工作人员，但他领导的葡萄牙对外贸易局（ICEP）在使馆架构外运作。

促进出口仍然是所有使馆的一项长期和重要任务。为实现这一目标，驻外机构需要完成哪些任务？以下列举了大多数使馆共同的任务。

第一，收集驻在国的经济状况信息，以便保障重大项目、推动签订贸易合同；分析派遣国出口竞争力；建立和更新世界经济和贸易现状数据库；查明潜在的政治和社会风险，及其对与驻在国商业关系的负面影响；为希望进军该国市场的外贸公司制定必要的标准。

第二，对竞争环境进行实地考察和详细研究，以便派遣国国家银行参与的某些项目能顺利完成。有时研究是应私营企业、中央机构和地方政府的单独请求开展的。

第三，为本国商人提供服务，包括地方部长级甚至是国家元首级的政治援助；吸引有兴趣合作的私营公司，并推动它们与本国相关公司进行联系。

第四，通过多种形式的公关活动宣传优秀企业：组织招待会和新闻发布会（在签订合同、开办企业、参观公司的时候）、出版宣传册、在当地报刊发表文章、在电视上讲话、接受采访。及时告知当地企业有关有影响力的记者抵达该国的情况。

第五，促进本国在驻在国的商业存在，例如建立商业俱乐部或商会；

这意味着要与居住在驻在国的同胞进行联系，他们对祖国的业务有特殊的兴趣。

最近，经济外交行为体在国际舞台上创造了一种新型的活动。不同部委中的经济部门定期举行专题会议，并邀请中央和地方当局、工会和企业的代表参加。会议的主题包括出口、保险以及世界市场中各领域的具体情况。领事会议也很受欢迎。这类会议通常在国外举行，在那些当前贸易最活跃的地区。金融危机爆发后不久，欧洲国家在菲律宾马尼拉举行了这样的会议，在东南亚工作的外交、领事、经济和贸易代表出席了会议。

直到 20 世纪 80 年代，在大多数国家使馆为商人提供的服务都是免费的。它们被视为保护国家利益和鼓励出口的公共服务。此外，外贸公司享有各种福利和补贴，使其在世界市场上的经营风险不会超过在国内可能遇到的风险。

到了 20 世纪 80 年代，国内市场和世界市场同样竞争激烈。由此经济外交领域出现了有偿服务。例如，在法国，这种有偿服务是由经济发展局（PEE）向商人提供的。主要是中小企业需要商务参赞的服务。又如，一份特定细分市场的运营商名单需要企业支付约 15 美元。只有初步的概况咨询或者建立最初联系方面的咨询是免费的。卡里埃认为，有偿服务的引入规范了企业行为，同时，外交部在处理问题时也变得更加负责。

当然，外交官在经济领域的活动也有其局限性。世界市场上的大企业通常不需要使馆的服务。事实上，壳牌在尼日利亚的办事处，英国石油公司在哥伦比亚的办事处，在埃塞俄比亚和苏丹的乐施会比驻外机构要大得多，人员也更多。

许多在特定细分市场经营的中小型企业也设法获得了必要的工作经验。在有利的市场环境下，它们更愿意与外国合作伙伴直接合作，只有在危机时刻，它们才会向有关部门和使馆寻求帮助。跨国公司也在世界舞台上独立运作。随之而来的是信息过剩带来的问题。使馆的商务参赞不再是信息的唯一提供者。信息中心的数量不断增加，各种商业资讯在国内外都能看到。在地球的每个角落都可以使用电子数据库的服务。

由于市场的碎片化和产品的日益专业化，对信息的需求更加多样化和复杂化。例如，不仅需要关于成衣市场的信息，还需要专门针对儿童服装市场的信息，而且不是针对所有儿童，而是仅针对某一年龄段的儿童。收集这样的信息需要特殊的营销手段，这需要耗费大量时间，使馆的商务参赞通常没有这么多的时间。为企业家提供服务的机构越来越多。除了商会和数据库之外，还有一个广泛的办事处网络，在管理、市场营销、出口、投资、税收、立法、通信、产品推广、展览组织等领域提供建议。与商务参赞相比，它们具有高度专业化的优势。

国家对外政策机构积极参与经济外交也将腐败等严重问题提上了日程。贿赂外国官员已成为一种相当普遍的做法。腐败还通过企业代表和外交官之间的直接联系而蔓延。的确，欠发达国家的使馆在交易中作为中介所获得的提成可以补充其贫乏的预算。

毫无疑问，只有能力出众和知识渊博的外交官才能够从海量的信息中判断出必要和可靠的信息，仔细地整理数据，将真实的信息与可疑的信息区分开来，并准确地捕捉到在特殊情况下所需要的信息。

使馆无可比拟的作用在于外交官的接触广泛，并且是极高级别的接触。外交官拥有的大量机会有助于进行游说，并为解决特定问题动用相应水平的关系。商人很乐意利用这些独特的机会，为自己带来立竿见影的利益。毕竟，没有人会拒绝大使安排与政治家、议员、娱乐经纪人、科学家、评论员、有影响力的人会面。使馆总能掌握这些人的信息，了解其能力。使馆收集详细的资料，其中包括在进入某个国家的市场之前应该了解什么，需要准备什么文件。经济工作组向商业代表提供有关商业活动的信息，法律规范和税收立法的参考资料，以及所需的地址。商人们还对信息简报、某国经济形势分析报告，以及有关特定生产部门和市场的专业材料非常感兴趣。使馆能够组织工作组研究特定问题，帮助进行产品测试，跟踪产品运营的初始阶段，或是保持更长时期的监测。现在，大多数国家的外交机构都作出了重大努力，使其服务达到符合现代市场要求的高度专业水平。

这就要求提高在外交部和驻外使领馆工作人员的专业水平。英国外交官必须学习管理课程。年轻的德国外交官要接受为期四周的国际贸易和金融问题培训，此后是为期两周的研讨会，在研讨会上，模拟本国企业的海外游说。高素质的从业人员被邀请参加研讨会。初级外交官还将在最著名的德国公司实习两次，每次为期三周。因此，经济外交成为外交人员特别关注的活动领域，同时也远远超出了专业外交的范畴。

可以说，经济外交已经形成了自己的特殊领域，其中有多边论坛和规范现代世界经济运作的各种机构。经济外交设定了自己的节奏，确定了它的活动空间和问题。

相互依赖的迹象越来越多。商品贸易不断增长，服务和投资市场正在扩大，资本流动远远超过产品流动。对外贸易、货物交换和投资的特点是地域广阔，覆盖全球。在众多制造商之间角色分配明确的国际分工已经被种类繁多的专业产品所取代。经济全球化扫除了边界壁垒，使世界市场的运作变得更加复杂，并将许多国内问题纳入共同利益范畴。在经济外交的框架内，能源外交日益重要。

国际机构对国家内政的干涉已成为一个事实，对国家经济制度的转变产生了重大的，有时是非常消极的影响。在这些新的条件下，确保本国经济在世界市场中的有效运作成为外交活动的首要任务之一。在这一领域工作的外交官，除了掌握世界经济和国际经济关系的一般知识外，还需要掌握经济外交、能源外交、对外经济活动的法律保障、国际贸易和工商管理等高度专业化的知识。

思考题

1. 如何理解"宏观经济外交"的内涵？

2. 什么是"微观经济外交"？

3. 什么是能源外交？

4. 外交官在促进本国商业活动中发挥了什么样的作用？

推荐阅读

1. *Астахов В. Д.* Дипломатическое сопровождение национального бизнеса. М. : МГИМО-Университет, 2010.

2. *Ги Каррон де Ла Каррьер.* Экономическая дипломатия. Дипломат и рынок / Пер. с франц. М. : РОССПЭН, 2003.

3. *Жизнин С. З.* Энергетическая дипломатия России. М. : Ист Брук, 2005.

4. *Зонова Т. В.* Экономическая дипломатия // Внешнеэкономические связи. 2005. № 6; 2006. № 1.

5. *Щетинин В. Д.* Экономическая дипломатия. М. : Международные отношения, 2001.

6. Coolsaet R. , "000. lization. DSP Discussion Papers. Leicester: Centre of the alization, " in *DSP Discussion Papers* (Leicester: Centre of the Study of Diplomacy, 2000) .

7. Peter A. G. , van Bergeijk, Maaike Okano-Heijmans and Jan Melissen (eds.), *Economic Diplomacy: Economic and Political Perspectives* (Leiden; Boston: Martinus Nijhoff Publishers, 2011) .

第七章　欧洲一体化和区域化过程中的外交

欧盟对外政策机制

欧洲一体化是国际关系中最为突出的结构性进程之一。欧盟成员国对对外政策机制和外交结构的调整堪称是传统外交变革的典范，因为欧盟是迄今为止世界上唯一达到高水平一体化的组织。政治、经济、社会和国防属性问题的相互依赖和紧密交织使一些研究者有依据地应用了一个乍看足够离奇的观点，这一观点的总体特征是欧盟国家间的关系发展不是基于外交，而是基于民主。①

欧洲外交在国际舞台上坚持维护和平，发展合作，保护民主与自由。欧洲积极参与国际项目，以促进发展以及提供人道主义援助。目前，欧洲国家在上述国际项目中的参与份额超过 50%。

1992 年在马斯特里赫特签署的《欧洲联盟条约》中将目标设定为：在国际事务中达成共识。这一目标的实现有赖于共同外交与安全政策的制定。此后签署的各项条约证明，欧盟外交正向着高效与可靠的方向发展。《马斯特里赫特条约》中确立的最重要的新举措是采取共同的行动和立场。条约规定，在特殊情况下，比如，在涉及领土和其他专业领域问

---

① Allot P., "The European Community Is Not the Real European Community," *Yale Law Journal* 24, no. 2 (1990).

题时，欧盟成员国应相互协调，确保共同行动。同时，条约指出，希望以合作推动各国形成合理的共同立场，一国政策应尽可能地符合欧盟制定的共同政策。

欧盟《2000 年议程》中强调，新的对外政策应符合欧洲的经济实力；随着跨国联系不断增强，需摆脱传统看待国际关系的观念。在马斯特里赫特、阿姆斯特丹、科隆、尼斯、里斯本签订的欧盟文件中一再强调必须就国际问题采取一致意见。欧盟设立了"用一个声音说话"的目标。这意味着欧盟可以就国际问题发表共同意见，在国际组织中以及在国际会议上保持一致态度，在签署国际条约前与相关国家和国际组织进行谈判。成员国积极团结一致，拥护共同外交与安全政策，协调自身外交政策与欧盟的共同政策，在国际论坛上保持一致立场。当涉及一国利益时，在必要情况下可以宣称不代表欧盟各国。

因欧盟是作为一个整体与相关国家及国际机构举行谈判、缔结国际条约，欧盟的国际法律人格问题是无法回避的问题。在相当长一段时间内，成员国一直未就欧盟作为法人拥有国际法主体资格的问题达成一致意见。很多研究者认为，2001 年《尼斯条约》中表现出更多反对的倾向。在该条约中没有任何关于国际法律人格的条款，并规定在特定多数赞同情况下就可以批准国际条约，即便有成员国持反对意见。

2002 年，在欧洲制宪会议①上决定将欧盟作为欧洲共同体唯一法定继承者的相关内容写入欧盟宪法草案。而早在 20 世纪 50 年代的文件中，欧共体的国际法律人格就得到确认。最终，在《里斯本条约》（2007 年）中确定，欧盟作为法人在国际上拥有法律人格。

当然，这并不意味着成员国无权制定独立的外交政策，因此，在采

---

① 欧洲制宪会议（Европейский конвент）的名称是仿照 1789 年费城制宪会议而起的，自 2001 年起召开，以制定欧洲宪法为目的。原著有误，费城制宪会议召开的时间是 1787 年 5 月 14 日。——译者注

取共同决策时遭遇了不少阻碍。很多评论员表示，一体化外交效率降低的原因是欧盟成员国持双重态度。一国外长及外交官首先是本国代表，但在一段时期内他们又是共同外交与安全政策（Common Foreign and Security Policy）的代表。事实上，其他国家外交官和政治家并不总能很好地判断，欧盟成员国外长代表的是本国利益还是欧盟整体利益。

1997 年的《阿姆斯特丹条约》中规定添设新的岗位——共同外交与安全政策①高级代表。这标志着欧盟在完善外交机制的进程中前进了一大步。这一职位由哈维尔·索拉纳（1999—2009 年任职）②参与决策的制定和落实的过程，代表欧盟理事会与他国进行谈判，协助欧盟中其他处理对外事务的机构。考虑到哈维尔同时为欧盟理事会秘书长，他在保持共同外交与安全政策的继承性方面也作出重大贡献。

近几年，学术界中流传的新概念——"欧洲外交"（евродипломатия）指的是国际上出现的新的欧洲"政体"（полития），或者说是一种去中心化、多层次的机构，认可并实行共同的政策。欧盟自然不属于"超国家"（супергосударство），但作为一体化组织它追求实行共同对外政策。由此形成了不同层次的对外政策制定机制和决策机制。欧盟对外政策制定和实施的机构如下：

·欧洲理事会（European Council）是欧盟制定对外政策原则和战略的主要机构。理事会每半年举行两次峰会，制定欧盟总战略，就签署国际协议提出建议。③ 理事会还负责同非欧盟国家有关对外政策问题进行政治对话；当与第三国讨论有关人权、民主和人文等机密性话题时，理事会有权提出建议。

---

① 共同外交与安全政策是基于传统外交手段以实现对外政策，包括宣言、外交活动、高级别访问、会谈、参与国际会议、观察员身份和谈判进程。

② 哈维尔·索拉纳（Хавьер Солана）原为北约秘书长，这一任命具有重要含义，意味着军事方面的一体化。共同外交政策机制转变为共同外交、安全国防政策机制。

③ 欧洲理事会前主席、比利时前首相赫尔曼·范龙佩认为峰会应举行得更频繁些。

·欧盟理事会（Council of the European Union）（由成员国部长组成）所作的决策与欧洲理事会的战略目标及欧盟委员会的建议保持一致。它负责采取措施，确立欧盟立场，发表声明。

·欧盟委员会（European Commission）是欧盟的"政府"。根据《马斯特里赫特条约》的规定扩大了其在对外政策方面的权限。委员会成员积极参与共同外交与安全政策各阶段的制定工作，使之与欧盟经济贸易政策及各项促进发展措施相协调。欧盟委员会有权起草法令，监督财政预算，保障任务的执行。委员会有权审议部长理事会上有关外交和安全政策的问题，并提出建议。

·欧洲议会（European Parliament）中的外事委员会参与制定欧盟对外政策。议员就吸纳新成员国和签署国际协议进行投票表决。高级代表定期向议会报告共同外交与安全政策的落实情况。议员有权向高级代表或欧洲理事会提出建议。议会掌握对外政策的财政预算审批权限。议会下设议会代表团，负责与他国议会保持联系。成员国和入盟候选国的议会组成议会间委员会。

·欧盟外交事务委员会（Foreign Affairs Council）成立于2009年，是欧盟委员会下设机构，在对外政策制定中发挥重要作用，负责举办欧盟外长间、欧盟事务部部长间、国防部长间、发展和贸易部长间会议。

·欧洲理事会主席（President of the European Council）在国际上全权代表欧盟，积极参与欧洲外交事务。根据《里斯本条约》（2007年）规定，理事会主席每两年半选举一次，可连任一届。设立常设主席能够避免某些小国在半年的轮值主席国期间主导整个欧盟外交方向的情况发生。

·欧盟外交与安全政策高级代表（High Resentative of the Union for

Foreign Affairs and Security Policy)① 是欧盟在对外政策方面的领导人，是共同外交与安全政策的主要协调人和代表人。高级代表有权代表欧盟与第三国开展对话，在国际组织和国际会议上阐明欧盟的立场。高级代表同时领导欧盟对外行动署（European External Action Service）。

目前，政府间的一致同意是制定共同外交政策的首选办法。同时，一体化进程不断发展。根据《里斯本条约》，接下来关注重心应为在全欧洲范围内解决经济、社会、政治问题以及与国内问题的协调。在第三"支柱"② 被取消后，共同外交与安全政策规定，欧盟成员国与欧盟分享权限（shared competence）。换言之，欧盟在外交与安全领域的权限可由成员国自身的外交政策所替代。目前有关共同外交与安全政策的宣言已不再以之前的"欧洲共同体和成员国"的名义签署，而是以"欧盟"为名义。代表团的名称也改变了，之前是欧盟委员会代表团，如今是欧盟代表团。代表团团长的头衔不再是"欧盟大使"，而是"欧盟代表团团长，大使"。

虽然成员国追求一体化，但各国就欧盟政治问题、欧洲和全球结构性问题仍有分歧。比如，德法对伊拉克的态度，希腊对塞浦路斯的态度，英国和西班牙在直布罗陀归属问题上的分歧。在吸纳东欧进入欧盟后，分歧进一步扩大。科索沃宣布独立也导致了新的分歧。2012 年，欧盟成员国在联合国大会上就巴勒斯坦观察员国地位问题持不同态度。

因此，欧盟常常无法对突发危机作出及时的反应并发挥协调作用。《阿姆斯特丹条约》（第 23 条）提出了提高决策效率的办法，即运用有效多数和甚至简单多数原则。然而，在实践中欧盟依旧坚持原先的一致通

---

① 根据《里斯本条约》规定，合并共同外交与安全政策高级代表（根据 1997 年《阿姆斯特丹条约》设立）与欧盟委员会中负责对外关系和同邻国关系的职位，设立欧盟外交与安全政策高级代表。同时，高级代表［当时由凯瑟琳·阿什顿（Кэтрин Эштон）女男爵担任］的等级提升到欧盟委员会副主席。阿什顿同时也领导着国际事务委员会和欧洲防务局。

② 共同外交与安全政策属于第二"支柱"，这一"支柱"主要有关国家间协议。

过原则，因为成员国希望对本国外交政策保持控制，或者希望获取经济
和金融利益。还有一种办法能避免冲突，就是"建设性弃权"。决议虽
然已制定，持反对意见但投弃权票者可不履行相关决议内容。进一步
的一体化要求完善表决机制。目前欧盟正在研究采取双重多数的办法，
即决议通过的前提为超过55%的成员国同意，并且这些国家人口总和
超过欧盟总人口的65%。事实上，在超过4个成员国反对的情况下，决
议无法通过。无论如何，这都是在进一步限制成员国主权，增强欧盟超
国家性质。《里斯本条约》中还提出了国防上"强化合作"（enhanced
cooperation）① 的问题。

欧盟外交制度

欧洲代表团已存在超过50年。最初，欧洲煤钢联营建立了自己的代
表团。在美国，最先设立的是信息处，出版刊物《我们的目标——欧洲
联邦政府》。1954年信息处变更为代表处（представительство）。1972
年，欧洲共同体委员会代表处（делегация Коммисии）成为第一家在美
国代表欧共体的机构，地点设在华盛顿。经欧洲议会批准的一项法律规
定，代表团享有完全外交地位。欧共体也开展积极外交。1952年，英国
在欧共体设立信息处，紧接着美国也开设了本国驻欧共体的代表机构。
1956年，英国代表机构获得欧共体承认。

起初，欧共体代表机构中仅有几间办公室。该机构可以说并非代表
整个欧共体，而是欧委会中负责处理对外关系的部门。转折出现在英国
加入欧共体的1973年，以及1975年——当时欧共体与46个发展中国家
签订了《洛美协定》。《洛美协定》中规定由欧共体代表担任代表团团

---

① "强化合作"建议欧盟各领域政策的进一步一体化，其中参与国数量应超过20个。

长，其任免与批准需遵守外交程序惯例。到 1980 年，全世界共有 50 个欧共体代表处。在接下来的几年中平均每年以 5 家的速度增设。20 世纪 90 年代初，在全球 80 个代表处中，工作人员包括 440 名外交人员，以及近 1 500 名签订合同的当地人。①

代表处负责与希望加入欧共体的国家进行谈判。谈判中的主要依据为欧盟既定协定"acquis communautaires"机制，即候选国需将一系列法律、法规和义务融入本国国内法律体系。

在一体化进程中以及共同外交、安全与国防政策形成过程中，对外政策执行机构不断完善。自 2000 年起，欧洲议会的决议内容就包括建议设立常设专业性外交机构。2002 年建立了对外服务处（External Service Directorate）。欧盟还积极讨论建立欧盟外交部的可行性，该部将由全欧洲外交部长领导。这一提议被写入计划及未审批通过的欧盟宪法中。2010 年，根据《里斯本条约》组建了欧洲对外行动署（European External Action Service）。关于组建该机构的决议经过了激烈的讨论，欧洲议会和欧盟委员会都尽可能地为本机构争取更多权力。最终决议以 549 票赞成，78 票反对，17 票弃权获得通过。有 1 643 名原先在欧盟理事会和欧盟委员会工作的人员进入欧洲对外行动署工作。

欧洲对外行动署秘书长负责管理该机构，协调各部门和代表团的工作。对外行动署的工作团队由欧盟理事会和欧盟委员会的各部门官员以及各成员国外交官组成。自 2013 年起，欧洲议会也可派遣自己的人员到对外行动署工作。对外行动署的事务由理事会协调。高级代表在作出决策前会提前征求欧洲议会和欧盟委员会的同意。发生危机时，由高级代表发起大会，理事会、委员会和各国代表参加，以协调欧盟各机构应对国际危机。欧洲对外行动署中有超过 1 500 名欧盟官员，另有约 800 名外

① B. Hocking and D. Spence（eds.），*Foreign Ministries in the European Union: Integrating Diplomats*（New York: Palgrave, 2005）.

交官在代表团中工作。按规定，长期在对外行动署工作的外交官人数应超过总人数的 60%。其余的外交官应由各成员国外交部派遣。成员国外交部需预留财政预算，为欧盟培养外交官。

欧洲对外行动署负责实施全欧洲的共同外交、安全和国防政策。此外，随着职权范围的不断扩大，它的工作还包括促进贸易、保护环境和人文交流。之前代表欧盟委员会的代表团现在拥有了代表欧盟的地位。[①]一些研究人员认为存在一些矛盾的现象，比如，根据规定，代表团团长"管理代表团中所有人员，而无论该员工的地位高低"。通常代表团团长为大使，由一国外交部派遣并有工作期限，部分代表团团员是欧盟委员会的常驻员工。因此，一国外交部代表成为执行欧盟委员会政策的主力。

未来计划建立的欧洲外交学院将负责传授外交艺术相关知识，培育欧洲共同外交领域的专业人才，对驻外外交官开展培训。[②] 教育的任务之一是强调欧洲外交与一国外交的不同，需要让外交官理解"共同外交文化"。一体化外交的实践催生了新的外交风格（дипломатический стиль）。丹麦前国防部长在 1997 年就得出结论，瑞典、奥地利和芬兰的外交官，因他们的国家较晚加入欧盟，与那些早十几年加入欧盟的国家的外交官相比有很大不同。[③] 目前，欧盟外交中的转型（трансформационный характер）引发关注，即强调传播欧洲价值观及法律。这将欧盟外交与传统欧洲外交区别开来，后者坚持不干涉他国事务，该原则符合《维也纳外交关系公约》第 41 条的内容。欧洲外交与美国外交有很多相似之处，美国外交也受转型外交（трансформационная дипломатия）原则的

---

① "Galeote Report," European Parliament; "Report on a Common Community Diplomacy," EP Committee on Foreign Affairs, Human Rights, Common Security and Defense Policy [2000/2006 (INI), A5-0210/2000].

② 之前欧盟委员会代表团中外交官的工作年限由派遣国的外交部规定。现在，各成员国外交部依旧派遣自己的外交官，但其工作年限根据合同提高到 8 年，并可能续期。

③ Jørgensen K. E., "Modern European Diplomacy: A Research Agenda," in *DSP Discussion Papers* (Leisester: Centre for the Study of Diplomacy, 1997), p. 7.

主导。

外交官培训项目的目标是，让外交官了解欧盟政策与全球化挑战之间的联系，使其有能力协调冲突、应对危机并参与国际秩序的塑造。欧盟外交官需熟知欧盟的法律基础及复杂的决策机制，掌握专业知识，以推动欧盟发展壮大，落实友邻政策。外交官应提前了解到，能源和环保领域中的工作量将不断增加。外交学院也负责培训欧盟官员和成员国外交官。

欧盟外交与安全政策高级代表凯瑟琳·阿什顿（Кэтрин Эштон）认为，欧洲外交应更具"安静"（"quiet"）特性。"安静外交"（quiet diplomacy）与公共外交相反，通常更强调其机密性质，但并不属于秘密外交。"安静外交"不关注全球舆论，以免给冲突方增加压力。其目的是创造条件，让各方能冷静地评估形势，充分考虑某项措施的利弊，听取独立而公正的意见。阿什顿强调，欧盟代表团员工构成多样，不追求特定国家利益，这使其成为解决冲突和棘手问题的最佳外交工具。

2009 年，根据《里斯本条约》，英国杰出的政治活动家、欧盟委员会委员阿什顿被选为欧盟外交与安全政策高级代表。2014 年 5 月，欧洲议会将进行选举，或许会出现这一职务的其他候选人。[①]

凯瑟琳·阿什顿出身于工人家庭，20 世纪 70 年代末开始了在工党的政治生涯，负责核裁军运动。1999 年，她在托尼·布莱尔的支持下获得女男爵封号。2009 年，戈登·布朗任命她为上院领袖。当时她负责在上院通过《里斯本条约》。2008 年，阿什顿成为欧盟贸易委员。2009 年在欧洲理事会峰会上，她被任命为欧盟外交与安全政策高级代表。

高级代表同时兼任欧盟委员会第一副主席，这意味着该岗位的地位提升至新高度。《里斯本条约》的签署有利于协调欧盟外交的两大方向，

---

① 2014 年 11 月，意大利女政客、外交官费代丽卡·莫盖里尼接替凯瑟琳·阿什顿就任欧盟外交与安全政策高级代表。——译者注

一是欧盟内部外交，成员国需通过政府间协议达成一致；二是一体化外交，这与欧盟在国际上发声有关。在第一大方向上，高级代表和成员国外长负责协调，在第二大方向上，则由欧盟委员会负责协调。高级代表和欧盟委员会第一副主席的双重身份使协调这两大方向更为便利。高级代表被赋予了更广泛的职权，可以动用大规模预算以支持贸易、发展和维和任务。为改革外交机构，阿什顿任命罗伯特·库珀（Роберт Купер）为自己的顾问。她还新任命了约 30 名代表团团长，其中包括 7 名女性，以及若干新加入欧盟的东欧国家代表。

罗伯特·库珀是英国著名外交官、政治学家、欧盟官员——托尼·布莱尔的前顾问。他的著作不止一次引发强烈反响。他关于威斯特伐利亚体系的崩溃和未来国际关系结构的论述非常精彩。他的观点——"新自由帝国主义"学说以及"在后现代世界中我们不得不面对双重标准"的论断——也招致了大量批判。

高级代表除了担任欧洲对外行动署的领导人之外，同时也是欧盟外交事务委员会主席（之前为轮值主席制），还负责监管联合情势中心（Joint Situation Center）[1] 和欧洲防务局（European Defense Agency）。[2]

欧洲对外行动署如同其他国家的外交部，设有地区事务司，包括亚洲、非洲、俄罗斯、东部邻国和西巴尔干国家、近东和南部邻国、南北美洲、全球和多边问题部门，其他部门包括：危机管理与计划司、欧盟军事参谋部、公民事务规划与执行、情势中心、政治和安全问题委员会。欧洲对外行动署协助欧洲理事会主席、欧盟委员会主席和欧洲议会筹备

---

① 联合情势中心向欧盟委员会提供相关安全信息，包括提前预警、紧急状况等，并支持高级代表与成员国情报部门、欧盟军事参谋部及其他欧盟下属机构进行联系。

② 欧洲防务局联合了各成员国国防部（除了丹麦和挪威），致力于推动武器、军事技术、新技术研发领域的合作。《里斯本条约》赋予拥有高水平军事能力的成员国组建常设防务合作组织（Permanent Structured Cooperation in Defence）的权力。

对外政策文件。①

随着专业外交机构的出现，现在可以回答基辛格当时提出的问题了："如果我想联系欧洲，我应该给谁打电话？"

欧盟的积极和消极外交权利

众所周知，在外交中存在所谓的积极和消极权利。

"积极外交权利"（активное дипломатическое право）指的是国家派遣本国代表到国外去的权利。相应地，"消极权利"（пассивное право）是指接收他国代表。

欧盟拥有上述两种权利。欧盟的外交机构中有超过 7 000 名员工，欧盟扩员后，欧盟大使馆（称为代表团）和驻国际组织代表团的数量飞速增长。② 一些政治家和政治学者认为，共同外交与安全政策是完全意义上的对外政策，能够与传统的一国对外政策相提并论。对共同外交与安全政策的这种认知获得了媒体、民众和学者的认可。因此，在《马斯特里赫特条约》签署后，一些政论家就将欧盟共同外交与安全政策活动与联邦制国家的外交相比较，比如与美国的外交。

欧盟向成员国及其他国家、国际组织派遣代表团（大使馆）。目前，在驻外机构中有超过 700 名欧盟外交官和员工，以及约 1 600 名签订劳动合同的本地员工。欧盟共派遣了 130 个代表团至不同国家首都和国际组织，包括联合国、世界贸易组织和欧洲安全与合作组织。纽约联合国总部中的欧盟代表团始建于 1964 年。在《里斯本条约》签署后，代表团的

---

① 位于布鲁塞尔的欧洲对外行动署的大楼名为"三角"大楼。由此，人们常常会将欧洲对外行动署与三家机构构成的三角中心（欧洲理事会、欧盟委员会和欧洲议会）相比较。

② 增长是相对于美国外交机构来说，美国在海外拥有 170 家大使馆和 63 家领事馆。

地位显著提升。此前欧盟在联合国大会上是由任期为半年的欧洲理事会轮值主席国来代表。现在这一职责由欧洲理事会主席和高级代表担任。近几年，欧盟将代表机构扩展到了马来西亚、新加坡、沙特阿拉伯、柬埔寨、老挝、尼泊尔和巴拉圭，由此建立了联结布鲁塞尔的更广泛的常驻外交机构网络。毫无疑问，这有利于欧盟在国际上争取更多权益。

欧盟代表团的任务包括"落实共同外交与安全政策，参与制定共同外交与安全政策，收集信息并编制分析报告，与欧盟成员国大使馆保持密切合作"。代表团团长能够参加对外政策委员会（Совет по внешней политике）和欧洲议会中相关委员会的会议，协助当值主席国、下一任主席国以及欧盟理事会秘书长（тройка）的工作。在任命新大使时，需考察候选人在解决争端时推动达成协商一致的能力，在多元文化中工作的灵活性与才能，成功担任冲突调解人。他的素质应在之前调解国家间和民族间冲突时展露。此外，如果在代表团中既有欧盟官员，也有成员国派遣的外交官，团长还需协调代表团内的客观矛盾，并寻求各方能接受的方案。

大部分欧盟代表团被接受国视为正式外交团。自 1990 年起，代表团团长就拥有特命全权大使头衔，代表团成员拥有外交特权。一国代表团团长通常由本国首脑派遣，而欧盟代表团团长的国书上有欧盟主席的签字。① 因此，欧盟代表团是真正意义上的外交团。

《阿姆斯特丹条约》（1999 年生效）在《马斯特里赫特条约》（1993年）的法律基础上，扩展了一体化外交机构的职权范围。由此，出现了接受委任状完成特别任务的欧盟特使。特使被派往中东、五大湖地区、东南欧、南斯拉夫、科索沃以及巴勒斯坦自治政府。在 2002 年欧盟与波斯尼亚和黑塞哥维那签订的条约中规定，欧盟警察团地位与外交代表团等同。因此，警察团成员也享有 1961 年《维也纳外交关系公约》中规定

---

① 在《里斯本条约》签订前由欧盟委员会主席签署。

的外交特权和豁免。截至 2012 年，驻布鲁塞尔的一国代表机构和国际组织代表团共 170 个。

欧盟外交礼仪

一体化外交机构的外交礼仪有一定特殊之处，不过与通常的外交礼仪相差不大。当第三国（非欧盟成员国）与欧盟建立外交关系或更换大使时，须向欧盟委员会礼宾处函询（直接或通过自己的欧盟代表处）征得同意（以普通照会方式附上无抬头的纸，写明大使简历）。通常不会马上收到回复，须等上约两个月的时间，遇上假期可能会更久一点，因为大使候选人须征得欧盟委员会、欧盟理事会和成员国的同意。当这一流程完成后，会以普通照会方式通知派遣国外交部或该国驻欧盟使团。通常欧盟理事会秘书长会就此事发布通信稿。

在等待大使到岗期间，欧盟委员会礼宾处会通知比利时外交部，请其给予大使应享有的特权和豁免，并通报海关和边防机构相关信息。欧盟官员不会迎接刚到任的大使。大使应携带两份由本国元首签署的国书、前任大使卸任国书及复本，并将国书副本递交欧盟委员会礼宾司及欧盟委员会。大使还需向欧盟委员会礼宾司提供两张照片，以便制作进入委员会大楼的通行证，以及其他位于布鲁塞尔的机构总部的通行证（大使在递交国书时会收到通行证）。欧盟理事会主席和欧盟委员会主席会分别接见大使，接受大使递交的国书和前任的卸任国书。在大使就任典礼上须着深色西装或民族服饰。大使可与一两位使馆成员一同前往。典礼上没有安排座谈环节。典礼结束后，大使可以交给礼宾处工作人员自己的名片，委托其转交给委员会其他成员。递交国书是大使正式就任的标志。

大使应通知欧盟其他机构的领导及欧盟成员国的常驻代表，告知就职信息并提出在对方方便的时间前去拜访。驻欧盟外交团中同一等级外交官的位次高低由递交国书时间先后来决定。欧盟官员的位次需与礼宾处协商确定。

拥有外交等级的使团团员及其配偶登记在由欧盟委员会公布的驻欧盟使团名单之中。比利时外交部赋予外交官外交特权与豁免。如果与外交官一同生活的家属不从事商业或获取报酬的专业工作，他们也享有外交特权与豁免。

驻欧盟外交团团长一职由教皇使节担任。各使团团长中最早到任者有权协助教皇使节并当使节不在位时暂行代理。使团中非外交人员，包括行政和技术类员工及其家属和家政工作人员不属于外交团之列。但如果这些人没有比利时国籍，或者非常驻侨民（早先就生活在比利时的居民），那么在相互对等基础上，《维也纳外交关系公约》中规定的特权与豁免与其他特权一样，他们也能享有。相关人员的到任与离任须通知比利时外交部，并将副本发给欧盟委员会礼宾司。为取得外交官及其家属的个人证件及其他正式文件或汽车的外交牌照，使团团长须向比利时外交部礼宾司提交书面申请及相关附件。

每当有使团成员到任或离职，使团须向欧盟委员会礼宾司递交普通照会。外交人员就任或离任日期由普通照会上的日期决定。

如果使团团长将面临超过1个月时间的临时缺位情况，他须告知欧盟委员会礼宾司及他国代表团，说明将由谁（包括此人的职衔）充当其临时代办，同时向欧盟委员会礼宾司说明自己回归岗位的时间。如果临时缺位时间少于1个月，使团团长只需通知欧盟委员会礼宾司及外交团团长，说明不在岗时间及其临时代办的姓名和等级。

当驻欧盟使团成员会见另一外交团中的使团团长时，驻欧盟大使的位次相对更高。高级宾客受驻欧盟使团团员邀请来访布鲁塞尔，其享受的接待礼仪标准相当于特命全权大使。

在 5 月 9 日欧洲日，根据传统驻欧盟使团可在馆舍外悬挂本国国旗，还可以凭意愿在使团团长寓所外悬挂国旗。在 7 月 22 日比利时国庆日和 11 月 15 日国王日，驻欧盟使团也可挂出本国国旗。除以上情况外，仅在特殊场合可在馆舍外悬挂国旗。

接到本国政府召回通知的使团团长应告知欧盟委员会礼宾司自己的离任时间及临时代办的姓名和职衔。

在最终离开布鲁塞尔前，使团团长需向欧盟理事会主席和欧盟委员会主席递交告别信，并与欧盟委员会中负责联络各国使团团长的员工进行联系。使团团长也需将离任消息告知外交团团长。

欧盟内部外交机构

除了传统上的双边外交关系，欧盟成员国间的特殊的一体化外交也蓬勃发展。这可被称为"内部"外交。① 当一国加入欧盟后，该国驻欧盟外交代表机构的等级为大使级。这意味着需要大量人手以应对巨量工作。在驻布鲁塞尔的外交代表机构中，驻欧盟使团的员工人数是最多的。比如，英国和法国驻欧盟大使馆的员工数可与驻北约和联合国的人数相提并论。

驻欧盟使团的员工构成也顺应传统外交代表机构中员工构成的转变。前文提到过，当今对外交往的主体除了外交机构，还包括其他国家机构。因此，大部分驻欧盟使团中的外交人员来自不同部门，包括主管贸易、工业、财政、税收和农业的机构。例如，20 世纪 90 年代末，在英国驻欧盟使团中约有 100 名员工（包括行政、技术类员工和 52 名在涉及外交事

---

① 与罗马共和国和帝国时期的外交体系类似，当时基于罗马法律形成了所谓的内部外交，即中央向地方、地方向中央派遣使团。

务部门工作的受雇用的当地居民）。所有员工，包括非职业外交官均被视为外交人员。

在欧盟的谈判需要不同领域的官员和专家参与。因此，较不富裕国家驻欧盟使团人数是最多的。因为对这些国家来说，专家经常赴布鲁塞尔出差，花费高昂。那些与布鲁塞尔距离遥远并且与布鲁塞尔间没有每日航班的国家也更倾向于维持较庞大的员工群体。事实上，随着时间的推移，官员和专家频繁往返于布鲁塞尔和本国首都之间变得不那么必要了。新技术的发展使得通过网络进行联络成为可能。

常驻代表机构中工作量的增加促使不同分部的建立。通常大国的使馆中设有以下分部[①]：

·经济、金融和税收；

·对外政策和对外经济；

·工业政策，研究与发展，内部市场和交通；

·农业和渔业；

·社会事务，地区政策，环保，卫生和文化；

·司法，地区政策，边境问题，移民，签证制度，庇护问题，在维护法律秩序、打击贩毒和司法事务上的合作；

·与欧盟其他机构联络；

·欧盟内部政策。

驻欧盟外交代表机构与其他传统大使馆的明显区别在于，驻欧盟使团频繁参与谈判。因此，在挑选驻欧盟外交官时，候选人的谈判能力是核心考察内容。那些拥有关于欧盟知识的官员（比如那些在部里从事与欧盟联系的员工）在派往布鲁塞尔出差方面也更有优势。驻欧盟使团在很大程度上起到某种缓冲作用，缓和本国利益与欧盟整体利益的冲突。

欧盟政治家始终强调，欧盟内的谈判不是零和游戏，不是一方获胜

---

①　以英国使团的结构为基础。

而另一方失败，而是复杂的多边外交体系，包含各种利益范畴的问题。这些问题的解决既需要与一国政府，又需要与欧盟机构保持经常性的沟通。因此，谈判成为欧盟内部外交的主要内容。谈判可以在欧盟内部机构中进行，也可以以非正式的形式进行。

之前提到过，在某些工作委员会中不仅工作着常驻代表，还有成员国政府派到布鲁塞尔的工作人员（функционер）。通常这些工作人员负责汇率、贸易和政治相关问题。在工作委员会中，还有国家财政部和中央银行派来的高级官员，以及外交政策专家。一些委员会每年举办近千场由各国不同部门官员参与的会议。①

驻欧盟使团团长是常驻代表委员会（Комитет постоянных представителей）成员，这一委员会名称的法语字母缩写是 COREPER Ⅱ。该委员会每周召开一次会议，讨论最重要的政治问题。特别问题提交副常驻代表委员会（COREPER Ⅰ）审理，该委员会每两周召开一次会议。常驻代表委员会成立于1985年，是成员国与欧盟总部间的协调机构。委员会成员可以视为本国游说集团的一分子，能够影响欧委会政策。随着一体化进程的发展，常驻代表委员会处理的问题越来越多。该委员会工作高效，仅有10%—15%的决议须提交至欧洲理事会处理，其余问题在委员会内部就可达成一致意见。②

每天与本国保持联系是欧盟使团团长的主要职责。在这一点上与传统的大使和驻国际组织代表不同。驻欧盟使团每日接到国内有关谈判的指示。一位实习外交官表示，指示过于宽泛会增加完成任务的难度，而过于细节化则压缩了行动余地。因此，如何起草指示对于任何一国政府来说都是头疼的事。

---

① Hocking and Spence (eds.), *Foreign Ministries in the European Union.*

② Heidener Thomas, "COREPER: A New Type of Effective Diplomacy," in Paul Quinn (ed.), *Making European Diplomacy Work: Can the EEAS Deliver?* EU Diplomacy Paper, December 2011, pp. 31–36.

有关欧盟的举措对本国利益的影响是驻欧盟使团重点传达给本国政府的信息。通常当一国就某问题形成国内政策后（形成欧盟某一问题的国内政策由负责相关问题的国内部委负责），就会开始下一轮谈判。

在谈判进程中，驻欧盟使团积极与欧盟机构进行协作，首先是与欧盟委员会、欧盟理事会和欧洲议会协作。此外，还与他国常驻代表协作。在这一过程中，使团团长发挥着举足轻重的作用。使团团长最好不仅能够参与决策落实的过程，也参与政策制定及依据形势（包括谈判取得进展的情况）调整政策的过程。

外交官在布鲁塞尔的工作年限一般不超过3—5年。回国后，很多外交官能得到事业上的晋升。由此在布鲁塞尔和派遣国的官员间建立起紧密联系。

驻欧盟外交官常常抱怨说，本国的官员对他们极不信任，认为他们不维护本国利益。对于一些外交官来说，在驻欧盟使团的工作经历是事业上升的阶梯。在本国政府机构内从事欧盟事务的官员也能相应得到晋升。

驻欧盟使团的主要任务包括以下方面：

·收集信息，特别是弄清欧委会的建议以及如何进行游说。

·为参与欧盟理事会会议的各部长提供对策建议，认真制定谈判策略。

·每周大使需返回本国，为本国部长和官员传达有关欧盟所讨论问题的指示。一般大使在周五回国，因为周末在布鲁塞尔的活动不需要高级官员参与。

·协调本国和欧盟政策。对于其他成员国或欧盟机构，尤其是欧委会和欧洲议会提出的建议，使团应评估当前应对策略或预判可能性策略。使团需通知国内相关机构并与其达成下一步行动的一致意见。

一国担任欧盟主席国期间，其驻欧盟使团的工作量成倍增加。在轮值主席年的前一年就组建了"主席国小组"。此外，从本国政府中派出官员以支持使团工作。在担任主席国期间，使团团长和副团长主持相应级别的座谈及会议。使团的任务是推动达成妥协，为成员国提供直接的服务，观察讨论的进程以及遵守法律的情况，还应保障谈判各方能够完全掌控局面。

欧盟在各成员国首都设立了代表团。① 除了这些代表团，在欧洲八大地区还设有所谓的欧盟地区委员会（региональное бюро Комиссии）。代表团和地区委员会的职责为：在考虑成员国利益的同时，推动欧盟决议的落实，捍卫欧盟政策方针。

代表团和地区委员会扮演着欧盟"传声筒"的角色。欧盟外交机构全面跟踪各国大事，记录下公民关心的问题。代表团成为联通成员国中央和地方政府、工会、商界、社会组织代表的桥梁。外交官帮助欧委会制定、落实政策，调查民意。

欧委会在各成员国中设有信息中心网络（информационный центр），它与欧洲议会信息处（информационное бюро Еврапейского парламента）保持合作，共同安排国家领导人和政治活动家在布鲁塞尔和斯特拉斯堡的访问，招纳驻在国官员成为欧洲议会议员。欧洲议会信息处还负责宣传欧洲议会的活动，与驻在国政府官员、企业领导、大学教师、青年协会和工会负责人保持联络，同时，也与媒体、非政府组织、各类欧洲运动和组织的负责人联系，与驻在国议会和政府机构中负责一体化事务的部门密切往来。欧盟代表团和欧洲议会信息处广泛宣传有关欧盟机构活动的信息。信息处每年向布鲁塞尔递交超过两万条加密信息。

《阿姆斯特丹条约》的 J. 10 条款中规定了外交代表机构的主要任务：驻第三国或国际组织的成员国使领馆及欧委会代表团，在当地或在出席

---

① 直到 1989 年，代表团都被称为信息处（информационное бюро），1989 年决定赋予其政治意义。

国际会议时，应保持合作，持相同态度，采取共同措施，有责任交换信息并制订共同行动方案。在欧盟国家领土以外，它们应保护那些未在当地设有本国代表机构的成员国的公民。

联合国安理会中的欧盟国家的代表团应进行合作并充分交换信息。在不违反《联合国宪章》的前提下，安理会中的欧盟国家应维护欧盟立场和利益。目前，在政治相关问题上欧盟机构、欧盟理事会中的外交官和官员在很大程度上通过本国驻外机构完成工作。

根据《阿姆斯特丹条约》起草人的构想，上述体系有助于缓解欧盟成员国间的紧张关系，促进团结和相互理解。在1999年12月的欧洲赫尔辛基峰会上确立了以下任务：需要学会以最高效的方式利用欧盟成员国的使馆和欧委会代表团，以加强欧盟在国际政治上的地位。

在第三国落实欧盟政策的体系十分复杂。欧盟各成员国的大使与驻在地或其他国家的欧盟代表团协调行动。欧盟的对外政策直接由"三元"（тройка）小组①国家的大使执行，该小组在半年的任期内主导欧盟理事会的活动及其他执行机构的工作。

由此欧盟代表团团长通过"三元"小组机制落实欧盟政策，并能够直接参与"三元"小组的工作。7年多以来代表团团长的平均任职时间为18个月。任职时间有时超过18个月的原因在于，某些欧盟成员国在某国未派大使，它们借用其他欧盟成员国代表处维护其利益。

在欧盟更换领导班子期间，只有代表团团长是长期的欧盟利益代表。②事实上，有些欧盟成员国使馆至今不将欧盟代表团视为平等的外交伙伴。

常驻外交代表机构的活动对欧盟一体化机制产生重大影响，反过来，

---

① 《阿姆斯特丹条约》签订后，"三元"小组代指领导小组，由当前任欧盟轮值主席国的国家代表、欧盟理事会秘书长——欧盟外交与安全政策高级代表（他同时与欧委会协作）以及下一届轮值主席国国家代表组成。

② 欧盟主席任期为两年半并可以连任，更换主席可能导致部分体系的改变。

一体化机制也影响外交机构。问题在于，此前通常通过建立特别的政府间工作组来协调立场，并在各国外交部相关部门的领导下完成工作。而现在，外交活动中心转移到布鲁塞尔，欧盟能通过各国派驻欧盟的外交官，增强对成员国政策的影响。这些外交官常驻布鲁塞尔，相互间经常交流，更容易与其他欧盟国家外交官达成妥协。

由于上述原因，双边外交看起来有些不一样了。例如，在 20 世纪 80 年代初，著名意大利外交官（当时是驻英国大使）罗伯特·杜奇（Роберто Дуччи）怀疑自己在伦敦工作是否适宜。当他与英国外交部沟通问题时，经常收到同样的回复，"这一问题属于布鲁塞尔的管辖权限"。[1] 这为传统的双边外交制造了新情境。

在激进的超国家一体化支持者看来，目前欧盟内部的双边外交使人联想起以前汉萨同盟下的城市间关系。早在 19 世纪，不来梅、汉堡、吕贝克一同向柏林、哥本哈根、伦敦和巴黎派遣部长——驻扎官（министр-резидент）。著名外交史学家沃森甚至将派驻欧盟的成员国大使与 19 世纪末德国统治者的公使相提并论。虽然一方面德国统治者们试图解决德国的分裂问题，但另一方面坚持继续互派外交代表。沃森认为，这是对消失了的主权外交礼仪象征意义的重视。[2]

然而实践证明，传统外交代表机构不仅未消失，还获得了新功能。在解决问题时，正是这些外交代表机构积极寻求欧盟内部出现的同盟均势。[3]

现代外交在一体化进程中所面临的问题，在很大程度上反映了一国内政与外交间界限的逐渐模糊。成员国各政府机构与欧委会的不同部门

---

[1] Serra, *La diplomazia in Italia* (Milano: Rizzoli, 1984), p. 210.

[2] Watson A., *Diplomacy. The Dialogue Between States* (London; New York: Routledge, 1982), p. 147.

[3] Bátora J. and Hocking B., "Bilateral Diplomacy in the European Union. Towards 'postmodern' patterns?" in *Discussion Papers in Diplomacy* (Hague: Netherlands Institute of International Relations "Clingendael", 2008).

直接联系。这要求外交部长承担起主要调解人的角色，保持与拥有对外业务的国内机构的最紧密联系。这需要建立起高度一体化的对外活动管理体系。

渐渐地，欧盟国家中所有政府机关会变成"欧盟水车上的叶片"。[①]外交机构因此须调整自身以适应新要求。外交官与有对外业务的机构中的员工保持密切联系，由此形成了多层次的制定与落实政策的密实协作网。外交部发挥调解功能，每天跟进各机构与布鲁塞尔间的联系。外交部相关部门每天传递来自欧盟的信息，保障自身参与到国内机构与本国驻欧盟机构间的对话中。欧盟国家外交部不仅需向欧委会成员，还需向本国机构官员进行游说。欧盟国家在机构结构、实行对外政策的方法和人员培训上实行统一政策，这使欧盟国家外交机构在雇用驻在国国民时，不仅能允许其担任行政、技术性工作，还可成为从事外交事务人员的替补。法国外交部正考虑信任外国公民，交给他们传统的外交工作，比如负责使馆与媒体间的联系。

欧盟国家间开展广泛的人员交流。英国、荷兰、德国和其他一些国家的外交机构定期开展人员交流，比如，法国外交官长期（1—2 年）在德国外交部的不同部门与德国同行一起工作。法国政府的国立学校中的学生有机会去英国外交部实习。

欧委会不仅推动欧盟机构间的人员交流，还推动成员国国家机构间的人员交流。欧洲理事会也建议与欧洲安全合作组织、联合国和其他政府间或非政府间国际组织建立合作。

"双轨"外交的高昂花费成为一个突出的问题。欧洲和本国在外交上的开销均由纳税人负担。这一问题有多种解决方案，包括欧盟国家政府平均分配义务。比如，一国使馆负责经济合作问题，另一国使馆负责领

---

① Spence D. , "The Early Days of the European External Action Service: A Practitioner's View," *The Hague Journal of Diplomacy*, no. 7 (2012) , p. 115.

事事务。英国外交部正讨论有关合并欧盟国家领事馆的问题，也有可能根据英国财政部的意见关闭几所领事馆。这要求在领事馆中安装与伦敦的热线电话。

由欧盟议会批准的《斯宾塞报告》中建议，如果欧盟成员国在第三国未设大使馆，则可利用欧盟代表团维护其本国利益，或者建议共同购买或租用馆舍。这些措施不仅关系到欧洲国家，还关系到欧盟代表团。一些专家建议欧洲人仿照拉美国家经验，一些拉美国家在第三国共享使馆馆舍，每年使馆馆长由共享国轮流选派。

在欧洲也出现了建立共同使馆的呼声。2000 年，德国建议在第三国建立欧盟共同行动使馆。德国外交部认为，这有利于展现欧洲的团结。由于降低政府开支不断受到关注，最初的讨论结果是建立法德代表团，但法国最高立法机关（国会）拒不批准建立共同驻外机构，从而影响了这一设想的发展前景。

共同租赁馆舍可能更为现实。目前，欧洲国家驻外机构间共享馆舍的实践愈加流行，还包括共同的保健、交通通信、中小学教育和人员交流体系。例如，在阿斯塔纳和明斯克，英国、法国和德国的使馆在同一幢建筑中。北欧国家在坦桑尼亚设立共同代表处。值得注意的是，英国在尼日利亚拥有大量经济和金融利益，它拒绝与欧盟成员国共同租赁馆舍。

一些挪威政治家的提议引发关注，他们建议精简外交部，将其变成总理办公室下属的"外交处"，还建议限制其对其他各机构处理国际事务部门的协调。欧盟官员认为，一些欧盟成员国在外交改革时可能遇到与欧盟相似的情况。随着申根区的扩大，欧盟开始考虑建立欧洲统一的领事机构。

2012 年 9 月传出消息称，英国和加拿大打算建立共同的外交代表团。澳大利亚和新西兰也可能步其后尘。英国前外交大臣威廉·黑格表示，这能够让英国"在扩大国际影响力的同时降低开支"。

威廉·黑格说:"我们在 20 世纪的战争中曾肩并肩斗争,我们一起打击阿富汗的恐怖主义势力,我们一起向利比亚、叙利亚等'阿拉伯之春'国家提供援助,我们是表兄弟。因此,在有必要的地区,我国与加拿大合并使馆的愿望是合情理的。"①

欧盟代表团的建立使一些小国能够不用花费大量资源建立自己人员众多的使馆,它们或是关闭了自己的代表处,或是拒绝设立。

在此背景下出现了这样的问题:保留欧盟国家间双边外交是否有必要?欧盟条约意味着所有欧盟公民有权"获得任一欧盟成员国使领馆的帮助,他们与该国公民享有同等权利"。

但是大多数外交研究者认为,双边外交依旧会存在,因为这是成员国主权的标志。此外,经济外交是首要问题。使馆可以为本国商业活动提供必要的支持。在商业世界中,即便全欧洲合作发挥着作用,但也存在激烈的竞争。一国使馆在公共外交领域的作用也不可小觑,它们可向驻在国公民解说本国政策。因为双边外交的存在,与他国的外交传统才延续了许多年,甚至上百年。通常与第三国保持密切联系的欧盟国家能够推动与另一欧盟国家间争议问题的解决。双边外交也在保持均势的过程中起作用,不同国家因追求相似利益而通过条约方式建立关系。《欧洲联盟条约》第 27 条强调,欧洲对外行动署与成员国外交代表机构保持合作但不会替代它。

分析欧盟的外交机构需要明确以下几点:建立超国家机构在当前看来明显是乌托邦行为。全球化和一体化之间的矛盾阻碍了欧盟法律法规的传播,特别是那些有助于成员国积极适应全球化的法律。

当前欧盟正经历困难时期。欧盟国家民众批评欧盟的官僚体系。在

---

① "Британия и Канада хотят объединить посольства," *BBC news*, September 24, 2012, http://www.bbc.co.uk/russian/uk/2012/09/120923_uk_canada_joint_missions.shtml.

东欧国家加入后，成员国间的分歧进一步加剧。还有"双轨外交"——本国和欧盟外交——巨额开支的问题。近几年的危机说明了实行改革的迫切性，但改革往往是激进和痛苦的。

一体化外交塑造了复杂而又灵活的一国与欧盟对外政策的协调体系。欧盟不断开设驻外机构，赋予它们新的职权。欧盟国家的外交因为在欧盟内部机构中的紧密协作而被赋予新的特征。可以说，一体化外交在某种程度上刻画了未来外交模式的轮廓，既保持国家性，又反映全球化背景下不断加强的相互联系。

欧洲地区化进程中的外交

欧盟内部外交关系所经历的改变，不仅是一体化发展的结果，也与地区化进程有关。全球不同层次的各种进程有着相当高水平的共性。因此在这一背景下研究欧盟外交机构对俄罗斯的外交实践也有重要意义。

地区化是以下进程的结果：主权让渡、经济全球化、一体化、地方能动性和地区认同强化。

除了地方行政主体（议会、联邦区、州、县），地区化的主体还包括所谓的功能性大区域——经济合作和边境合作的产物。出现了新的现象，即地区主体更坚持自治及在国际上的独立。

不同欧洲地区以自己的方式应对时代挑战。这与每个地区独特的民族、文化、历史、地缘政治、法律、社会和经济条件有关。重要的是分析比较欧洲各地区的不同以及相互学习经验。因此，了解欧洲民主国家面临的问题具有实践意义。

新的现象出现了：一国政府的职权需大幅调整，地区要求更广泛的自治和参与国际事务的自主权。由于边界的模糊，政府遇到了资金、劳工、商品流动和文化价值观的问题。不仅是国家，一体化机构也难以控制跨国公司的影响，因其活动范围超出了所在国家政府的管辖权限。国际经济、贸易和金融机构在世界和欧洲市场运行，希望打破保护主义壁垒，直接（有时是不受监管地）与消费者联系。打击有组织犯罪、贩毒、恐怖主义成为非常重要的问题。

跨境合作

大区域（макрорегион）的建设进程超过十年时间。欧洲理事会和欧盟批准了一系列文件，以推动次国家主体间的跨境合作。欧盟的友邻政策包括对边境合作的支持。欧盟各地区致力于发展经济、文化和人文交流，简化互换程序，建立交通基础设施，共同应对社会、教育、生态问题及打击犯罪。

最近，欧洲跨境合作小组（европейские группы по трансграничному сотрудничеству）的建立引发关注。各地区和地方政府建立类似小组受到鼓励。这事实上是在讨论建立有法律主体地位的欧洲地区。有关欧洲跨境合作的文件指出，欧洲跨境合作小组由成员国代表和（或）地区及地方政府代表组成。

这一机制的创建人希望推动在卫生、基础设施、交通、紧急情况和国际旅游领域共同制订长期计划。欧洲跨境合作小组是地区发展的主要工具，能推动跨境合作和地区间联合力量解决共同的问题，提高对公民的服务水平。小组的工作促进了欧盟的一体化进程，强化了不同层次的伙伴关系，推动建立更民主和灵活的管理（governance）体系。

为发展国际合作，克服"国家局限"而建立了边境地区。这样的合作形式出现于 1875 年，在比利牛斯山地区，法国和西班牙建立了双边合作委员会。1949 年，意大利和奥地利签署的条约标志着二战后欧洲的首次边境合作。该条约旨在促进意大利上阿迪杰（Альто-Адидже）地区与奥地利蒂罗尔和福拉尔贝格（Тироль и Форарльберг）地区间的贸易。

1972 年建立的阿尔卑斯中心区国际协会（Международная ассоциация центральных Альп）被称为"欧洲地区间的合作范例"，成员包括意大利、奥地利、瑞士和德国的阿尔卑斯地区。该机构的主要任务是保护环境，建设基础设施，提高居民生活水平和促进就业，协调交通以发展旅游业，保护当地传统和推动文化合作。1977 年建立了亚德里亚阿尔卑斯协会（Ассоциация Адриатических Альп）。这是首次除西欧地区外，还有南斯拉夫地区参与的边境合作。

欧洲理事会下设两个有关边境合作的委员会。1989 年的《马德里公约》赋予了地方政府不受国境限制进行经济、社会、生态和文化交流的法律基础。"边境合作"这一概念是指边境地区为发展和加强睦邻友好关系而一致同意在政治、技术、经济、社会和文化领域采取措施或签订条约。

公约建议建立专门机构以协调和资助边境地区合作。资助金由利益攸关国提供。公约还建议认真研究各国有关地区合作的法律，重点完善税收和海关法，为外贸和资金流转创造良好条件。

公约中划分了边境合作的种类：城市和地区的发展问题，完善交通和通信网络，保障能源供应，保护环境以及在紧急情况下互相提供帮助。公约也包含了教育、科研、卫生等领域。

同时，公约关注了文化政策，休闲、体育、旅游方面的合作以及保护边境地区劳动者的问题。边境合作也包括共同经济项目、建立新企业和发展农业。

公约鼓励政府承认边境合作的合法性，号召地方政府必须以签订国家间协议方式进行合作，还特别提到了斯堪的纳维亚国家间类似的合作经验。

　　公约中重要的部分有关常设代表论坛——欧洲地方和地区政府代表大会（Конгресс местных и региональных органов власти Европы）。该组织由欧洲理事会建立，32个成员国地方政府组成。1990年，该组织举办了首届欧洲边境地区会议（Европейская конференция приграничных регионов），会议重点关注了协调建设边境地区基础设施的问题。

　　欧洲地区合作超出了边境合作的范围，扩展到跨区域合作范畴。欧盟地区发展基金会（Фонд регионального развития ЕС）和地区委员会（Комитет регионов）支持该发展的方向，并指出，"大区域属于一种新的管理层次，介于国家和社会组织之间，包含了地区、州、国家、一体化层面的领土相邻区域间的联系"。欧委会文件中强调，大区域是一种推动欧盟地区"欧化"（еврореизация）的战略。这一进程中的管理问题是个复杂的挑战。由现有机构建立并管理的大区域内实行的是一种多层次、多主体的管理体系。可能由政府间机构，也可能由中央和地方机构的代表进行管理。欧委会和负责联络各政府的工作组一起制定战略并充当合作中的协调人。此外，一些特别协调员（他们属于不同的代办处，代表了合作方或项目主导方）也参与到某些重要领域的协调中。欧委会还建立了由成员国代表组成的高级别小组，它定期向欧洲议会汇报工作。

　　大区域不需要特别的资金支持。各参与主体都寻求建立多层次的协调，合并不同资金。实现大区域政策所需要的资金或是来自欧盟的各基金会，或是来自国际金融机构。目前正在讨论从欧盟获取特别资金支持的可能性。各地区通过竞争获取资源，但并非所有政府都同意如此行事。

　　此外，还运行着"地中海一体化项目"（Программа Средиземноморской интеграции）。法国南比利牛斯地区与葡萄牙北部地区，伦巴第区与加泰罗尼亚地区在这一项目框架下合作。德国和荷兰之间的"欧洲地区"（Еврорегионс）项目涵盖了约100个城市的近百万居民，对等地设有执行和协商机构。瑞士、法国和德国间签订协议建立巴塞尔区（Regio Basiliensis）。法国罗纳—阿尔卑斯区和德国巴登—符腾堡州区，意大利伦巴第区与西班牙加泰罗尼亚区积极合作，并推动扩展版的"协作三角"经济合作网络的形成，范围从巴塞罗那、卡尔斯鲁厄延伸至米兰。

从英国东南部到法国北部和比荷卢国家，直至瑞士罗纳河谷的区域范围内也开展了合作项目。"大西洋拱门"（Атлантическая арка）地区合作项目通过海陆进行连接，以爱尔兰为起点，通过威尔士，直到西班牙的加利西亚和葡萄牙。1988年，以斯图加特、巴塞罗那、里昂和米兰为中心的地区被赋予"动力四城"（Моторная четверка）之名。根据创建者的意图，该组织将成为欧洲工业发展的"火车头"。目前，该组织的主要任务是协调地区与欧盟机构的政策。

柏林是德国东部连接周边城市的枢纽，并逐渐成为连接萨克森州、捷克和波兰某些地区的中心。2009年，欧盟波罗的海战略形成。2011年，多瑙河地区战略建立。此外，还形成了以下欧洲区域："下多瑙河区"（Нижний Дунай）、"上普鲁士区"（Верхний Прут）、"喀尔巴阡山区"（Карпаты）。正在倡议构建的区域有："德涅斯特河区"（Днестр）、"特兰西瓦尼亚区"（Трансильвания）。

这些跨国区域由委员会、工作组负责管理。它们的职责涵盖以下领域：教育、科学、技术交流、商贸、改善区域经济环境、交通和通信、环保、旅游、疗浴、农业、文化和教育交流等。

欧盟非常关注山区，这一地域占欧盟领土面积不超过28%，人口约2 500万。优先受到关注的是苏格兰、希腊、意大利南部、葡萄牙和西班牙的山区，其中很多地区远离经济中心，缺乏良好的通信条件，人口数量不断下降。欧洲中部和南部国家的山区也遇到类似问题。例如，在斯洛伐克存在军工企业转为民用企业的问题，这些军工企业大多位于山区。

在欧委会的倡议下，1994年在斯洛伐克举办的山区代表大会充分讨论了上述问题。在此之前，1991 年在斯特拉斯堡签署了具有国际法效力的《阿尔卑斯公约》。公约中如此分配了缔约国的义务：意大利负责阿尔卑斯地区农业发展和水力发电项目，法国负责旅游和领土管理问题，瑞士负责交通，德国负责环保和邮政，奥地利负责保护山区林地。

目前，欧委会正在制定喀尔巴阡山区的地区合作项目。为此，在原先的"欧洲山区"（Евромонтана）项目基础上筹备名为"喀尔巴阡山区"（Карпатомонтана）的新项目。此外，欧委会意图推动建立国际和双边项目，为"落后地区"的长期发展提供技术上、组织上和经济上的帮助。

1989 年，根据欧盟区域间合作计划（INTERREG），欧委会拨出 14 亿马克用于"建立边境地区交流与协作机制"，这一计划还包括非欧盟成员国。比如，挪威的边境各州（郡）参与了类似的 20 个计划。

欧洲区域合作的目的在于推动边境经济与人文交流，简化交流手续，发展交通基础设施，解决当地社会、教育和环保问题，打击犯罪行为。但欧洲区域合作也遇到了一系列问题，包括来自欧盟的资金问题，边境地区发展水平不同的问题，一些国家的决策过于中央集权问题。此外，也应考虑到为解决地区问题，还需要非领土直接相关方的参与。

次国家区域

根据欧盟和欧洲理事会文件规定，地区自治是民主制度的基础之一，有利于保障公民参与管理国家事务的权利，推动欧盟的民主以及去中央化进程。地方人民希望当地政府能深入群众，找到解决危机的最优方案。

地方政府致力于成为新的外交主体，获得国际关系主体的地位。

例如，根据主要法律规定，德国地方政府有权在其职能范围内与国外政府签订协议，但需征得德国联邦政府的同意。不管怎么样，地方在国际交往中的权利得以扩大。这导致了德国驻外代表机构的数量急剧增加。目前在世界各国这样的政府代表机构数量超过 100 个。大多数是以出口见长的地方（巴伐利亚州、巴登—符腾堡州、北莱茵—威斯特法伦州），它们有自己的资金来源，可以支持在有利可图的市场中的代表机构。

　　欧盟文件中指出，"地区是执行机构，是欧盟基本的结构"。近十年来，欧盟国家积累了大量的地区合作经验。1984 年，在首届欧共体有关"地区和议会"的大会上有代表建议，建立区域自治机构并搭建这些机构与欧盟机构间的直接联系。1985 年欧盟委员会批准了《欧洲地方自治宪章》，1989 年批准了《欧洲（马德里）地方和政府间跨境合作框架公约》。1988 年和 1991 年，欧洲议会批准了《欧共体区域化问题宪章》（Хартия Сообщевтва по проблемам регионализация）和《欧共体地区宪章》（Хартия регионов Сообщевтва）。在两份文件中呼吁中央集权体制的成员国开始推进区域化进程。

区域化问题的理论观点

　　有关区域化进程的理论观点有时呈现出激进的特点。一些被称为"激进区域主义者"的政治学家并不支持国家间的一体化，而是支持未来的欧洲地区间的联盟。区域化新自由主义者支持自由竞争，提出"更少国家，更多市场"的口号。这一理论的支持者认为，地区间联合体的竞争力不在于拥有的资源和基础设施，而在于拥有高水平的服务和有效的管理。他们认为，未来属于"欧洲地区"，即欧洲跨国的地区间和城市间的一体化网络。欧洲机构应承认地区作为一体化主体的独立性，在替换国家间合作项目的过程中需要地区间的自愿合作，而协调机构为欧盟。

反对者合理反驳道，现代社会是比企业更为复杂的机制。资金的自由流动和建立统一市场不能解决主要问题——不仅无法扯平地区发展的不平衡，反而会加剧这一趋势。从生产与收入的角度来看，欧洲不平衡的现象加剧，资金流向最为富裕的地区，而弱势地区则更为贫穷。新的工作机会也仅出现于最发达地区，而其他地方失业率增加。外国资本也趋向于向经济发达、稳定的地区进行投资，绕开萧条的地区。

由此自然而然地得出如下结论：欧盟机构、欧盟成员国和各地区应避免现有机制的衰败。主要的任务是建立新体系以保持三者间的平衡。此外，所有的改革应在透明的、受民主监督的环境下进行。平衡的体系旨在维持超国家机构、国家机构和地方政府间的最优关系。立法者应在"新区域化"的基础上完善法律。

欧洲文件中的"辅助性"（субсидиарность）原则被提高到欧洲宪法普遍原则的高度。"辅助性"这一概念是指政治体制上和政治结构上的去中央化，这样的机制分散了中央与地方的职权。地方反对高度中央化，希望能够灵活解决地方问题。换言之，"辅助性"的特性就是一种管理标准，以最大限度亲近公民，提高公民的社会地位。值得一提的是，辅助性原则受到特别议定书的保护。在违反原则的情况下，欧洲立法者可以寻求欧洲法院的干涉。

实际上，一些国家将辅助性原则仅用于分散欧盟一体化机构和成员国的权力。奥地利、比利时和德国在对《阿姆斯特丹条约》的解释性声明中特别提出，辅助性原则不仅适用于国家与欧盟的关系，也适用于国家内部的地区。值得注意的是，欧盟文件在上述情况下仅适用于那些受到本国宪法赋予权利的地区。

区域政策的制度化

　　欧盟的政策影响地区的主动性。《马斯特里赫特条约》（1992 年）是区域政策协调方面的里程碑。其中重要的措施是建立地区委员会。地区委员会属于欧盟协商机构，由地区政府代表构成。欧盟中负责区域政策、环保、社会政策、文化、教育、就业、专业学习、欧洲交通干线的机构，在处理涉及地区政府职权范围内的问题时，必须与地区委员会进行协商。

　　地区委员会代表由地方政府选出，受欧盟成员国派遣，任期为 5 年。目前地区委员会中的员工人数为 344 名。地区委员会代表人数根据派遣国意愿决定。最大的欧盟成员国——德国、法国、英国和意大利——各向地区委员会派遣 24 名代表，而像马耳他这样的国家则派遣 5 名。有关欧盟改革的《里斯本条约》没有实质性地改变地区委员会的地位，唯一的变化在于，委员会有权向欧盟法院提起诉讼以保护自身权益。

　　各国国内的行政机制不尽相同。在欧共体建立之时，最不中央集权的国家是德意志联邦共和国。意大利的宪法从一开始就关注地区问题，而事实上的区域化进程始于 20 世纪 70 年代。比利时的去中央化浪潮始于 80 年代。英国的央地分权进程（деволюция）始于 90 年代。西班牙有关自治地位的政策始于 70 年代末 80 年代初。在结构基金、生态、文化和旅游领域的一体化进程推动了那些像法国一样的中央集权国家内部的去中央化。当然，对外政策中的去中央化的前提是遵守国际义务，一些法律机构专门监督这一情况。

　　当然，无论在什么地方，在外交，包括经济外交事务上，地方都没有绝对职权。在所有发达国家，中央政府主导对外政策（至少起到调节作用）。在大多数国家，在对外政策和商贸协定上，地方通常需要与国家中央管理机构协调一致。

早在 20 世纪 70 年代意大利就决定，即使在自治范围内，国家依旧对各大区（regioni）的对外活动拥有最终决定权。因此，外交部试图维持在对外政策上的绝对权力，并确立了自身作为协调者的地位。

比利时的地区和城市的政府拥有更多的自治权。它们必然会参加攸关其利益的国际条约的讨论。1993 年的宪法改革以及 2001 年的法律赋予佛兰德斯、瓦隆、布鲁塞尔的地方政府在出口和吸引外资方面的绝对权力。比利时地方和社会不仅有权自主对外交往，还可以在获得中央联邦政府的同意后，在欧洲范围内代表国家维护本国立场。联邦政府在以下方面限制地区的国际合作自由：次国家机构需要提交议案来通知联邦政府。如果地方政府或社会与未获得比利时承认的国家签署国际协议，联邦政府有权进行干涉。如果地方政府未遵守其义务，联邦政府能够接管其所有权力。这一情况的依据是，次国家机构不是国际法主体。因此自然地，在这种情况下联邦国家为进出口、投资的风险背书。

2007 年欧委会出台了管理白皮书。白皮书指出，在签署三方条约（国家—欧盟—地方）时，需要与地方协商相关条款，在履行条约时，地方与国家拥有同等地位。法律赋予地方政府独立地或以通知中央政府的形式，直接与其他国家的地方建立跨地区（不仅是跨国的）联系的权力。因而，法国、希腊和意大利颁布了相应的法律。

近几年，失业率上升、社会不稳、经济危机以及欧盟宪法的难获批准强化了"欧洲怀疑论"。这助长了民族主义、分裂主义的传播，特别是在有历史争议的领土上。但这并不意味着，跨国区域化必然伴随着冲突。

该类项目的合法性取决于这一问题的答案：项目的实施能否加强民主制度，还是相反，煽动了分裂情绪？那些高举"人民的欧洲"口号的分裂分子事实上是在倒退，退回到种族国家（этнонациональный）的偏狭之中。这些人包括比利时的佛兰德斯分裂分子、西班牙的巴斯克和加泰罗尼亚分裂分子、意大利北方联盟中的分裂分子。法国的"移民的萨伏依政府"（савойское правительство в эмиграции）和科西嘉分裂分子等也持类似口号。

更令人担忧的是，在激进的自上而下的"去中央化"改革中，统治精英达成一致，要求通过前期复杂程序来确认参与谈判者的权利，举行公投时确认参与者的组成情况，支持多级选举。此外，尝试结束中央政府的控制可能会导致地方的"新中央化"、机构臃肿、腐败增加、新税加征。因此，可能会离改革的目的——让政府机构贴近人民——越来越远。

欧盟中的平行外交和地区代表

次国家区域更频繁地参与对外活动，包括参与一体化进程。代表处的构成及其面临的任务说明新外交形式的产生，也就是所谓的平行外交（парадипломатия）。区域化进程是如何影响外交的呢？各地区的对外联系导致代表机构数量的增加。佛兰德斯地区在发达国家（如美国、法国、德国等）及发展中国家（如莫桑比克、莱索托等）拥有 100 多个代表处。西班牙加泰罗尼亚地区在加利福尼亚、韩国的一些地区、苏格兰、魁北克设有代表处。苏格兰政府在布鲁塞尔、华盛顿、北京（共 17 处）设有平行外交代表机构。威尔士和北爱尔兰也拥有自己的海外代表处。

1984 年，伯明翰的驻欧盟代表处是首家设在欧盟的地方平行外交代表机构。在布鲁塞尔建立代表处的决议由伯明翰的市政委员会作出。1985 年，代表德国各联邦的办公室出现在布鲁塞尔。20 世纪 90 年代初，英国和法国的其他地方代表机构也在比利时首都建立了自己的代表机构。那些拥有更多自治权、由法律赋予较大权力的地方在欧盟开展活动更为积极。

那些受到本国政府施压的地区（拥有不同政见或追求超出法律允许范围外的自治权）是第一批在布鲁塞尔建立代表机构的地区，其中包括加泰罗尼亚、巴斯克地区（这两个代表处没有正式的地位或者是有悖于西班牙的法律），以及威尔士、苏格兰和北爱尔兰。

在《马斯特里赫特条约》签订后，地方驻布鲁塞尔的代表机构数量急剧增加。21世纪初，英国地方和城市的代表机构数量达32处，法国24处，德国21处，西班牙19处，意大利18处，奥地利12处，丹麦12处，瑞典10处，荷兰9处，芬兰7处。甚至那些正在申请加入欧盟的国家也在布鲁塞尔拥有代表处。

与此同时，这些代表机构的大小、人员构成、资金来源、任务、意向合作伙伴都不尽相同。拥有大量资源的大型代表处相当于一个"准大使馆"。也无怪乎德国各地区的办公室被称为"代表处"（Vertretungen）。它们拥有各领域的专家并积极参与欧盟机构的工作。加泰罗尼亚的地方馆也是典型代表。

在以下两方面对地方代表机构的研究非常有意义。第一，如何进行政策制定。这要求在超国家、国家、次国家的层面分权管理（multi-level governance）。该模式为地区、地方政府以及作为新的私人参与形式的商业机构，社会、文化及其他团体提供了参与欧洲政治的可能性。第二，地方代表机构可被视为利益游说机构，能给欧盟施加压力。

游说行为随着欧共体的产生而产生。从20世纪80年代中期开始，游说拥有巨大影响力。因此，在布鲁塞尔建立与欧共体决策中心长期而直接的联系就成为最重要的问题。代表处的形式多，有的代表机构可能是准使馆。一些地区派遣自己的代表去不同的地方机构和贸易组织。为节约开支，一些地区与其他地区代表共用一幢建筑。而那些地区既可能为本国的也可能为外国的。

意大利的艾米利亚—罗马涅大区代表处在国家还没有鼓励的情况下，

成为首个意大利驻布鲁塞尔的地方代表处，它使用策略，利用了本大区技术发展局的资源。随后，托斯卡纳大区代表处中的财政部门效仿了这一行为。此后，意大利的其他地区也纷纷效仿。

艾米利亚—罗马涅大区代表处考虑到自己仅有13名员工，为节约开支，他们与德国的黑森州、法国的阿基坦大区、波兰的大波兰地区共用馆舍。意大利特伦托自治省和博尔扎诺自治省与奥地利的蒂罗尔州共享代表处。这属于跨国代表机构之列，不仅意味着这些地区共同支付馆舍租金，还意味着拥有共同的利益。

直到1994年意大利才取消了对地方与欧盟进行联系的限制（或者之前地方与欧盟的联系被视为国际交流）。新的法律保障了各大区和自治省与欧盟机构，包括与地区委员会，建立联系的权利。按最初的规定，这样的联系只能在与意大利驻欧盟使馆的紧密协作之下才可进行，但到1996年，这最后的限制也被取消。

"外交联邦化"（дипломатический федерализм）的发展指的是意大利各大区对外联系更为活跃，这是另一显著的现代化进程。意大利各大区对外联系的优先合作领域为旅游、商贸和经济。2011年，外长弗拉蒂尼（Фраттини）与威内托大区行政长官签署了意向性议定书，这反映出对"外交联邦化"进程关注度的增加。弗拉蒂尼强调，外交部应采取一切必要措施保障"威尼托体系"融入意大利外交的"国家体系"，赋予地方更多特权以推动旅游业的发展。派遣至威尼托的外交官被授予大区行政长官的外交参赞之职。另有外交参赞派往其他意大利大区。

一些地方的代表处拥有多种职能。在地方代表处工作的既有地方政府代表，也有来自贸易机构、工业协会、工会、教育机构的代表。稍贫穷的地区在布鲁塞尔设有迷你办公室（比如希腊的伊庇鲁斯大区、意大利的莫利塞大区）。地方代表处的工作人员一般为地区或城市的官员，也可聘用当地人。地方政府当然更愿意聘用那些拥有在欧盟机构工作经验并通晓工作流程的人，也就是最有能力的游说者。

代表处的首要任务是调研欧盟动态并报告地方政府，即便是小型代表处也不例外。地方代表处负责建立必要的联系，有时也负责制订欧洲范围的财政计划。代表处应负责"建立人脉网"（networking），既保持与欧盟机构和代表团的联系，也保持与驻欧盟的其他地方代表机构的联系。在欧盟有关伙伴关系和跨国合作的决策中后者可以起到重要作用。代表处的职能还包括推动地方项目发展，保持与欧盟委员会、欧盟理事会和欧洲议会间的联系，确保欧委会了解地方的战略计划。

目前地方政府在欧洲一体化进程中的作用不断增强。大部分欧洲的地区、州、省和大城市都努力在欧盟设立代表处。这推动了欧盟内部的各类地方基金会、地方委员会的建设。一些欧洲国家制定了相应法律法规，协调地区的国际交往。

当然，欧盟成员国在对外政策上有最终决定权，但地方已不再处于被动地位。它们能够影响地区项目和财政政策，其驻布鲁塞尔代表处积极参与谈判，包括参与欧盟部长理事会内部的谈判。

研究欧盟外交机构需明确几点：建立超国家机构的愿景已明显展现出乌托邦特征。全球化与一体化之间的矛盾不利于欧盟法律法规的贯彻执行。而这些法律法规有助于国家更好地融入世界经济。

目前欧盟正经历艰难的时期。欧洲民意批评欧盟的官僚形式。在东欧国家加入欧盟后，成员国间的分歧进一步加剧。"双轨外交"——国家外交和欧盟外交——的巨额开支引发争议。近几年的危机表明，欧盟迫切需要彻底的改革。

随着一体化外交的发展，成员国和欧盟在对外政策上的协调体系显得异常复杂和灵活。欧盟不断增设在海外的代表机构，赋予它们新的职权。欧洲国家的外交由于在欧盟机构中的紧密协作被赋予了新的特征。一体化外交可以说在某种程度上体现了未来典型的外交模式，既保有国家特性又展现了全球的互相联系。

欧盟的决策对地方积极性的影响有增无减。地方参与一体化机构活动的能力不断增强。地方代表处的出现以及它的职权体现出，在一体化进程中产生了新的外交模式，即平行外交。

思考题

1. 欧盟制定对外政策的机制是怎么样的？

2. 欧盟委员会拥有多少外交代表机构？

3. 欧盟委员会代表团的工作与传统大使馆的工作有何不同？

4. 区域化进程是指什么？

5. 一体化机构对地方平行外交有何影响？

推荐阅读

1. *Бусыгина И. М.* Традиционные понятия и новые реалии: суверенитет в Европейском Союзе // Суверенитет: трансформация понятий и практик. Под ред. М. Ильина и И. Кудряшовой. М: МГИМО, 2008.

2. *Зонова Т. В.* Дипломатические структуры Европейского союза // Дипломатия иностранных государств / Под ред. Т. В. Зоновой. М. : РОССПЭН, 2004.

3. *Зонова Т. В.* От Европы государств к Европе регионов? // Полис. 1999. № 5.

4. *Зонова Т. В.* Парадипломатия европейских регионов // Вся Европа. 2011. № 4.

5. *Медушевский А. Н.* Европейская интеграция: механизмы взаимодействия. Вестник Европы. 2006. № 17.

6. *Стрежнева М. В.* Практика наднациональности в Европейском

союзе // Международные процессы. 2010. Сентябрь-декабрь. Т. 8. № 3 (24).

7. Petar Petrov, Karolina Pomorska and Sophie Vanhoonacker, "The Emerging EU Diplomatic System: Opportunities and Challenges after 'Lisbon'," *The Hague Journal of Diplomacy* 7 (2012) : 1-9.

第八章　外交的人文视角和宗教因素

人文因素在外交中的意义越来越大。外交人文视角的发展与挽救人们摆脱痛苦、贫困及丧失尊严处境的努力有关。平民成为军事冲突、残酷剥削、暴力、恐怖主义、自然灾害、疾病、流行病的第一受害者，他们的生活环境陷入危险。[1]

国际舆论中有一种意识已然成熟，那就是除单纯政治范畴的强权和强制外，还存在着需要保护的全人类共同价值。

人文外交的形成

人文外交在形成之初，集中关注的问题是降低军事行动期间的军事暴力水平和残酷性。由此制定出法律条文以规定交战规则。1864 年，25 国代表在日内瓦通过《改善战地武装部队伤者病者境遇之日内瓦公约》。随后根据俄罗斯的提议在布鲁塞尔（1868 年）和圣彼得堡（1874 年）召开了两次会议。这些会议讨论制定了现行交战规则。1868 年在圣彼得堡签署了《关于在战争中放弃使用某些爆炸性弹丸的宣言》。这些会议成果成为国际法的组成部分。

---

[1]　Dupuy R. J. , *Le droit international* (Paris: Presses Universitaires de France, 1963) , p. 32.

瑞士联邦委员会、荷兰政府和帝俄沙皇尼古拉二世号召举行的一系列国际会议赋予了人文外交特殊的动力。会上制定出限制武力、保护军事冲突受害者——伤员、俘虏和平民的公约。此后又举行了一系列会议解决军事行动及其影响的问题。但随后证明，会上签署的公约并不足以保护国内战争的受害者。其他人文外交问题起初均为国际会议上的次要问题。比如，在1815年维也纳会议上签订的公约中规定，缔约国应全力与奴隶贩卖作斗争，支持完全禁止奴隶贩卖。①

1841年在伦敦会议上决定，英国、法国、俄国、奥地利和普鲁士的船只应该押送涉嫌载有黑奴的非法船只到相应港口，并将船员交送当地法院。由此与对待海盗一样，奴隶贩卖也被认作国际犯罪，各国应不论船员国籍、所悬国旗属国进行打击。在1890年的布鲁塞尔会议上成立了总部位于桑给巴尔的国际政府间组织——国际海军署（Международное морское бюро）和在比利时外交部下设特种局。②

这些决议为多边人文外交的发展赋予了巨大动力。1919年，在巴黎和会上参与国通过决议，不仅彻底结束奴隶贩卖，而且彻底废除奴隶制。1926年，国联日内瓦会议以特别公约形式强调了废除及防止一切形式的奴隶制是普遍国际责任。

随着时移，人文问题成为特别会议的主题，目的是制定出改善人们生活条件的公约。这些会议有些具有政府间性质，有些具有非政府间性质。已在19世纪60年代成立的国际红十字会定期举办会议，既有国家代表，也有非政府组织代表参加。1851年，法国倡议召开了首次国际卫生会议，讨论了控制霍乱的问题。1902年底，各国出台了关于流行病防控法典。

二战的悲剧推动多边外交以新方法研究和解决问题。人类自身是人

---

① Maresca A., *Profili Storici Delle Istituzioni Diplomatiche*（Milano: Giuffrè, 1994），pp. 296-390.
② Ibid., p. 246.

道悲剧产生的主要原因。虽然个人拥有自然法权，但国家往往忽略这一点。人文外交起初高呼人权理念，而之后着力于积极调解各国人权状况，这样人文外交就超越了传统的国家专属法人资格框架。

在《联合国宪章》序言及大量条款中包含着"人权"，将保护人权作为联合国优先目标之一。在此背景下，1948 年联合国大会通过《世界人权宣言》，随后通过了《妇女政治权利公约》（1953 年）、《儿童权利宣言》（1959 年）和《消除对妇女歧视宣言》（1967 年）。这一领域的阶段性成果是召开了反对种族主义、种族歧视、仇外心理和相关不容忍行为的国际会议。会上联合国成员国制订了有效行动方案，主张不同国家、民族、文化、语言一律平等。

1950 年欧洲委员会通过了《保护人权与基本自由公约》。为落实公约内容，设立了两个机构——欧洲人权委员会和人权法院，以解决在应用该公约时国家间出现的争议，并审议个人对本国行为的申诉。这从国际法角度看具有革命性质。欧洲理事会制定并通过了《欧洲社会宪章》（1961 年）。1966 年，联合国大会通过了关于人权的一份决议及两份公约。第一份公约关于经济、社会和文化权利，第二份公约关于公民权利和政治权利。根据公约的任择议定书，为处理相关问题，联合国成立了人权委员会。在赫尔辛基召开的欧洲安全和合作会议上，人文问题也成为焦点，并写入签约文件。持续建设负责多边人文外交问题的国际高级别专业化机制。1993 年，成立了联合国人权事务高级专员办事处（OHCHR）。

该办事处研发了"Huricane"系统（人权状况事务计算机分析系统）。资料库包含了人权事务现状的材料、主题公约清单、观察家报告、办事处工作日报、通讯稿、媒体资料以及具体国家人权状况信息。办事处发布有关侵犯人权的信息，但并不诉诸控告或施压。①

---

① "Knowledge Management in Diplomacy," Malta, 1999, p. 12.

2006 年，根据联合国大会决议，设立人权理事会取代人权委员会。

人文外交不仅限于对个人的保护，也对群体保护问题施以影响，特别是需要帮助的群体。保护少数民族和宗教少数群体是例证。1948 年，联合国制定公约防止灭绝种族，将其定性为国际法罪行，并制定一系列措施惩治犯罪者。灭绝种族被确认为一种全部或局部消灭某一民族、人种、种族或宗教团体的行为。

难民问题也引发特别关注。1933 年，国际联盟推出国际身份证——南森护照，主要发放给苏维埃俄国的政治难民。二战后，联合国建立国际难民问题组织，设立联合国难民事务高级专员署。1951 年日内瓦会议通过了《关于难民地位的公约》，规定了缔约国的责任，不得歧视难民，以法律保护难民的权利。除非出于社会安全和秩序的考量，公约禁止签约国驱逐难民出境，并应为入籍和归化等创造良好条件。1967 年，在联合国大会上通过了《领土庇护宣言》，这一宣言为所有符合《世界人权宣言》第 14 条条款的难民提供庇护奠定了法律基础。1967 年在日内瓦召开的有关庇护的会议上出现了许多冷战导致的意识形态分歧。

即便如此，1977 年，根据罗马教廷的建议接受了"家庭的重新联合"（воссоединение семей）的议题。

人文外交不仅保护遭受生理或精神伤害的个人或某一群体的利益，也保护社会不可缺少的构成部分。因此人文外交也具有社会意义，表现在特别关注劳工保护和社会保障。早在 1906 年伯尔尼外交会议上就制定公约禁止雇用女工上夜班。一战后建立了国际劳动局，也就是现在的国际劳工组织（ILO）。这一组织制定了大量保护劳工权利的条约。[①]

二战前通过了关于禁止在工业、贸易船队、农业中雇用童工的条约。引起巨大国际反响的条约内容包括女工监管、8 小时工作制、周休息日、

---

① Kojanec G. , *Convenzioni e raccomandazioni della organizzazione internazionale del lavoro, 1919-1968*（Padova: Cedam, 1969）.

外国劳工的平等权利、职业病补偿、社会保险和退休金保障。二战后国际劳工组织通过了结社自由和组织权利保护公约以及国家促进充分就业义务的公约。

在多边外交框架内获得社会维度后，人文因素推动了国际组织关注生态问题和环境保护。这主要是指保护人类生存环境。生态问题不是一个国家能够解决的，需要共同努力和积极的多边外交。这一领域的首次会议——联合国人类环境会议，于1972年在联合国倡议下在斯德哥尔摩召开。欧洲安全与合作组织成立了环境问题委员会，北约成立了现代社会挑战委员会。著名微生物学家、乔治·华盛顿大学教授彼得·霍特兹提出了新术语——"疫苗外交"。这位美国学者表示，自疫苗诞生之初，"疫苗外交"就出现了。由英国医生爱德华·琴纳于1798年发明的天花疫苗在英国广泛使用，随后传到了法国。在拿破仑时期，法国与英国交战正酣之际，琴纳被推举为法兰西学院外籍院士。在致谢词中，琴纳表示，"科学从不打仗"。众所周知，冷战时期苏联和美国的学者还共同研发了小儿麻痹疫苗。

现在，国际卫生组织和联合国儿童基金会广泛利用"疫苗外交"以在非洲和亚洲的冲突地区促成停火，在"停战期"接种了多种疫苗。例如，1995年在苏丹实现了6个月停火，以接种疫苗预防由胃中寄生虫引起的严重特种疾病。"几内亚线虫病休战"也是著名案例，这一事件成为苏丹战争史中时间最长的停火。接种疫苗医疗队还促成在塞拉利昂的暂时停火。艾滋病的传播也是一个类似的非常棘手的问题。据估算，如果核大国能够将生产核武器的十分之一花费用于研制疫苗，那么在21世纪就可以攻克很多重大疾病。正如彼得·霍特兹所言："我们应该研发战争疫苗。"[①]

---

① Hotez P. J., "Vaccine Diplomacy: The Multinational Effort to Eliminate Disease Might Not Only Save Lives but Prevent Conflict," *Foreign Policy* (May–June 2001): 68–69.

《非人道武器公约》是国际人道法的重要组成部分。公约确立了两条最重要的规范战争行为的条款：必须区别对待平民和战斗员，禁止在武装冲突中使用具有过度杀伤力或必然致死的武器。1997 年通过了《禁雷公约》，2008 年通过《禁用集束弹药公约》。

冷战结束后在人文外交框架内，人道主义干涉活动增多，不仅以政治外交方式，还以武力部署积极参与，包括以武力或半武力方式将冲突双方分离、解除武装，监控停火和边界缓冲地带形势，并在停火后充当警察角色。

事实证明，在刚停火和维和行为刚开始之际，正在谈判和准备签署和平协议的时候，尚不可能解决冲突。冲突，特别是内战，有着深刻的历史渊源。只能通过人道主义长期干预从冲突根本原因上解决问题，避免重回战争，亦即从歧视、不公平的社会经济政策、腐败、暴力和违反人权问题上入手。前联合国秘书长布特罗斯·布特罗斯-加利在 1992 年 6 月的一份报告中将从冲突根本原因入手的长期项目称为"和平建设"（peacebuilding）。

和平建设不仅包含政治军事行动，也包含经济社会领域的举措。只有有能力开展多方权威评估的联合国才能够成为监督发展目标、提供人道主义援助、保障人权及民主的平台，对其进行评估，推动实现停火。

欧盟也有意实施具有强制力的维和行动。欧洲安全与合作组织只有在冲突双方同意的情况下才会进行干预。此种情况下，欧洲安全与合作组织在人权和民主进程境遇不佳的地区发挥着重要的战地存在作用。

国际法中不干涉国家内政的依据是问题所在。一些国际法学家认为，现代国际秩序建立在国家主权和不干涉国家内政原则基础之上。持反对意见的专家则表示，在现代国际社会，国与国之间的关系是如此紧密，以至于主权不可避免地发生了变化，保护人权成为首要问题。

2000 年，联合国成员国代表组成的干预和国家主权国际委员会成立。

委员会提出了"保护的责任"（responsibility to protect）这一概念。"保护的责任"出现在 2005 年联合国成立 60 周年首脑会议的宣言中，明确了一个原则，据此国家主权并不被视为一种权利，而是义务。换言之，"每国应保护自己的人民免于种族灭绝、战争、民族清洗和反人权犯罪"。在必要的情况下，如果和平手段不足，且国家权力机构明显无法保护自己的人民，国际社会有义务在联合国领导下与地区组织合作，根据《联合国宪章》第 6 章和第 8 章内容采取措施作出应对。联大上对这一问题的讨论不休证明，成员国对"保护的责任"所涵盖的范围及实现途径仍未达成共识。这要求进一步讨论完善包括作为首要优先调节方式的预防性外交机制。

"新一代" 冲突和宗教因素

当代外交对于所谓"新一代"冲突的预防和解决相关问题给予特别关注。两极格局结束后此类冲突数量增加，首先是局部冲突和区域冲突。比如，20 世纪 90 年代后苏联空间展现了存在约 170 个冲突区的图景，其中 30 处局势极其紧张危急，10 处潜在冲突演化为现实战争。[①]

以往基本发生于"第三世界"国家的种族和宗教冲突现也在欧洲大陆上蔓延开来。平民伤亡人数的不断增长引发了特别担忧。很多研究者认为，国际关系理论研究水平不足以为身处冲突中的外交官提供达成协议的充分理论基础。

在这一背景下，"宗教因素"的意义愈加突出。无法不赞成塞缪尔·

---

① *Лысенко В.*, Региональные конфликты в странах СНГ: Опыт урегулирования // Полис. 1998. No 2.

亨廷顿"21世纪宗教作用持续提升"的观点。① 这在某种程度上说明，当代国家领导人以实用主义填充意识形态的真空，并不避讳使用双重标准政策。实证主义和经验主义方法是冷战最后十年的突出特征，这将宗教排除在国际关系研究框架之外。②

结果，宗教这一国际关系的活跃因素被忽略了。只有宗教激进主义是例外。然而，现在国际关系研究者重新对政治家、外交官及其他国际社会参与者的"道德维度"的作用产生了兴趣，这绝非偶然。宗教性质活动成为国际关系中越来越重要的因素。天主教、新教、东正教、伊斯兰教、佛教等宗教组织正在积极阻止和解决武力冲突，或至少在尝试减轻被迫卷入战争的平民的灾难。这些组织的成员往往加入"peacekeeping force"（维和部队），或单独行动。包含和平、平等、共识问题日程的各种国际会议吸引着对这些议题感兴趣的宗教组织成员参与。③

20世纪90年代发生在布隆迪的事件即为例证。在卢旺达大屠杀爆发后，政治家未能成功解决这些问题，大量宗教组织承担了调解、对话与和解的角色。其中，天主教救济服务组织（由天主教救援服务、圣埃吉奥社区、门诺会互助促进社和美国联合卫理公会联合组成）起草了成为调解基础的和平协议。

外交官们也在强调宗教因素在国际关系中的影响加强。在华盛顿有关"大使在国外推动人权政策过程中的作用"会议上，美国外交官得出

---

① Huntington S., "The Clash of Civilizations?" *Foreign Affairs* (Summer 1993)：22.

② Groom A. J. R. and Light M., *Contemporary International Relations: A Guide to Theory* (London: Pinter, 1994)；Burchill S., *Theories of International Relations* (London: Macmillan, 1996).

③ Johnston D. and Sampson C. (eds.), *Religion, The Missing Dimension of Statecraft* (New York: Oxford University Press, 1994)；Lederach J., *Preparing for Peace: Conflict Transformation Across Cultures* (Syracuse；New York: Syracuse University Press, 1995)；McConnell J., *Mindful Mediation: A Handbook for Buddhist Peacemakers* (Bangkok: Buddhist Research Center, 1995).

一致结论：在推动形成新世界秩序的外交努力中，宗教意识成为重要因素。[1]

联合国也非常关注宗教的作用和宗教间对话的必要性。联合国将 2010 年确定为国际文化和睦年，其间，开展了众多文化间和宗教间对话活动，为全世界的福祉而促进相互理解和合作。这些对话对于加强人类文明的道德基础的重要性毋庸置疑。

基于此，俄罗斯建议在联合国设立宗教协商委员会，以便世界主要宗教的代表进行交流。例如，2000 年，联合国秘书长科菲·安南和大牧首阿列克谢二世在会谈时讨论了联合国和俄罗斯东正教合作问题。[2]

2006 年在莫斯科举办了世界宗教领袖大会，会上通过了促进全球宗教国家和世俗国家间的合作的新政策。俄罗斯外交部支持俄罗斯东正教会和穆斯林组织的合作关系。俄罗斯外交部与俄罗斯东正教会协作工作组定期召开会议。同时，俄罗斯外交部和俄罗斯穆斯林组织协作协商委员会也正在运作。

俄罗斯东正教会在《社会理念基本原则》（Основы социальной концепции）中详细阐述了宗教经验对解决当代世界问题的意义。教会坚决谴责战争是"人类隐秘精神疾病——自相残杀式的仇恨——的表现"。教会还指出，没有基督教对社会思潮的道德作用，就无法在国际关系中制定高标准国际法。俄罗斯东正教会的主要活动是在国际、族际、人际间等层面调解争端，关心同胞，促进人与人之间、民族与民族之间、国与国之间的相互理解和合作。[3]

目前，俄罗斯东正教会的维和努力集中于协调亚美尼亚—阿塞拜疆

---

① Stempel J. , "Faith, Diplomacy and the International System, " in *DSP Discussion Papers* (Leicester: Centre for Study of Diplomacy, 2000) .

② Патриарх Алексий встретился с генсеком ООН, *Православие. Ru*, 30 января, 2000, http:// www. pravoslavie. ru/news/index06. htm.

③ Официальный сайт РПЦ, http://www. patriarchia. ru/.

冲突地区、格鲁吉亚、摩尔多瓦、巴尔干地区和中东地区等世界不同地区的冲突。教会知晓宗教意识带来的情绪紧张，力争让每起冲突都不带有宗教色彩。

如今东正教徒生活在国家和民族越来越相互依存的形势中，很多重要的决定越来越经常地在国际层面解决，而不是在国家内部。宗教意识本身即具有包罗万象的性质，包含着全球化现象——政治、法律、经济、信息、文化，是无法忽略的客观现象。传教布道首先表现为不同文化和民族间代表对话，可以肯定，其意义将持续增强。

莫斯科牧首区积极与欧洲及全球政府间国际组织、国家领导人、知识分子和研究人员展开对话。对话的目的是对国际法的发展产生积极影响，反对政治、意识形态、世界观的强制性和统一化。俄罗斯东正教会将全球化视为促进全人类一体化的进程，它不是对各国人民意志的压迫，而是为人们根据自身的传统、期望、追求和生活方式自由生活和发展创造可能。教会致力于推动形成一套能平衡不同文化、宗教传统及西方自由发展的文明标准。教会文件指出，正是在这些文明标准之上将建成一个多极的、文化多样的自由世界。①

由于国际恐怖主义威胁加剧，代表着大多数信徒的基督教、伊斯兰教、佛教、印度教、犹太教的宗教组织坚决谴责那些披着宗教外衣、怀有极端思想的武装行动。俄罗斯东正教会负责人一直在强调穆斯林和基督徒间不可避免爆发全球冲突的言论极其危险，这一言论可能会引起一小撮激进分子或者企图在冲突中渔利的势力的兴趣。教会拥有几百年东

---

① *Алексий* Ⅱ, *Патриарх Московский и Всея Руси. Друзья и соработники* // Международная жизнь. 2001. № 6. C. 36-38; *Митрополит Смоленский и Калининградский Кирилл. Сотрудничество Русской Православной Церкви и российской дипломатии: Вчера, сегодня, завтра* // Международная жизнь. 2001. № 6. C. 46-47.

正教徒与穆斯林合作的经验，可为预防类似冲突作出巨大贡献。[①]

职业外交官正在越来越频繁地思考宗教因素对形成世界新秩序的作用。利用自身优势，俄罗斯外交官和宗教人士呼吁首先要完成非常重要的共同事业——维护和平。教会的精神权威可以在协调地区及宗教冲突中发挥重要作用。如果宗教界权威人士的言行不指向人民和国家的分化和对抗，而是向信徒宣教忍耐和培育人类最高价值观——对人的生命的尊重，那么他们就可以为创造真正坚实的和平作出无法估量的贡献。[②]

俄罗斯东正教会在很大程度上与俄罗斯外交一样，履行着为境外同胞提供实际支持、在独联体地区维护和平的使命。2011年，大牧首基里尔在与俄罗斯外交部外交学院高级外交官研修班学员会谈时表示，维护和平是教会对外活动的重要组成部分，"无论在世界哪个地区发生冲突，俄罗斯东正教会都将致力于使敌对方相互和解，推进建设性对话，并寻找折中方案"。[③]

俄罗斯东正教会全教研究生院教会对外关系教研室副主任、大司祭谢尔盖·兹沃纳列夫表示，"以宗教信仰为棱镜能够反映当代社会生活中的紧迫问题——这正是教会外交"。[④]

---

① Веру силой не навязать. Интервью Святейшего Патриарха Московского и всея Руси Алексия II // Аргументы и факты. 2002. 8 января; *Митрополит Кирилл.* Русская Православная Церковь изначально имела свою внешнеполитическую службу // Международная жизнь. 2002. № 6.

② *Иванов И. С.* Дело создания нового миропорядка нуждается в прочных нравственных, духовных принципах // Международная жизнь. 2001. № 6. С. 34–35.

③ *Беседовала О. Б.* Протоиерей Сергий: Церковная дипломатия-это свидетельство окружающему миру о правде Божией, 6 сентября 2012, http://www. patriarchia. ru/db/text/2449874. html.

④ Там же.

教廷外交活动的经验

教廷外交活动的积极性值得关注，因为天主教教会是历史上唯一拥有自己的职业外交机构的教会。当然，国际关系学者中只有少数人注意到教廷外交的作用，通常它被列为某种"落伍现象"。①

但拥有数个世纪历史的教廷外交整体上能够成为那些对外交和国际政治研究路径的"永恒性"持批判态度的研究者的宝贵资料。② 历史表明，尽管政治和制度环境发生了根本变化，但执政者向罗马教廷的神职人员、教廷外交官寻求帮助和建议的传统仍然保留。教会的影响力仍非常巨大。此外，在很多天主教国家，教会至今仍是政府高层官员队伍的重要来源。罗马仍然保持着作为国际外交活动的活跃中心之一的地位。

目前，教廷与世界上 179 个国家保持着外交关系，并与欧盟和马耳他骑士团建立了双边外交关系，与巴勒斯坦解放组织存在特殊关系。从 1971 年起不再有教宗"使节"驻中国台湾，变更为"临时代办"。教廷正在与越南进行建立外交关系谈判，通过中间人与中华人民共和国保持非官方联系。教廷积极参与国际组织的活动。它在联合国、欧洲安全与合作组织、联合国教科文组织、东南亚国家联盟、联合国粮食及农业组

---

① Ryall D., "How Many Divisions? The Modern Development of Catholic International Relations," *International Relations* 14, no. 2 (1998): 21 – 34; Hansen E. O., *The Catholic Church in World Politics* (Princeton: Princeton University Press, 1987); Heir J. B., "Papal Foreign Policy," *Foreign Policy*, no. 78 (1990); Elshtain J. B., "International Politics and Political Theory," in *International Relations Theory*, ed. Booth K. and Smith S. (Cambridge: Polity, 1995); Wallace W., "Truth and Power, Monks and Technocrats: Theory and Practice in International Relations," *Review of International Studies* 22. no. 3 (1996); *Шестопал А. В.* Глобальная демократизация и глобальный кризис. М.: Космополис, 1999.

② Jorgensen K. E., "Modern European Diplomacy: A Research Agenda," in *DSP Discussion Papers* (Leicester: Centre for the Study of Diplomacy, 1997).

织、世界贸易组织内具有观察员身份，是国际移民组织成员，与阿拉伯国家联盟、非盟、法语国家及地区国际组织建立多边关系。梵蒂冈也与非政府组织发展联系，包括国际历史科学委员会、国际古文字学委员会、国际艺术史学会、国际人类学与民族学联合会、国际医学中立委员会、国际文物保护与修复研究中心、国际保护纪念碑和自然保护区委员会、国际旅游者联盟等。

在国家的命运由天主教教会主宰、教廷具有决定权的中世纪，教廷外交机构获得了强劲的发展动力。从一开始双重性即为教廷外交机构的突出特点，这是由教宗本人既是天主教教会首领，又是教皇国的元首所决定的。

一方面，教廷外交面临着严峻的宗教和教会任务：传播福音、提高声望、改革教会、建设修道院及文化建筑、解决教条争议；另一方面，也肩负世俗使命：为统治者加冕，解决内政外交问题，监督司法职能。中世纪时梵蒂冈将欧洲看作"基督徒的共和国"的观念使"无上权力者"成为欧洲生活的公断人。早在中世纪早期，教廷外交就已经形成了多分支形式，远超出欧洲边界，在十字军占领的领土上建立代表处，向非基督徒——鞑靼人、波斯人派遣使团，甚至到达遥远的中国。但是教会外交的中心始终是欧洲国家。

中世纪晚期，单一等级制的教廷外交进入了危机时期。教廷艰难地适应了诞生于文艺复兴时期的新体系，即独立主权国家在常驻使节代表制的基础上维系相互关系。在这一体系中梵蒂冈丧失了作为最高主权者的特权，不能决定统治者的命运、控制国际关系和联盟的发展。教廷在中世纪扮演的公断人的角色越来越被中间人角色所替代。受制于时代形势要求，教廷尝试与主权国家元首在平等的基础上建立关系。这需要教廷外交根据世俗情况进行外交活动：教宗只向世俗统治者派遣大使，教宗使节转变为常驻代表，他们的活动涵盖教廷与接受国间关系的所有领域。

著名学者马丁利"文艺复兴时期的新外交是新型国家职能的反映"的推论也适用于梵蒂冈外交，后者所获得的这一发展也是在同一时期同样条件和境遇下成为教廷在欧洲政治中新地位的职能体现。

文艺复兴时期教皇制度再度成为国际交往新形式的中心，罗马仍是活跃外交活动的聚集地。毫不夸张地说，罗马教廷是现代意义上的"西欧社会"的奠基者。在此背景下，教廷的主动外交代表和被动外交代表都迅速发展。

在主权国家建立、天主教国王与教廷之间形成新型关系之时，国王们力求彻底摆脱中世纪体系，在政治问题上保证最大限度独立于教宗。然而教廷仍然通过外交途径影响着当时的政治事件，因此对于欧洲统治者来说保持在教廷的外交使团是完全有利的。此后，教宗只能通过外交艺术反对天主教统治者的绝对专制、新教的宗教改革及伊斯兰教的渗入。作为对时代挑战的回应，梵蒂冈外交展现出非凡的灵活性，以幕后阴谋和秘密外交取代了对欧洲国家内政的直接干涉。

1648 年，在威斯特伐利亚首次确认了常驻使节代表制度。教廷外交为此作出巨大贡献。当时教廷外交的结构已基本与其他国家外交机构的架构无异。启蒙运动时代，欧洲君主高举司法管辖主义的旗帜，与罗马教廷的最高统治及其对主权国家内政的干预、耶稣会会士和教权主义展开了大规模斗争，即世俗政权争取对本国天主教教会和教廷之间关系的管理权。广义上，司法管辖主义意味着教会对国家事务的不干预。

因此新的主权概念产生，并成为理解教会和国家间关系的核心。"双权力"——教权和世俗权——认知最终不再受欢迎。新的世俗政治理论基于主权不可分割概念，认为只能有一个政权——世俗政权和一个国家主权——世俗，而非教会。

由于国家主权原则的确立，教廷外交机构的国际地位也发生了质的改变。国家统治者同意承认教宗使节在对外政治和世俗领域的工作。从此教宗使团成为主权教皇国的代表。同时，使团干涉国家内政权力的教会性质越来越不被承认。法国大革命和拿破仑改革完成了这些转变。

在 1814—1815 年维也纳会议上，教廷通过外交措施成功修复了之前被拿破仑毁坏的教宗世俗权力。教廷外交官在会议上特别关注了教宗及其外交机构的地位。《关于外交人员等级的章程》正式承认了教宗属于大国君主之列的显赫地位。这是欧洲大国首次在外交实践中以法律形式确认了教宗使节作为官方外交代表具有全权大使级别，及其在外交使团中的团长地位。之后逐渐建立了世俗政权和教权之间的新关系。国家主权不可分割观念做了让步，以宪制性法律确认教宗的"精神主权"。随着时间这一关系具有了"自由国家中的自由教会"特征，并以政教分离为基础。

如今教宗的国际地位也同样基于教宗的世俗权力和宗教权威这两个原则之上。教宗同意存在两种独立主权权力，即教会和国家在各自领域拥有最高地位。教廷外交的重点是"保护教会的自由和独立，维护国家间和平、和睦和公正的关系"。教廷外交的最终目标不变，但其语调可以变化，正如现实所发生的，梵蒂冈第二次大公会议的召开表明教会实质性地参与了解决现代世界最迫切的问题中。会议决定将梵蒂冈外交领域拓宽至教会外，推动与所有人——不论其宗教信仰——的开放对话。这一点也正是会议所呼吁的，也是将伦理目标作为首要目标的转向。教会与国家政权之间在最高级别上的丰富谈判经验，加之教宗的个人威信，使他成为国际舞台上的主要活动家之一。

教廷外交机构的中央集权性质使其能根据教宗的个人偏好及周围亲近人员的个人性格而灵活应用梵蒂冈宪法。教宗通过教廷部会进行管理。教廷被冠以罗马之名，是因为教宗是罗马的主教。教廷各部会是具有行政长官的红衣主教理事会，并由行政长官负责向教宗报告合议会议的结果，由教宗作出最终决定。教廷架构的顶端为教宗直接管理的国务（或教宗）秘书处。秘书处的职权极其广泛，涵盖所有政治和外交事务，同时教宗也可以授权它解决社会和宗教问题。

教宗的职权包括代表教廷缔结、批准和废止国际条约，接待其他国家外交代表，任命梵蒂冈驻外大使。在对外联络方面，教宗会授权其他国家机构，包括国务秘书处。然而在确定梵蒂冈的对外政策领域，主要角色仍然是教宗，他不仅在国际关系中拥有代表国家的权力，也是权力的全权执行者。内部官僚斗争是很多世俗外交机构的特点，有时会妨碍工作，在梵蒂冈外交机构中内部官僚斗争有着特色形式。这是指两大力量之间的紧张斗争：一方面是罗马教廷中央集权等级制的权力，另一方面是与教区相关的更加多元化的国家教会合议制架构。诚然，教宗利用自己的权威和权力，通常可以推行对自己有利的政策方针，不顾及梵蒂冈官阶的其他群体或天主教会个别国家组织的立场。在进行国外访问时，与其他国家元首一样，教宗也享有"元首豁免权"。其特权包括有权受到隆重接待和特殊礼遇，自由使用代码和信使与本国和他国进行联系，人身不可侵犯，个人物品、居住场所、交通工具不受侵犯。

国务秘书处具体负责及时有效的对外联络，由教宗任命的红衣主教管理。通常教宗从梵蒂冈的职业外交官中选拔红衣主教。国务卿在罗马教廷中具有特殊地位与职能，其任期与其他部会负责人不同，不受五年任期的限制。国务卿无限期（ad tempus indefinitum）任职。他根据从教宗本人处接收的指令行事，负责教廷外交。在教宗接受外国大使的国书后，国务卿负责接待大使，并在之后与这些国家进行谈判和处理关系时代表教廷。

国务卿与大使定期会面。除非特殊情况，驻教廷大使只有两次机会单独面见教宗——在任职初期和卸任之时。国务卿接待正式访问梵蒂冈的国家元首，并在第一副手陪同下进行礼节性回访。与许多国家的外交部一样，国务秘书处的部门架构基于职能——地区原则。应该指出，国务秘书处支持出版反映教廷在国际关系领域政策的教宗年鉴《教廷活动》（*L'attività della Santa Sede*），约 2 000 页。

除国务秘书处以外，宗座正义暨和平委员会也处理国际关系问题，受命推广天主教会的社会学说。其职权包括人权问题和争取和平与裁军。该委员会的出版物、演讲和活动需预先获得国务秘书处的允许。与宗座正义暨和平委员会平行的另一个机构是一心委员会（Cor Unum），其职权是处理发展问题。罗马教廷还设立了一些临时机构，如教宗调停部是为了调停阿根廷和智利边界争议而专门建立的，1979 年运行了一整年。

梵蒂冈的外交机构在 20 世纪初形成了现代组织轮廓。它的架构和职能在 1908 年通过的《天主教法典》中得到确认，并确定了 1983 年前的教廷外交机构的主要特征。二战结束后，教廷极大扩展了自己的外交活动范围，包括开始与非基督教国家建立外交关系。1942 年在意大利政府的压力下，教廷与日本和中国建立了关系。此后，梵蒂冈与下列国家互派常驻外交代表：埃及（1948 年）、印度（1948 年）、印度尼西亚（1950 年）、巴基斯坦（1951 年）、叙利亚（1953 年）、土耳其（1960 年）等。值得注意的是，梵蒂冈没有自己的领事馆，但根据梵蒂冈法学家的意见，教廷也能够在必要时建立领事馆。梵蒂冈外交具有一系列独特之处。双边关系的发展经常取决于宗教、历史和政治原因。譬如，梵蒂冈与美国的关系发展较为复杂。新教多数派坚决反对与罗马教廷建交。早在 19 世纪，国会就作出决议，禁止为驻教廷使馆提供资金支持。为了维持联系，美国总统采取个人代表制的方式，这一代表偶尔出现在罗马。直到 1984 年，当时波兰"团结工会运动"① 持续进行，里根总统使国会信服了与波

---

① 团结工会是波兰独立工会联盟，于 1980 年在格但斯克的列宁造船厂成立，它迅速发展成为一个广泛的社会运动，参与者包括工人、知识分子、学生、天主教徒和农民等。1981 年波兰实施戒严后，团结工会被迫转入地下活动。它的持续抵抗得到了天主教会的支持，以及国际社会的关注，包括来自美国的财政支援。——译者注

兰裔教宗约翰·保罗二世维持联系的必要性，双方才建立外交关系。

教廷与俄罗斯外交关系历史在很大程度上由东正教和天主教的关系所决定，因此需要专门研究。在这一背景下仅限于研究形式问题，例如莫斯科与梵蒂冈建立关系。俄罗斯与梵蒂冈关系新的良好基础奠定于经济改革时期。1988 年，红衣主教卡扎洛里在罗斯受洗 1 000 周年纪念之际访问莫斯科，并与苏联总统戈尔巴乔夫会面。随后 1989 年 12 月，戈尔巴乔夫与约翰·保罗二世在梵蒂冈会面。正是在此次会谈中双方决定建立常驻官方关系，并于 1990 年互派代表。"官方"关系的称法使这一关系的级别低于外交关系，这是由于在与梵蒂冈接触时俄罗斯东正教会的不确定性地位。直到 2009 年，俄罗斯与梵蒂冈的关系才提升至外交关系级别，互称双方代表为"大使"。

传统上，离异男性或与离异女性结婚的男性不能担任驻教廷大使。近些年，驻教廷大使出现了女性。首位女性大使是乌干达大使贝尔纳黛特·欧沃（Бернадетт Ово）。1988 年 1 月，又有两位女性大使就任——新西兰的朱迪思·凯瑟琳·特罗特（Юдифь Катрин Троттер）和牙买加的米欧涅特·帕特里夏·杜兰（Миньонетт Патриция Дюран）。20 世纪 90 年代，美国驻教廷大使之职由科琳娜·克莱本·博格斯（Коринн Клейборн Боггс）担任，英国驻教廷大使之职由莫琳·E. 麦格拉斯汉（Морин Е. Макглэшан）担任。当麦格拉斯汉女士被记者问及是否在"男性"岗位上遇到过一些困难时，回答道："唯一的困难在于使人们习惯称呼我为'大使'，而不是'女大使（послица）'，更不是大使夫人。"2012 年，欧盟驻教廷代表团由法国女士劳伦斯·埃尔热梦-皮斯特尔（Лоранс Аржимон-Пистр）任团长。

自 1870 年起确立了不接受驻意大利大使兼任驻教廷大使原则（紧急特别使团除外）。因此，一些国家兼任驻教廷大使的大使经常在其他国家工作，只有临时代表驻罗马。瑞士驻意大利大使是例外情况，他每年到梵蒂冈参加一次瑞士士兵的宣誓仪式。也存在委派外交部长为驻教廷大使的情况。"永恒之城"① 有个特殊的"罗马俱乐部"，专门为方便外交官和神职人员在非正式场合见面并讨论双方感兴趣的问题而建。

教会与世俗政权分开的问题事实上并不影响一些国家是否向梵蒂冈派遣代表。一方面，法国严格执行政教分离政策，但却是在梵蒂冈拥有最体面外交队伍的国家之一，并允许教宗使节在巴黎充当外交团团长；另一方面，美国直到 1984 年（除 1848—1870 年短暂时期）才与梵蒂冈建交，解释称宪法中政教分离的条款。1940 年 1 月，美国反对派公开申明，称与梵蒂冈建交将是"对作为美国现行体系基础的政教分离原则的极端破坏"。墨西哥也以同样的借口长期未与梵蒂冈建交。现在，美国、英国、丹麦、瑞士、挪威等以路德派新教为国教的国家在教廷都有代表。1979 年，东正教希腊政府决定与教廷建交，1980 年，希腊大使赴梵蒂冈就任，但希腊方面特别强调这是国家间关系，而绝不是宗教间关系。

梵蒂冈境外使团可分为两种：一种外交性质使团——教宗使节与驻国际组织代表，另一种非外交性质使团——使徒团。梵蒂冈境外使团主要的、人数占多数的形式是外交代表。教廷通过他们与他国维持联系并接收接受国的信息。由于梵蒂冈还拥有其他更加数量庞大的消息来源，它的外交代表团通常人数不多，大多由两至三人组成：使团团长、参赞或秘书，有时有审计员。1983 年新版《天主教法典》第 362 条规定：

"教宗有天赋和独立之权利，委任并派遣使节，到不同国家或地区的教会，或同时派往各国；同样有权利，循照国际法有关派遣及召回使节之规定，调遣及召回派往各国之使节。"

第 364 条规定了使节的义务：

"向教廷报告有关地区教会的状况……以行动和建议协助当地主教……将候选人名单呈递教廷或提名候选人……努力推动有关民族之间

---

① "永恒之城"，指罗马。——译者注

的和平、进步与合作之事……在国家行政首长之前，与主教们协力维护有关教会及教廷使命之事务。"

现在梵蒂冈也会派遣特别事务大使就最为重要的问题开展谈判。通常这样的大使由梵蒂冈行政部门中职位较高的官员担任。有时梵蒂冈会同时派出几位特别事务大使前往不同国家就极其重要问题进行谈判。这种情况通常发生在国际局势紧张时期，此时梵蒂冈更倾向于通过特别事务大使处理，并非通过常规外交途径。

1961 年维也纳会议单独讨论了教宗使节的地位问题。梵蒂冈代表团团长红衣主教卡萨罗利建议像 1815 年维也纳会议一样，承认教宗使节为外交团团长。卡萨罗利表示，这不仅确认了普通法中的旧规则，也为应遵守这一规则的派遣国创建了法律依据先例。卡萨罗利的建议引起一些国家的反对，首先是社会主义阵营的代表。在交流意见后，会议决定在规定代表团团长序列的第 16 条中增加第 3 款，"本条规定不妨碍接受国所采行关于教廷代表优先地位之任何办法"。这一条款得到一致认同。教廷将这一会议决定视为其外交成功。认为，这一辞令在法律上认定了"教宗使节成为外交团团长的可能性，甚至在非天主教国家，巩固了希望将教会最高价值转化为法律条款的国家及人民的自由原则"。在外交团团长为教宗使节的国家，[①] 副团长则由就任最早的大使担任。在团长夫人缺席的礼宾场合，这位大使的夫人可补位。在一些没有梵蒂冈外交代表的国家，可以由同时与当地教会保持联系的教廷检察官开展政治外交活动。通常在当地教会中宗座代表教宗。他是荣誉主教，可能在几个国家兼任，任务首先是宗教性质的。应指出的是，教廷对教宗使节（нунций）和教皇代表（апостолический делегат）只做了礼仪上的区分，且可互换。个别宗座代表同时承担使节的职能。

教廷外交官官职分以下等级：教廷使节随员（一年试用期）；教廷使

---

① 驻欧盟的外交团团长也是教宗使节。

节秘书（分两级，每级三年；秘书列入高级教士的编制，授予"蒙席"荣誉称号）；教廷使节监察官（分两级，每级三年，需通过国内法的考试，并掌握拉丁语和第三门外语）；教廷使节参赞（外交官达到该等级时通常年近40岁，任职时间按照教廷的要求）；最后是使团团长（有望获得主教之职的教廷使节）。教廷使节有时可能不是职业外交官。不是所有教宗代表都必须终生从事外交事业，他们可能在回国后担任教区主教。

需要记住的是，教廷外交代表（领导者并不重要）通常被称为教廷使节。与世俗习惯不同，在称呼世俗政权国家大使时先指明他的派遣国，再指明接受国的首都，如"法国驻罗马大使"（посол Франции в Риме），①而教廷外交传统中使节以其接受国命名，如"驻法国教宗使节"。也存在教廷使节寓邸在梵蒂冈，而不是在国外的情况。这种情况是教廷使节由国务秘书处官员担任，偶尔率特别使团出国。

教廷外交官（教宗使节与教皇代表的总称）的职责是"代表教宗"。他们应向教宗提供有关当地宗教情况的信息，协助主教和主教会议，参与空缺职位任命。教廷使节的职责包括建立和维护与政府人员的联系，与他们讨论所有教会间和国家间关系问题，包括签署宗派间协议（конкордат）及其他协议。

教廷外交代表在海外的生活非常简朴。世俗交际不在其日常职责范围内。因此，他们与其他外交使团有着明显差异。教廷使节所设的招待会与其他大使组织的活动相比，人数少得多。通常一年只举办一次大型招待活动，即教宗就职周年纪念日。在历史书中经常提起龙嘉利突出的开明和智慧，这位后来的教宗若望二十三世于1945—1953年在巴黎担任教廷使节。其间，他经常游历法国，去过最偏远地区，甚至访问过阿尔及利亚。在外交招待会上经常能见到他，因此有一次他表示："如果教廷

---

① 在中文中对大使的称呼是先指明接受国，再指明派遣国，如驻意大利的法国大使，与俄语表述不同。——译者注

使节出席了招待会，那么即使是最美的女士衣着大胆也不再吸引人们的注意了。"虽然教廷使节机制和世俗国家的外交机制都按照现代政府发展的规律在很大程度上官僚化了，但大部分的教廷使节制度和教廷代表团仍像原来一样由两人组成——使团团长和秘书。最大、最重要的使团加上团长也不会超过四人。

有一次红衣主教多梅尼科·塔尔迪尼（Доменико Тардини）、国务卿庇护十二世（Пий XII）和若望二十三世（Иоанн XXIII）在讨论中谈到了教廷外交代表的简朴和人员短缺。为回应罗马教廷外交在该问题上处于世界第一的称赞，红衣主教开玩笑地说："我为第二名真诚遗憾。"①

甚至梵蒂冈的中央机构中的员工数量也有严格限制。在国务秘书处工作的员工数量不超过 150 人。然而几乎在世界所有国家都有与当地神职人员和信徒保持联系的教宗使节与教皇代表，这使得梵蒂冈能获取、分析、保存极其广泛和高质量的信息。英国驻教廷大使马库斯·贝克表示，他首先惊讶于每天要处理各式各样的问题。这些问题包括移民、非法贸易、与普世教会的关系、宗教间对话、气候变化以及世界不同地区的冲突。其次，他指出，在国务秘书处、教廷各部门及类似"国际明爱"的组织中员工数量非常少，但极其高效。

自 20 世纪中期开始教廷外交机构中出现越来越多的非编制世俗信徒工作人员。他们积极参与筹办和举行国际会议。同时作为外交官和神职人员的使节活动两面性在不久前遭遇到了法律层面的批评。问题在于：出于自己的外交地位，教廷使节不应参与驻在国的内政，但同时出于其精神使命，他们不能对当地宗教群体漠不关心，需要向当地主教传达来自罗马的指示。

从天主教法律角度来看，这种超出外交范畴的行为有时会引发一些

---

① *Зонова Т. В.* Дипломатия Ватикана в контексте эволюции европейской политической системы. М. : РОССПЭН, 2000.

政府的怀疑，甚至是敌对情绪。在 20 世纪 50 年代就已经发生过法国议会就梵蒂冈干涉法国内政而大做文章的事件。有时类似情况会导致大使被驱逐出境，比如越南和柬埔寨。

公开发表政治议题演讲属于当地主教的职权范围。教廷使节所保护和坚持的宗教利益不应对抗驻在国的政治社会利益。这一并不总是被遵守的基本要求实际上决定着教廷外交的特征。

同样应该指出的是，现在梵蒂冈不接受神职人员成为驻教廷外交代表，也不认为宗教信仰问题是个实质性问题。派遣国完全根据本国利益作出驻教廷代表人选决定。比如，英国从不向梵蒂冈派遣天主教徒大使。在两次世界大战之间，德国坚持本国代表应为新教教徒。二战之后，德意志联邦共和国派往梵蒂冈的首任大使仍为新教教徒，但 1956 年其继任者是天主教徒。这证明了德意志联邦共和国不愿意坚持所谓的"普鲁士传统"。因此，德意志联邦共和国轮流派遣新教教徒和天主教徒驻梵蒂冈。荷兰政府则表示，它有权派遣任何宗教信仰的大使驻梵蒂冈。

教廷通过始建于 1701 年的宗座外交学院（Папская Церковная академия）培养外交官。该学院是欧洲及全世界最古老的教育机构之一，专门培养外交人才。在梵蒂冈通常称该学院为"使节学校"。学校毕业生中产生了 5 名教宗，其中包括 20 世纪的庇护十二世（Пий XII）和保禄四世（Павел IV），他们在学院毕业后曾担任教授。

罗马教廷的外交实践基于将外交作为维护和平的艺术的理解。保禄四世在对未来外交官的演讲中是如此表述这一任务的："在国际关系中寻求和平是所有外交使团的主要任务，特别是我们的外交使团。这意味着，首先是在和平之地维护和保持和平，其次是在尚不和平之地创造和平。"教廷外交官应有丰富文化内涵，尊重他人观点，为人忠诚、言行如一和仁慈，保持开放对话。要进入学院学习，需要拥有天主教法律、理论或其他神学领域的文凭，以及熟练掌握两门外语，且不接收超过 30 岁者。

在入学之前，学生必须成为神父。学员最终录取名单由高级神职人员主席（прелат-президент）签发。鉴于候选人将会承担重要的外交任务，他们还需要满足特殊人格要求，即应拥有如"理智健全，思维发达，智力成熟"等重要的品质。此外，候选人还应信仰正统的天主教教义，对教廷和教宗绝对忠诚，能够保守秘密，准备好完成教会的任何任务以及忠实于自己的事业。

学院的学生来自不同的国家。1989 年 24 位学生中仅有 7 位是意大利公民，其他学生来自 15 个国家。20 世纪 90 年代末期学院平均培养了来自全球 20 个国家的 35 位学生。学院的学制为两年，为寄宿制学校，学生们生活在宿舍里。据悉，相比其他教会学校，学院的学习难度更大。学生们上午、下午各学习 4 小时。此外，他们还需在罗马各教区履行神父之职。校领导每年两次在教宗面前汇报工作。

学院教授以下科目：教廷外交史、外交文体和文书、国际法和外交法、教会外交、国际宗教和政治组织、教会社会教义、天主教法律及东正教国家教会法律。学习 5 种现代语言：法语、英语、西班牙语和意大利语以及拉丁语。学生们在国务秘书处和驻外代表机构进行实习。每年约有 30 位毕业生。毕业生作为合格的外交工作者，将作为随员派往教廷驻外机构。一般有 3—4 名毕业生在教廷开始任职，之后国务秘书处从他们中挑选最合适的人继续从事外交工作。

驻教廷大使的就任仪式与世俗国家相差不大。到达罗马的代表团团长对国务秘书处进行正式访问，递交国书副本，并会见副国务秘书。由教皇府长官（префект папского дома）协调教皇接见新大使的日期和时间。

在梵蒂冈外交的实践中不强调外交官本人的国籍。外交官们从不声称自己是梵蒂冈城国的代表，而认为自己是全人类的代表，即全世界教会的代表。在这种情况下他们的民族不具任何意义。他们认为，教廷外交代表（既包括神职人员，也包括不担任神职的信徒）并不是在国与国的关系层面活动，而是在道德的、超越人类本性的层面。因此，教宗代表并不持有梵蒂冈城国护照（现实中存在此种护照，如签发给圣伯多禄大殿中来自东欧国家的神职人员的便于其出境的护照）。教廷向外交官签发外交护照或公务护照。居住在梵蒂冈的大多数人都使用他们来源国的护照出行。历史上出现过由平信徒担任教宗代表的情形。

教廷认为自己在联合国中作为最有威望的国际组织的工作具有重大意义。教廷外交具有"国际性质，而非国家间的性质"，因为这些关系的主体是教廷，而非梵蒂冈城国。外交实践应考虑到，早在 1957 年，联合国经与教廷外交领导人协商建议在官方文件和国际会议中使用"教廷"（Holy See）来替代"梵蒂冈城"（Vatican City）。

教廷宣称，《联合国宪章》中所确定的和平、平等、尊重人权和个人尊严的原则也是教会的行为准则。如今教廷仍认为，只有包罗万象的国际组织才能解决现实忧虑问题：裁军，恐怖主义，贩毒，环境保护，能源危机，发展问题，人口问题，水资源问题，粮食问题，卫健问题，家庭、青少年、老年人问题，公海和太空问题。

教廷认为，类似问题无法在双边层面达成满意结果，需要所有政府具有全球立场和政治意愿，以及国际社会所有成员间开展经常性对话来解决。联合国是独一无二的国际平台，能够为解决上述问题提供对话和谈判的基础。1995 年 10 月若望·保禄二世（Иоанн Павел Ⅱ）在联合国大会演讲中强调，教廷并不将联合国视为世界政府的原型，而是视为制定道德政策的中心，其任务不仅局限于解决当前问题。他认为，应该形成一个认真探讨解决所有政治、经济和社会问题路径的价值体系的世界论坛。①

---

① Pope John Paul Ⅱ, "Address to the Fiftieth General Assembly of the United Nations Organization," October 5, 1995, New York, United Nations Headquarters.

　　诚然，教廷不是联合国成员，而是专业组织层面的观察员。因为联合国建立在成员主权平等原则之上，教廷无法等同于普通主权国家。《联合国宪章》规定了成员国在道德、法律和政治上参与针对违反《联合国宪章》的成员国的行动。梵蒂冈外交官认为，成员国身份会迫使梵蒂冈参与违反其宗教使命的武力胁迫行动。①

　　教廷代表放弃投票权，也不直接参与国际谈判进程，除非问题涉及国家教会的地位或者人权问题。

　　中立立场在大部分情况下对教廷是有利的，因为使其能够在冲突方争议中充当中间人角色。中立政策决定了教廷能够致力于解决冲突。近期梵蒂冈外交非常关注联合国改革问题，呼吁联合国应成为道德权威及自由讨论全球价值观导向的论坛。2012 年 3 月，宗座正义暨和平委员会表示打算邀请联合国秘书长潘基文商讨联合国改革问题，尤其是建立"透明民主的推动发展的实体经济体系"。本笃十五世（Бенедикт XV）指责第一次世界大战为"毫无意义的大屠杀"的著名演讲被认为是天主教教会维和政策的基准点。自此以后，所有教宗将维护和重建和平作为对外政策的优先方向。梵蒂冈所理解的和平并不仅仅是没有战争。和平是一座建筑物，需要长期努力才能建成。教廷外交将自身关于公平和基于国际社会遵守基本人权（生命权、体面生存权、信仰自由权）的共同福祉的具体理解融入和平概念中。天主教哲学家认为，民主价值观与天主教教义并不冲突。故而保护包括思想、信仰和宗教自由权在内的人权是首要任务。若望·保禄二世持续强调了教廷主张保护人权的决心。比如，他表示支持建立国际刑事法庭："如果能够在坚实的法律基础上建立类似机构，它就能够在全球范围内推动有效的人权保护。"②

---

　　①　Cardinale H. E., *The Holy See and International Order*（London: Colin Smythe, 1976）.

　　②　Giovanni Paolo Ⅱ, "Messaggio per la Giornata Mondiale della Pace 1999," *Osservatore Romano*, Agosto 12, 1999.

预防性外交在教廷政策中具有特殊意义。天主教教会认为，防止战火必须首先坚持遵循公平原则。不管是内政，还是外交，保障这一原则都是国家的义务。使用武力并非不可考虑，但它是最后一种手段，仅在最极端情况下使用。在批评第二次海湾战争中以美国为首的联盟急于使用武力时，若望·保禄二世使用了"正义战争"这一概念。①

因此，梵蒂冈外交在调停、斡旋、仲裁方面所拥有的数个世纪的经验非常宝贵。未来的教廷外交官总是被提醒：维护和平是所有外交使团的任务，尤其是教廷外交的任务。这样的愿景完全符合教廷推动形成符合基督教戒条的文化的追求。近几十年来，教廷外交积极致力于解决最复杂的流血冲突，通过推动冲突方开展对话，在相互尊重的基础上恢复和平。若望·保禄二世多次号召"永远不要拒绝对话和指望武器的力量"。② 不仅冲突方需要对地区性武装冲突负责，在更大程度上"没有推动对话，反而煽动战火、提供武器的发达国家和强国也应负责"。③

教廷外交官一直强调外交作为国际合作工具的意义。"当国际法被践踏时以和平为目标的对话尤为有意义"。和平的道德维度应"在公民社会的充分法律工具，如国家层面、地区层面、洲际层面以及整个国际社会范围内的国际合作条约、协议、机制中"得到体现和获得保障。④

这使得能够"尽可能避免出现一种情况：最弱方成为恶势力、武力或民意操纵的牺牲品；文明进程在于寻求保护和发展合乎我们良心的世界秩序的方式。外交有使命在秉持良心构建秩序的进程中占据体面位置"。⑤

外交关系是"动用全世界人民的道德和精神资源的适当工具"。为了

---

① Melady T. P. , *The Ambassador's Story: The United States and the Vatican in World Affairs* (Indiana: Our Sunday Visitor, 1994) , pp. 96, 113－114.

② Giovanni Paolo Ⅱ, "Messaggio sul dialogo per la pace, " *I documenti sociali della Chiesa*, Milano, 1983, p. 1432.

③ Ibid.

④ "La Documentation catholique, " Citta del Vaticano, 1987, p. 187.

⑤ Ibid.

达到这一目标，外交官应具有以下品质：坦率待人，有耐心，理解和承认人与人之间存在的差异，开展对话时有责任感，坚持以和平、非暴力方式解决冲突，具有团结精神，以进一步实现和达成普遍价值的角度按照主要问题，而非次要问题寻找冲突各方的和解点。

教廷外交的人文维度包括：保障当地教会的利益，根除国际事务中的暴力，巩固人的信仰，通过激发人性中的真理感、正义感、团结情谊或至少谨慎，来完善人性。同时梵蒂冈强调，和平的道德维度应在公民社会的具体法律中得到体现和保障，如国际合作条约、协议和机制。国际关系每个参与者的个性化倡议都会得到特别关注："初看无法解决的问题，往往得益于勇敢而果断的提议而得到解决，这些提议使对话本着相互理解和尊重每个伙伴的精神展开。提出这样倡议的人，值得被称为福音主义中的'和平缔造者'。"①

梵蒂冈将对话观念，如对个人尊严不可分割的承认和对每个人生命的尊重，视为缔造和平的外交艺术的基础。以保护宗教自由为首要追求目标，梵蒂冈愿与任何国家建交，不论其政治体制、社会经济制度。因此，与世俗国家不同，教廷不会主动提出断绝外交关系，然而存续外交关系并不意味着同意那些国家政策中的所有行为。对话原则是天主教教会国际政策的基础。

对话的工具首先是对利用谈判、调停和仲裁的所有可能形式的始终追求。根据具体情况，对话能够采取最为多样的形式轮廓。

第二次梵蒂冈大公会议的决定有助于理解国家间相互依赖性的不可逆转。若望二十三世不止一次强调，只有在国际层面上创造条件使每个政府以最好的方式完成自己的使命，才能保障作为坚实和平基础的人权的发展和尊重。由于每个政府遇到的问题都复杂而繁多，政权往往承担着巨大责任。正是在这种情况下若望二十三世称为"辅助性"的原则成

---

① Jean-Paul Ⅱ, "Discours au corp diplomatique," *L'Osservatore Romano*, Janvier, 12, 1986.

为首要原则。

"私有财产应服从共同利益，国家治理应服务全人类福祉"也是一样的。类似目标只有在各国政府行为从协调机构的角度来看是和谐的条件下才能实现。梵蒂冈将团结和公共福祉观念视为国际合作的关键组织原则，梵蒂冈参与的政府间和非政府间的国际组织以及国际会议在这方面开展的联合工作越来越有意义。

梵蒂冈将防止武装冲突的外交行动称为"和平教育"（pedagogia della pace）。在为世界和平与正义举行的对话和祈祷日上，本笃十六世（Бенедикт XVI）在自己的演讲中将参与者称为"和平的朝圣者"。[①]

梵蒂冈外交工具中还有一种通常被称为"民间外交"的工具。一些信徒组成组织，如作为巴西工党基层组织的"基础天主教协会"（базовые католические общины）、欧洲和其他地区的"主业会"（Опус Деи）和"新慕道友"（Новые катекумены），虽然工作和解决问题的办法各不相同，但都证明了自己动员天主教信徒解决国际政治问题的能力。

1947年意大利民主宪法起草人之一、佛罗伦萨市长乔治·拉皮拉（Джорджо Ла Пира）维护和平、调解冲突的事迹广为人知，是最出色的政治和宗教领袖之一、反法西斯主义者。若望·保禄二世称他为"第二次梵蒂冈大公会议的先知"。乔治·拉皮拉一生致力于"搭桥"工作，建立与不同国家的联系，而不论其国内的体制。他组织了一些世界闻名的活动：首都市长会议、地中海学术研讨会、越南战争期间为冲突方和解联络。

在第二次梵蒂冈大公会议思想的影响下，安德肋·里卡尔迪教授于1968年在罗马创办了圣艾智德团体（община Сант-Эджидио），这一团体几乎在全世界建立了分支机构。该团体受宗座平信徒委员会保护，在梵蒂冈拥有"国际平信徒社会团体"地位。20世纪80年代初，团体成员

---

① Santo Padre Benedetto XVI, "Intervento del santo padre Benedetto XVI," Assisi, Ottobre 27, 2011.

首次参与维和调停活动。团体每年组织科学和宗教界人士代表进行会谈。1996 年，该组织在罗马以"宗教和战争——不再是姐妹和好友，他们属于敌方阵营而是分属敌对阵营"为主题组织了来自全世界的 400 名宗教人士参加的会议。在 1998 年，该团体首次参与定期在帕多瓦和维也纳召开的关于不同宗教间发展对话的讨论会。

事实上，圣艾智德团体为教廷开展"平行外交"创造了条件，形式上团体行为和对外联系不向教廷请准，这样也就解除了官方外交官的责任。团体领导人经常发布团体活动信息，与国务秘书处、教廷其他机构、意大利外交部保持联系，并通过意大利外交部与欧盟委员会和议会进行联系。2011 年在马里奥·蒙蒂组建的政府中安德肋·里卡尔迪担任国际合作和一体化部部长，负责人道主义援助问题、发展援助问题及与非政府组织的关系。

在大众传媒影响力激增的时代，教廷成功转向了所谓的"表现力外交"（экспрессивная дипломатия）。其中的区别在于，教会所实施的外交介于基于经济和军事威力的"工具性"权力（инструментальная власть）与争取人心和头脑的"表现力"权力（экспрессивная власть）之间。"表现力外交"的工具包括：表达集体思想、推行集体准则、思想符号表征化。目前"表现力外交"的主要武器毫无疑问是大众传媒。在电波将所有人联系起来的电视统治时代，依托教会的象征主义是天主教对时代挑战的唯一可能回应。从保禄六世（Павел VI）时期开始，朝圣活动成为教廷"表现力外交"的组成部分，也是其最成功的方式。若望·保禄二世抵达机场即亲吻土地的仪式不仅代表着对到访国家的尊重，并且也是一种经过深思熟虑和经过演练的外交方式，以深化世人观念中"罗马教宗是神圣的朝圣者，而不是国家元首"的认识。这一方式也确保了教廷外交一定的灵活度。身为朝圣者，教宗本人有权决定在访问期间是否会见当地政府，这不仅是国际问题，也是社会政治问题。

梵蒂冈法学家将教廷外交的未来与主权演变相联系，后者作为一个历史范畴，是现代外交机构的形成条件。从整体上看，教廷法律观念来源于建立以相互依赖和合作为本质特征的国际社会的必要性，而非不同主权国家阵营间的均势。国际关系对道德维度的寻求不可避免地会意识到宗教因素，教廷外交在当代世界非常独特，研究其历史经验和现实形式对我们今日具有特殊意义。

外交的本性在于以和平方式促进解决争端。当前冲突的军事武力维度升温（即使不是全球范围的，也是地区性、民族性、宗教性的冲突），导致有必要加快理解推动和平解决争端的外交行为的所有内涵。人文外交要求优化外交机构的组织结构，并大幅扩展其资源基础。解决冲突的努力并不仅限于职业外交官的活动，从事预防和处理争端的人文机构、非政府组织及其他能影响事件进程的社会组织越来越经常地成为有效参与者。

"宗教因素"重返国际关系现已凸显。后续发展将在很大程度上取决于情势的回响：宗教冲突蔓延升级，随后演化为战争，抑或宗教典范作为以公平和宽容精神和平解决争端的前提。

思考题

1. 人文视角在外交中居于何种地位？
2. 本章围绕"保护责任"进行了何种讨论？
3. 宗教组织在维和活动中居于何种地位？
4. 什么是教廷外交？
5. 教廷外交的主要特点是什么？

推荐阅读

1. *Зонова Т. В.* Визит Обамы в Ватикан. [Электронный ресурс].—

Режим доступа, https://mgimo. ru/about/news/experts/249957/.

2. *Зонова Т. В.* Дипломатия Ватикана в контексте эволюции европейской политической системы. М. : РОССПЭН, 2000.

3. *Зонова Т. В.* Духовные основы и идеологические постулаты российской Дипломатии // Религия и политика в XX веке. М. : ИВИ РАН, 2006.

4. *Зонова Т. В.* Христианские мыслители Запада о международных отношениях // Сравнительная политика. 2011. № 4.

5. *Лавров С. В.* Выступление на форуме «Роль народной дипломатии в развитии международного гуманитарного сотрудничества» 16. 12. 2010.

6. *Лавров С. В.* Выступление на юбилейной международной конференции «Россия в мире силы XXI века». 01. 12. 2012.

7. *Лавров С. В.* Интервью по тематике православия // К единству. 2008. № 2.

8. *Майоров М. В.* Роль российской дипломатии в урегулировании конфликтов на постсоветском пространстве к началу XXI века // Новая и новейшая история. 2004. № 3. С. 60−79.

9. Россия предлагает вернуться к обсуждению гуманитарных границ санкций // Риа Новости. 29. 09. 2012. [Электронный ресурс].—Режим доступа, https://ria. ru/20120929/761763265. html.

10. Douglas Johnston (ed.), *Faith-Based Diplomacy: Trumping Realpolitik* (Oxford: Oxford University Press, 2003) .

第九章　俄罗斯外交机构：历史和现实

对俄罗斯外交机构现代模式的研究，无法绕开其起源和发展规律。俄罗斯外交机构现代模式形成的过程需要放在世界外交发展的大背景下进行理解。

直到彼得大帝统治时期，俄国才确立了互派常驻外交使团的模式。使团代表统治者主权。在彼得大帝以前，俄国和西欧国家的外交机构实行着外表相似，实质不同的模式。西方外交模式的现实条件是政教分离与世俗国家，其基础是均势理论。然而，在彼得大帝之前，外交机构的模式是在中世纪的国家制度框架内运作的。那时的国家制度从形式上继承了拜占庭皇权与教权相交织的思想（国家首脑与教会领袖共同统治国家）。统治者的世俗权力在两种权力交织（"交响乐"）的情况下无法产生。在这种权力交织中，俄罗斯东正教会的都主教及其从属神职人员成为俄国统治者在国际事务上最信赖的参谋，他们对国家外交方针有着巨大影响。15—16 世纪的社会意识似乎沉迷于对"永恒"王国的寻觅中。那种王国与出现于西方主权国家的模式大为不同。这一不同也影响了中世纪俄国外交的意识形态。难怪著名政治家、政论家和外交官费·伊·卡尔波夫（Ф. И. Карпов）谈到"让共和国或君主国永存"。① 费·伊·卡尔波夫是菲洛费（Филофей）的同时代人，也是教育家马克西姆·格

---

① Памятники литературы Древней Руси. Конец XV -первая половина XVI в. М. , 1984. C. 508.

列克的学生，16 世纪 30—40 年代，在国家外交政策方面发挥过重要作用。无所不在的基督教思想阻碍了寻求均势的思想，从而注定了中世纪俄国外交的意识形态、模式和方法。普斯科夫的叶列阿扎罗夫修道院的长老菲洛费提出了"莫斯科——第三罗马"的理念，他构想的"王国"没有时空特征，只是服务于既定的历史使命。

对世俗外交的理念保持高度警觉。

"交响乐"原则要求外交严密监控对外关系，促进和发展平等的同盟关系被至于次要地位。通常情况下，建立对外关系都需经过对伙伴的仔细审查，往往会拒绝与"不适宜的"国家建交。

完全有理由说，彼得大帝之前俄国外交机构的专业性已经达到非常高的水准。外交机构随着中央集权国家的壮大与巩固而形成。这一历史进程的时间跨度为 15—17 世纪，总体上与整个欧洲同步。随着莫斯科公国的崛起，由封建显贵代表人物组成的波雅尔杜马（Боярская дума）占据了特殊的地位。从 15 世纪开始，它成为常设议事机构。这反映在伊万三世统治期间（1462—1505 年）出现的大量外交文书中。接见外国外交官、举行谈判及起草外交文件均由波雅尔杜马负责。

随着权力的集中，波雅尔杜马开始干预君主制定对外政策。因此，在瓦西里三世统治期间，出现了大公的私人委员会，由受大公信任的人员构成，被称为"近臣杜马"（Ближняя дума）。近臣杜马起草决议并提交波雅尔杜马批准。因此，"近臣杜马成员"常常作为沙皇的私人代表，参加与外国外交官的谈判。这一做法一直延续至 17 世纪。担任外交部长的大贵族阿·拉·奥尔金-纳谢金（А. Л. Ордин-Нащокин）在给沙皇阿列克谢·米哈伊洛维奇（1645—1676 年在位）的信中说："莫斯科公国和其他所有公国一样，外交事务历来由秘密近臣杜马来管理。"

除了波雅尔杜马和近臣杜马，16 世纪处理外交事务的其他机构还有衙门（Казна）。从 15 世纪到 16 世纪初，位于克里姆林宫内的衙门

（Казенный двор）是最早出现的处理对外事务的机构之一，同时负责保存外交文件。那里是波雅尔贵族[①]和官员接见大使的地方。

从 15 世纪到 16 世纪上半叶，俄国处理外交事务的队伍中添入新成员——书记（дьяк）及其助手书吏（подьячий）。文件记载表明，15 世纪 80 年代分设了外交书记（посольский дьяк）[②] 之职。他们参与接待，代表大公发言，记录谈判过程。书记接受外国使节的文书，是"回应"委员会的常设成员，常常作为使团成员出国。他们参与书写命令，并负责保管写好的命令。外交衙门书记还负责外国外交官的安顿工作。

随着中央行政机构功能的扩展，出现了新的机关——事务厅（приказы）。这一组织结构与意大利"办公厅"（канцелярия）相似。大多数历史学家都认为，在伊凡四世执政期间（1533—1584 年），建立了处理对外事务的部门——外交事务厅（посольский приказ）。外交衙门具有广泛的职权，除了处理对外关系外，还负责管理外国商人、赎买和交换俘虏、领土问题、邮政、海关和税收。如此广泛的职能让外交衙门的工作变得吃力，并引发不满。难怪奥尔金–纳谢金抱怨说，"把外交工作跟粗俗事务搅和到了一起"。[③]

外交衙门内的工作由书记及其助手书吏负责。职员的职业晋升之路是从书吏（初级、中级、高级）到书记。高级书吏通常领导负责某个地区的部门——书记处（повытье）。其中有三个司处理与欧洲国家的关系，两个司负责与亚洲国家的关系。书记接受使节带来的文书，进行初步谈判，参与接待外国外交官，审核回应文书草稿，为被派遣会见外国使节

---

① 波雅尔贵族是指 10—17 世纪在古罗斯和俄国拥有世袭领地的大封建主阶层。——译者注

② 有意思的是，俄语"书记"（дьяк）一词最初来自宗教词汇，在意大利也是这样的情况，世俗外交机构采用"教廷使节"（нунций，легат）这一名称，其源自拜占庭外交机构名称列表。也许这是因为当时宗教人士中有最有学识的人精通外语。

③ *Белокуров С. А.* О посольском приказе. М. : Имп. Общество истории и древностей российских при Моск. ун-те, 1906. С. 49.

的大使和使馆法务起草"训示"书。书记也管理各驻外使馆。俄罗斯也采用了"意大利体系"，由国库支付外交官工资。17 世纪早期，大使在使团出发前大约得到 100 卢布，在使团回国后得到 50 卢布。其中，包含薪水、其他收入及一些税收优惠。[①]

在这方面值得注意的是，西欧国家外交机构的历史上有许多事例表明，意大利薪水体系很难推广。例如在 16 世纪中期，马克西米利安皇帝（император Максимилиан）派往西班牙的大使与前往德国的西班牙大使商定，无须等待从本国寄来薪水，彼此直接在任上领取对方的薪水。结果是两位大使都背负巨债，因为西班牙皇帝尽管支付了一些薪水，但比实际商定的要少很多，而马克西米利安直接停止给自己的大使支付薪水。[②]

17 世纪，俄国设立了首批常驻瑞典（1634 年）和波兰（1673 年）的外交代表处。同时，外交官等级体系形成。从 16 世纪开始，文件中就提道：

高级大使（великие послы）——与特命全权大使相类似；

低级大使（легкие послы）——与特命全权公使相类似；

高级公使（посланники）——与全权公使相类似；

低级公使（посланные）——与特使相类似；

使者（посланцы）——急使；

信使（гонцы）——特命信使。

最初外交衙门翻译司的地位较高。口译和笔译由两类翻译官完成，当时从事口译工作的叫作托尔马奇。[③] 通常，招募的翻译官或者是在俄国

---

① *Рогожин Н. М.* Посольские книги и другие источники XVIII в. о социальном составе и имущественном положении членов русских посольств 1613–1616 гг. М., 1982. С. 64.

② Hamilton K., Langhorne R., *The Practice of Diplomacy: Its Evolution, Theory and Administration* (New York: Routledge, 2000), pp. 56–57.

③ "толмач" 的音译。——译者注

国家机构工作的外国人，抑或是曾当过俘虏的俄国人。17世纪末，共有15名笔译官、50名口译官，能够翻译拉丁语、意大利语、波兰语、瓦拉几亚语、英语、德语、瑞典语、荷兰语、希腊语、鞑靼语、波斯语、帕尔西语、阿拉伯语、土耳其语和格鲁吉亚语。

为了学习外语和外交礼节，有大贵族家族背景的人常被派往国外学习。这为外交人才培养体系奠定了相当坚实的基础。英国学者理查德·兰霍恩指出，在18世纪"只有俄罗斯拥有强大的翻译机构，并且外交人才的培养得到国家大力支持"。① 甚至俄国外交官和外交系统工作人员的制服也符合欧洲标准。

当时在俄国出现了各类外交文书：

国书（верющие/верительные грамоты）——证明外交官的代表权及派任其驻外的文件；

临危文书（опасные грамоты）——保障使馆人员自由出入的文件；

回应文书（ответные грамоты）——在外国大使离开驻在国时颁发的文件；

训示（наказы）——逐条解释大使馆地位、目的和任务，规定搜集必要的信息，提供问题响应及措辞的可选方式；

使馆报告（посольские отчеты）——就训示中的各条款对使馆工作业绩进行全面分析和总结的统计清单。

在俄罗斯外交中占有重要地位的是档案管理。从16世纪初开始，俄国就对外交文件进行定期系统整理。最常用的记录外交信息的形式有两种：**文件卷**（столбцы），是把文件一张挨一张地竖向贴到纸带上，卷成一卷，贴上有负责人签字的封条；**外交文书汇编**（посольские книги），是把主题相近的外交文件誊写到专门的册子上。文件依据年份、国家、地区编排，用钉着钉子的丝绒橡木箱、山杨木箱、亚麻布口袋存放。

---

① Langhorn R., *Six Lectures on Diplomacy* (Moscow: Mgimo, 2005), p. 14.

外交衙门逐渐成为国家文化生活的一个重要中心：它是记载俄国官方历史的倡导者；订购了一系列外国出版物；为欧洲提供俄国历史事件的信息，作为交换也从他国取得相关材料。引人注目的是出版物《自鸣钟》（Куранты），这是外交衙门为沙皇和杜马提供的专刊。其中，包含他国军事和政治事件、国际谈判的信息。这些信息由俄国和外国外交官、商人、僧侣和移民提供。外交衙门总管瓦西里·戈利岑（Василий Голицын）公爵（1682—1689 年在任）支持大力增进与西欧国家的联系。历史学家克柳切夫斯基（Ключевский）表示，戈利岑公爵"思索了很多问题，包括开展启蒙教育、倡导宗教包容、信仰自由、外国人能自由出入俄罗斯、改善社会制度以及道德风气"。[①]

戈利岑在任期间，制服的样式开始与欧洲标准一致，还按照当时的风尚，在外交衙门石质主楼上竖立起了一个象征全世界的地球仪。

但正如我们之前提到的，俄国现代外交模式直到彼得大帝时期才出现。彼得确立了自身的绝对统治，对政权体系进行彻底改革，实现国家制度世俗化。这使"交响乐"形式的政权结构成为历史。如同在一些新教国家中一样，沙皇成为教会的首领，并使其接受东正教最高会议（Синод）的领导。正是在彼得一世统治时期的 1717 年，出版了著名外交官彼得·沙菲罗夫（Петр Шафиров）的《论 1700 年彼得大帝对瑞典国王卡尔十二世宣战的法律依据》一书。这第一部俄罗斯国际法著作完全符合世俗国际法创始人雨果·格劳秀斯和塞缪尔·普芬多夫的思想。

彼得大帝时期，国家政府机构的管理和人才培养体系建立在合议制基础之上。这一制度已被多个国家采用。类似的体系也曾出现于从绝对君主制到君主立宪制的转变时期。以外交部（Коллегия иностранных дел）替换外交衙门的举措是改革旧体系的力证。外交部的工作应符合欧

---

①　Ключевский В. О. Курс русской истории. Режим доступа, http://www.hrono.ru/libris/lib_k/klyuch58.php.

洲协议，采用欧洲官级制度。外交不仅被视为一门艺术，更是一门需掌握特殊知识和技能的科学。新的外交模式令临时性的特别外交（ad hoc）退居次要位置。俄国往维也纳、伦敦、海牙、马德里、哥本哈根、巴黎及其他国家首都都派遣了常驻代表。

改革使俄罗斯跻身欧洲外交体系，并让它成为欧洲均势的重要力量。19世纪法国著名历史学家安东宁·德比都（Antonin Debidour）这样界定欧洲均势：

"从乌拉尔山到大西洋，从北冰洋到地中海的所有地区，有一种道德和物质力量保障着对现存条约的尊重，以及对这些条约所规定的领土界线、所允许的政治行为的尊重。在这样的秩序下，所有国家都相互制约，任何国家都不能以武力将霸权强加于其他国家或使其屈服于自己的统治。"①

改革提高了俄国外交机构的效率，有助于增强俄罗斯在国际舞台上的威望。然而整体上（尽管彼得大帝时期新型的行政机构富有理性和智慧）外交机构的执行力仍然不强。这在很大程度上是由于外交人员专业水准不高造成的。普鲁士和奥地利的经验提供了良好范例，财政经济学作为两国的行政管理体系占有牢固的地位。公务员候选人必须通过考试并进行相关的实习，官员定期取得薪水及补贴。因为实行财政经济学，两国在短时期内就培养出了一批文化水平高、专业能力强并相对忠诚的国家公务员。彼得一世花费了大量精力将行政管理引入俄罗斯的政府机构中：进入外交部必须通过考试的规定被严格执行，外交不仅被当作艺术，更是一门科学，需要专业的知识和技能。最终，在俄罗斯形成了相当高效的外交机构体系。外交部的工作人员将所有的时间和精力都给予了工作，他们主要靠工资维持生计。薪水的高低与官级、职务、服务年

---

① *Дебидур А.* Дипломатическая история Европы / Пер. с фр. Ростовна Дону, 1995 (с издания 1905 г.). Т. Ⅰ. С. 10.

限及受教育程度有关。大部分人都不拥有农奴，充其量也只是有少量地产。

当时著名的外交官安德烈·伊万诺维奇·奥斯特曼（Андрей Иванович Остерман）分析了俄罗斯外交机构的优缺点后，在其关于提高外交部能力的建议中指出，应只聘用这些人入部工作：（1）来自显赫家世，"以便让他们为其他人树立勤勉工作的榜样"；（2）拥有"良好生活条件"，"他们不会因贫穷而作出错误的选择"；（3）了解政治学，"因为他们需要经常与外国部长打交道，懂政治就不会在他们面前自惭形秽，能做到不卑不亢"。

这些人应该是聪明、受过相应的教育、能委以重任之人。根据外交衙门的惯例，外交部聘用了不同民族的代表和外国臣民：德国人、法国人、意大利人、波兰人、土耳其人、格鲁吉亚人、利夫兰人、爱沙尼亚人、卡尔梅克人等。这样的状况持续到18世纪下半叶。政府聘用外国人的原因是需要精通外语的人才。

随着时间的推移，专制制度不断加强，导致国家政府的许多机构进行了改革。叶卡捷琳娜二世热衷于外交部的工作，千方百计地使其地位和威望达到欧洲水平。外交政策报告（доклады）的起草者通常是外交部领导。情报（доношение）的起草者是俄国驻外代表，他们还定期编写报告（реляций）——代表处的工作总结。外交机密问题受到高度重视。女皇表示，除了"各外交事务部门的部长们，外交部其他人员不得进入外国部长官邸，不得与其谈论公务，不得在家中接待外国部长，不得以任何形式与其进行通信往来或传达物品"。①

18世纪末19世纪初，拿破仑式的国家政府机构模式得到广泛应用。这一模式具有军事组织的特点：权力高度集中，实行单一制原则，要求

---

① История внешней политики России. XVIII век. М. : Международные отношения, 1998. C. 259.

官员严守纪律、恪尽职守。无论如何，这种新型行政机构的特点是架构极富理性，符合逻辑，采用竞聘方式招录国家公务人员。俄罗斯也从共议制（коллегия）转为部委制（министерство）。1802年，亚历山大一世发布关于建立部委的公告，其中包括建立外交部（Министерство иностранных дел）。1811年，米哈伊尔·米哈伊洛维奇·斯佩兰斯基（Михаил Михайлович Сперанский）制定的"部委总机关"结束了行政机构的改革。专制彻底占了上风，成为部委运行的组织原则。除了制定统一的部委文书和报告制度，改革还要求下属分支部门对部委严格服从，由沙皇任命部长和副部长。1832年尼古拉一世关于部委再改革的行政命令标志着改革最后阶段的到来。

19世纪下半叶，最高行政机构和中央行政机构的改革继续推行。新措施也涵盖了外交部。在1856—1882年，公爵亚历山大·米哈伊洛维奇·戈尔恰科夫（Александр Михайлович Горчаков）统领进行外交部改革。在他的领导下，外交部摆脱了原本不属于其职能范围的工作——政治出版物的审查、管理帝国的边疆地区、典礼事务，顺应时代要求出版了法语版的《外交年鉴》（Дипломатический ежегодник）。此外，外交部提高了对候选人的教育水平要求，入部条件包括须拥有高等人文教育文凭，须精通两门外语，对历史、地理、统计、政治经济、国际法知识有深刻理解。候选人应从以下教育机构毕业：亚历山大贵族中学（Александровский лицей）、法律学校（Училища правоведения）、大学法律系、拉扎列夫斯基东方语言学院（Лазаревский институт восточных языков）。在外交部下属的"指定中学"中除了培养东方语言的翻译人员，也教授欧洲小语种——现代希腊语、塞尔维亚语、保加利亚语、阿尔巴尼亚语、罗马尼亚语和匈牙利语。

然而过时的拜占庭"交响乐"原则依旧在当时发挥作用。"莫斯科——第三罗马"概念成为帝国的意识形态。俄国国徽上出现第三顶皇冠，象征着帝国统治的初期。① 外交政策在初始制定阶段常含有和平的战略意图，东正教使命成为其对外政策的底色。例如，叶卡捷琳娜二世时期的希腊计划（Греческий проект）事实上是为了重建拜占庭，并由女皇之孙康斯坦丁统治。巴维尔一世的救世主思想也带有重建拜占庭的思想印记，他试图通过马耳他骑士团统一所有基督教教会，并让教会接受其庇护。亚历山大一世及其兄弟尼古拉一世也将俄罗斯外交的任务理解为肩负特殊使命，他们不顾事实保持着对神圣同盟的坚定信仰。直到俄帝国瓦解的前夜，解决土耳其两海峡问题始终被视为使命，或是被理解为俄罗斯受托去解放东正教教徒。

　　19 世纪末至 20 世纪初，俄国外交机构表现出过渡阶段（这一阶段西方大体已完成）的特点，即由君主专制过渡到议会君主制（буржуазно-парламентская монархия），并最终于 1917 年过渡到共和制。但 20 世纪初俄帝国的行政官僚体系，包括外交部，没有经历重大改变。俄罗斯的历史进程为外交机制赋予了某些传统色彩：君主享有绝对权力；外交人员社会身份单一；在制定外交决策时公民参与度较低。而行政手续刻板迟缓，官员缺乏主动性是较为严重的问题。②

　　最高国家权力执行机构——部长委员会（Комитет министров）完全停止了对对外政策的研究与执行。委员会在这一领域的权限没有得到法律上的确认，实际上委员会仅负责处理对外经贸关系、在俄外国人法律地位问题、俄国国籍及移民问题。在对外关系领域，外交部成为主要执行和管理机构。除了外交部，主管军事、海洋、金融、内务等部门独立处理自己的对外事务。帝国总部（Императорская главная квартира）保障沙皇与外国君主的联系，财政委员会（Комитет финансов）处理国外

---

① 俄罗斯国徽上三个皇冠的象征意义：一说是象征上帝、皇权、教权；一说是象征被俄罗斯合并的三个汗国：阿斯特拉罕、喀山和西伯利亚；等等。——译者注

② *Емец. В. А.* Механизм принятия внешнеполитических решений // История внешней политики России. Конец XIX-начало XX в. М. , 1997. C. 50-89.

贷款问题，东正教最高会议（Синод）监督各个宗教团体的活动。沙皇的总督有权与邻国签订有关边界、贸易甚至政治问题的条约。[①] 官僚体系限制了创新，无法使国家快速适应外部政治的变动。过时的国家结构、无法适应国内外变化的国家管理体系导致了一系列的危机。

1905 年的革命为国家制度带来了根本改变。1905 年 10 月 17 日的《关于完善国家秩序的宣言》要求政治体制绝对自由化。1906 年根据该宣言精神开展了对俄罗斯帝国主要法律的审查，制定了国家杜马选举的相关规定。正如在多数欧洲国家中一样，议会，也就是杜马的产生会导致外交的政治化和议会化。外交部长必须在议员面前以政府的角度陈述对外政策中的各种问题。而杜马能通过是否批准拨款的方式影响对外政策。

当时实行的措施证明俄国正逐渐转变为君主立宪制国家。但外交部的工作仍如之前一样建立在极度的集中化与严格的官位等级之上。沙皇仍掌握着所有外交事务的决定权，他的权力包括宣战权、议和权、签订和批准国际条约的权力，有权任命和调换外长、大使、司长、公使、武官，批准给大使和公使的命令。

"签署"（скрепа）制度是对沙皇在外交上无限权力的限制措施，即当批准法律、签署最高命令或国际条约及其他重要的外交文件时，需由部长或其他法律规定的相关人员签字。但这样一来外交部的权力就受到了限制，因为任何部长都可以签署国际文件，不一定非得是外交部部长。

1910 年，外交部的改革又被提上日程，当时的外长是亚历山大·彼得罗维奇·伊兹沃利斯基（Александр Петрович Извольский）。他推行

[①] 相关的例子有与中国（1858 年）、布哈拉（1868 年）的条约。——作者注

《瑷珲条约》，又称《瑷珲城和约》，是俄罗斯帝国东西伯利亚总督尼古拉·尼古拉耶维奇·穆拉维约夫和清朝黑龙江将军奕山于 1858 年 5 月 28 日（咸丰八年四月十六日）在瑷珲（今黑龙江省黑河市爱辉区）签订的不平等条约。1868 年 6 月 18 日考夫曼与布哈拉缔结城下之盟，布哈拉被迫割让撒马尔罕、卡塔库尔干和乌尔古特并支付一笔赔偿金。——译者注

了一整套现代化措施：建立政治司、新闻司、法律司、信息司；在中央机构、驻外使领馆实行硬性的外交官升职体系；平衡中央机构与驻外机构人员的录取条件和工资水平。在伊兹沃利斯基任外长期间，外交部成为大多数国内报刊国际消息的来源。中央媒体国际部的编辑们经常收到外交部的指示和建议，通过自己的出版物引导公众意见，保持人民对国家重要外交行动的支持。外交部新闻司的领导与各政党、大型报社的领导经常会面，这有助于外交政策的执行。

重要的新举措还包括增加入部考试的难度。考试是以会议（Совещание）形式展开，参与者包括外交部各司、各分部领导，任用候选人的决议由集体作出。新录用的外交官需进行宣誓。对候选人有很多附加要求：年龄不超过 27 岁，[①] 必须受过高等教育，法律院校的毕业生更具优势，必须掌握法语、德语和英语。[②] 这使得考试成为人员选拔机制，有利于外交部配备专家、较高职业能力和道德水平的人才。

第一次世界大战改变了外交部的职能。它的主要任务变成了为保障战争顺利进行提供良好外部环境，筹备未来的和平协议内容。最高统帅部（Ставка Верховного главнокомандующего）成为管理国家事务的新中心。在最高统帅部下设有外交办公室，负责向统帅部提供所有有关外交政策的信息，充当最高统帅部长和外交部长之间的沟通媒介。

战争需要外交部的领导者不仅直接参与外交决策，还参与内政决策。外长谢·德·萨佐诺夫（С. Д. Сазонов）回忆说："外交与内政相互影响，联系非常紧密，无法单独而论。"[③]

开始于 1914 年 6 月的外交部机关改革基于新法律《建立外交部》在战争年代展开。新法律中下列外交任务值得特别注意：

[①] 外交部不太喜欢录用其他部门的老员工（аутсайдер），因为他们希望立刻获得高级别的外交岗位。因此设立了年龄限制。

[②] 在外交部没有设立欧洲主要语言的翻译岗位。

[③] *Сазонов С. Д.* Воспоминания. Париж, 1927. С. 353.

（1）保障俄罗斯在海外的经济利益；

（2）发展俄罗斯对外工业、贸易联系；

（3）为维护教会利益增强俄罗斯的影响力；

（4）全方位关注其他国家的政治和社会生活情况。

此外，对外交部的内部结构也进行了调整。中央机构被分为两个独立分支，仍由外交部官员领导。改革的主要任务是建立一个大的政治部门，协调规划、制定、执行外交政策的行为。该部门包括了中央机构中超过半数的外交人员。改革还包括设立法律司和新闻司。

1915 年，情报（信息）司成立，一年后改组为新闻和情报司。战争催生出新的部门——战俘问题部，在外国，特别是在环境恶劣国家的俄国公民信息问讯处，为留在国外的公民提供资金流转服务的部门。中央和驻外机构中的岗位得到统一。

上述及其他新办法令外交部更具灵活性，巩固了政治部门的优先地位，明确了各部门的职责，最大限度降低工作重叠区域，提高了工作效率，从而在整体上提高了俄罗斯处理对外事务的效率。从外交部角度来看，改革使得在没有增加人数的情况下，处理的事务增加了。[①]

1917 年二月革命后，新的政权体系建立。在沙皇退位后及立宪会议召开前，临时政府成为国家最高机构，它由国家杜马临时委员会组建。临时政府得到了大部分沙皇时期外交官的支持。外交部大体上保持着之前的结构及人员构成。

此后，在外交部工作人员的倡议下成立了外交人员协会（Общество служащих МИД）。这一组织与其他官员组成的机构一起构成联邦机构的一部分，有权向杜马派出自己的代表。协会的领导机构为执行委员会。执行委员会中除了低官级工作人员，还包括一些外交部高层官员。协会

---

① 外交部是工作人数最少的部门之一：在中央机构中包括非编制人员共有约 200 名工作人员，在海外约有 700 名工作人员。

的章程对其职能有所限制，即负责改善外交部的物质经济和组织技术条件。然而，事实上协会发挥着更大的作用。因为执行委员会中的某些官员工作积极而富有成效。最终执行委员会成为"外交部中的外交部"，对外交决策产生巨大影响。执行委员会一直运转到 1917 年 10 月 27 日，之后被改组为罢工委员会，与其他反对布尔什维克的机构一起反对与新成立的政权合作。1917 年十月革命后，那些移民到欧洲、亚洲和美洲的俄罗斯外交官间形成了经常性的外交通信机制且组织良好、行动有效。这些外交公文往来由移民外交官 1921 年设立在巴黎的大使委员会（Совет послов）管理。当时的苏联领导人十分重视大使委员会提供的材料。

1917 年是苏联外交模式形成之年，这一模式随后被其他社会主义国家所效仿。最初苏联外交有着明显的意识形态特征。布尔什维克认为，《共产党宣言》中的口号是"全世界无产阶级联合起来"，随着无产阶级全社会利益共享的实现，外交将失去意义。

根据列宁提出的马克思主义思想，即世界革命思想，外交作为资本主义制度的一部分也将失去意义。1917 年 10 月，首位外交人民委员产生，他并非专业外交官，他是党的思想家、宣传家列夫·托洛茨基（Лев Троцкий）。他同意担任这一岗位的原因是他希望能有更多时间去处理党的事务。托洛茨基认为，外交部的活动仅限于阻止公开秘密协定和随后"掩盖这一黑暗勾当"。

几乎全部沙皇俄国时期的外交人员拒绝与布尔什维克政府合作，结果是几乎所有的外交官都被撤职。正如在法国雅各宾派统治时一样，苏俄取消了所有沙皇俄国时期的爵位、头衔和官衔，而通行的外交等级也被废除。命令中规定派驻西方国家的大使称为全权代表（полпред），而派往东方国家的大使称为常驻代表（постоянный представитель）。为避免在国外由此引发外交礼仪冲突，自 1924 年起在国书中仍使用原先的称呼，即大使或公使。为统一管理对外贸易，设立了商务代表岗位——贸易代表（торгпред）。

1918 年春天，在苏联政府迁至莫斯科以前，苏联外交人民委员会中仅有 20 多名工作人员。一些回忆录中记述了当时在急缺人手情况下如何成为外交官。伊萨克·兹瓦维奇刚从军官学院毕业，一天他路过库兹涅茨克桥边的外交人民委员会，就准备去碰碰运气。一名佩戴木枪套的大毛瑟枪的水手在门口值班，抽着"山羊腿"牌香烟。看门人惊讶于这位年轻人能流利地翻译堆在门口的外文报纸，便把他领到了人事处。就这样兹瓦维奇成为外交官并被派往驻伦敦大使馆。

外交人民委员会中的工作氛围可以从西班牙大使事件中得到映射。在离任前夕，西班牙大使向副人民委员长伊万·扎尔金德（Иван Залкинд）申请获取勋章。在沙皇时期勋章被奖给即将离任的外交官。扎尔金德在回信中嘲笑了一番并让大使随便选一枚。[①]

起初苏联政权对在布尔什维克外交中是保存原有的俄罗斯大国传统还是马克思主义意识形态存在争议，最终大部分人认为应形成苏联式双轨外交。苏联外交人民委员会和共产国际间波折的关系见证了这一点。1919 年 3 月，在莫斯科成立了共产国际，以团结全世界共产党。共产国际激进的观点，即破坏西方国家制度和进行全世界社会主义革命与列宁灵活务实的"现实政治"（Real politik）相抵触。列宁在共产国际第二次代表大会前夕撰写的文章《共产主义运动中的"左派"幼稚病》中表明，要让共产主义运动符合苏联的外交利益。与资本主义国家和平共处的方针有助于苏俄外交走出困境。格奥尔基·瓦西里耶维奇·契切林（Георгия Васильевич Чичерин）是该政策的拥护者。他于 1918 年被任命为外交人民委员。他属于贵族知识分子，原先是沙皇时期外交部的工作

---

① *Млечин Л.* МИД. Министры иностранных дел. Внешняя политика России: от Ленина и Троцкого-до Путина и Медведева. Режим доступа, http://fictionbook. ru/author/leonid_ mlechin/mid_ ministryi_inostrannyih_del_vneshnyay/read_online. html?page=2.

人员。面对西方政客不容许支持共产国际活动的立场，布尔什维克领导人回应表示共产国际是私人机构。契切林说，苏联政府保证不干涉他国内政，但不能反对私人机构号召无产者进行革命。

契切林经常表示，如果列宁和托洛茨基不再是共产国际执行委员会成员，那么他的工作就会轻松很多。1924 年《真理报》上刊登了一幅漫画，画上契切林扯着自己的头发，正在为季诺维也夫（Зиновьев，共产国际主席和布尔什维克党主要领导人之一）发表的抨击外国政府的言论而发愁。

党员与外交人民委员会委员产生了矛盾。据委员会工作人员回忆，莫斯科党组织认为外交官都是懒汉，坚持要把他们拉入党务工作中。

1927 年法国大使就任事件体现了党领导与外交官之间的矛盾。根据外交礼仪，在大使走出火车车厢时要演奏法国国歌。但当军乐队准备鸣奏法国国歌时，有一位领导人抓住了乐队指挥的手，叹口气说不能演奏《马赛曲》，因为这也是孟什维克的颂歌。大使回忆说，当他走出车厢时听到的是比才的歌剧《卡门》中的哈巴涅拉舞曲时，他强忍着才没有笑出来。①

契切林在党中缺乏威望。有一次他对自己一名手下透露，自 1926 年起，他的办公室中就装有监听装置。在契切林身边的是一群有专业能力的外交官。其中一部分是持反对意见的领导者，他们被派到驻外机构工作。这样的外交官中包括反对派小组成员亚历山大·科隆泰（Александр Коллонтай）。1928 年契切林赴德国工作，之后很久都不愿回国。在他与领导的信中，他表达了自己在政治上无力之感。②

外交人民委员会逐渐失去主动权与自由行动的权利。党对外交机构

---

① Cerruti E., *Visti da vicino: memorie di una ambasciatrice* (Milano: Garzanti, 1957), p. 59.

② *Неизвестный Г. В.* Чичерин. Из рассекреченных архивов МИД РФ // Новая и новейшая история. 1994. No 2.

的监督愈加严密。从 1937 年起，由斯大林莫洛托夫、贝利亚（Берия）、卡冈诺维奇（Каганович）和叶若夫（Ежов）组成的委员会负责最重要的外交决策。建立在一国建成社会主义论之上的斯大林外交很快失去了激进的革命性。在二战前及战时，意识形态的工作重心转移到维护国家价值取向上。放映了有关亚历山大·涅夫斯基（Александр Невский）和伊凡雷帝的电影。共产国际大会召开次数不断减少，直至 1943 年，斯大林下令解散共产国际。与此同时，与俄罗斯东正教会的关系得到缓和。1945 年胜利日时，在伊凡大帝钟楼上再次响起了教堂的钟声。

作为反希特勒联盟中的成员，苏联需要实行传统的外交机制。1943年根据苏联最高苏维埃主席团的命令，恢复了原先的外交等级制度。自1944 年起对外交人民委员会进行重组。1946 年，外交人民委员会改回原先的名称——外交部，并对外交官实行军事化管理。

战前和战后的大清洗给苏联外交机构带来巨大损失。被清洗者大部分为所谓的列宁派外交官，大部分人因此丧命。在马克西姆·利特温（Максим Литвин）给政治局委员会的信中提到，自 1939 年起，驻华盛顿、东京等地的大使馆中外交官人员不足。在中央人民委员会中，八个部门的领导中只有一位受上级任命，其余都为临时任职。为纪念在1930—1940 年和 20 世纪 50 年代初大清洗中遇难的苏联外交官，1989 年在外交部大楼内建立了纪念牌。

外交机构的改革并不意味着外交政策的去意识形态化。马克思列宁主义依旧对苏联外交产生一定影响。外交部的任何决策都需要得到上级——中央人民委员会国际部或政治局的审批。苏联外交的意识形态化尤其体现在派驻到社会主义国家的人员选择上。这些国家的大使必须为苏共中央成员。几乎所有外交官都是苏联共产党员并参加外交部党组织活动。在大使馆中设有党组织，但为了向外界展示中立的形象，这些组织属于"工会"性质。直到苏联解体，使馆中都设有专门与"兄弟党"

联络的参赞岗位。外交部的最主要竞争者是中央人民委员会国际部。它成立于 1943 年，与中央秘书处有直接联系。自 1955 年起，它成为苏联外交系统中最重要的机构之一，地位高于外交部。外长葛罗米柯（Громыко，1957–1985）不止一次地提到过两个机构在处理外交问题上的无效竞争。

尽管非常反常，但苏联外交在很大程度上体现出的是 19 世纪俄罗斯经典大国外交的风格。公民无法自由评论政治局和部长委员会会议上作出的外交决策。外交工作有着很高的机密性。外交部内逐渐的官僚化压制了创新，阻碍了客观分析，外交官出于职业晋升的考虑会粉饰真实情况。苏联外交足够不同寻常的另一点在于，共产主义意识形态以"无产阶级国际主义"为口号，赋予了苏联外交彼得大帝之前罗斯的"弥赛亚"主义特征。

与一些外国政治家和外交官一样，苏联外交官也拥有高水平的专业能力。正如美国著名对外政策专家斯密特·辛普森（Смит Симпсон）在《美国外交危机》一书中所描写的：

> 我们应该看到，多勃雷宁（Добрынин）大使在华盛顿工作了 20 年，他在国际事务上比任何美国高级官员都更富经验；苏联外交官比任何任期最多八年的美国总统更为练达；苏联外交官比同一时期录用的我们的国务卿、副国务卿、办公厅工作人员和总统国家安全顾问更有经验。

莫斯科国立国际关系学院（Московский государственный институт международных отношений）和外交学校［Дипломатическая школа，之后更名为外交学院（Дипломатическая академия）］，是培养外交人员的机构。这些教育机构为培养国际关系专家作出贡献，传授他们所研究的国家或地区相关的语言、历史、政治、经济、文化知识。此外，去外交部工作须得到教育机构的推荐。莫斯科国立国际关系学院的入学条件非常严格，但作为补偿的是去外交部工作无须通过竞争。

历史表明，经常更换外交部长会带来一段时间的政治不稳定。在苏联悲剧式的最后一年中就有如此极不稳定的情况。1990 年 12 月，外长爱德华·阿姆夫罗西耶维奇·谢瓦尔德纳泽（Эдуард Амвросиевич Шеварднадзе）辞职后，新外长亚历山大·亚历山德罗维奇·别斯梅尔内特（Алексантр Алексантрович Бессмертный）仅履职到 1991 年 1 月中旬。在"八月政变"中别斯梅尔内特卸任。8 月 28 日，驻捷克斯洛伐克大使鲍里斯·德米特里耶维奇·潘金（Борис Дмитриевич Панкин）被任命为外长，他在布拉格时谴责过政变分子的行径。1991 年 9 月 9 日在潘金的领导下外交部委员会历史上首次宣布解散。新外长随即着手组建新的委员会。潘金还宣布将克格勃军官赶出外交部人事处及驻外机构。[①]在之后的外交机构重组进程中，废除了贸易代表处，在使馆内设立经济贸易部门。这些措施大量削减人员，驻外使馆由于人手减少，增加了给加盟共和国代表的名额。

在 1991 年 11 月的政府会议上，由于国家向市场经济转型的需要，外交部更名为对外关系部（Министерство внешних сношений），同时将对外经济关系部（Министерство внешнеэкономических связей）的职务移交给前者。潘金被任命为驻英国大使，他的任命未经驻在国政府的正式承认，而只是戈尔巴乔夫与撒切尔夫人一通"友好"电话谈话的结果。谢瓦尔德纳泽重新当选为外长，并一直担任至 1991 年 12 月 8 日苏联解体。因此，在苏联的最后一年中一共更换了四次外长。苏俄的外交部作为苏联机构的法定继承者，随后更名为俄罗斯联邦外交部。其领导人为

---

① МИД не будет больше «крышей» для КГБ // Известия. 1991. 19 сентября; *Путин В. В.* Россия и меняющийся мир // Московские новости. 2012. 27 февраля.

原苏维埃俄国外交部长安德烈·弗拉基米尔维奇·科济列夫（Андрей Владимирович Козырев）。苏联的加盟共和国拥有各自的外交部，这一惯例源自 1944 年建立联合国之初，为在联合国中获取尽可能多的票数，苏联颁布法律，允许加盟共和国直接与外国建立联系并设立驻外机构。虽然加盟共和国限制了代表人数，但各加盟共和国拥有自己的外交部这一事实延续到了战后。

20 世纪 90 年代初，俄罗斯经历了艰难的过渡期，其外交机构也历经坎坷。苏联解体后，合并原苏联外交部与俄罗斯联邦外交部的过程充满曲折。政治上需要摆脱苏联时期的意识形态特征。俄领导人决定在中央及驻外机构大量裁员（根据叶利钦的说法，大约裁员 30%）。由于财政上的困难，自 1992 年至 1995 年，超过 1 000 名外交官被解雇。目前外交部中约有 1 万名工作人员。

在后两极体系时代，为顺应现代社会的发展，外交部中增设了功能性科室，包括处理人权问题、经济外交、公共外交，以及与非政府机构联系的科室，积极推动外交工作符合公民社会发展的需要。此外，建立了处理与独联体国家关系，处理与议会、政党和非政府组织关系的科室，回应了时代挑战。

外交政策的制定和决策机制也发生了变化。在政策制定方面，总统办公厅成为制衡性力量。国家杜马及其国际事务委员会也积极参与外交政策的讨论。安全委员会（Совет безопасности）和外交政策委员会（Совет по внешней политике）也为外交政策制定献计献策。外交部面临的另一难题是协调不同机构、公司、民间组织间的对外政治和对外经济关系。俄罗斯各联邦主体也拥有对外关系上的自主权。

俄罗斯外交面临着性别问题。截至目前，外交部领导层及大使岗位上几乎没有女性。在这一方面，俄罗斯落后于世界其他发达国家及许多发展中国家。在苏联时期以及现在的俄罗斯，女性很少能通过政治任命担任高级职位。目前女性占报考外交部毕业生人数的 1/3，整体上女性外交官占比约为 15%。这并非一个简单的过程，父权制社会是主要原因。很多进入外交部工作的女性表示，她们能感受到对她们的怀疑以及人事部明显偏爱男性的态度。埃列奥诺拉·米特罗法诺娃（Элеонора Митрофанова）大使承认："外交工作非常繁重，对于女性尤其如此：必须付出两三倍努力才能证明你担任如此重要岗位是名副其实的。"

早在 18 世纪，弗朗索瓦·卡里埃（Франсуа Кальер）就说过："相比男性，女性并不缺少当大使的能力。"[①]

俄罗斯领导人曾在正式场合鼓励女性参与外交事务。普京在外交官们面前发表讲话时称："在录取外交人员时像过去一样轻视女性是不公平的。在这一大厅中能明显感觉到这一点。同时，不能按老办法任命工作人员，在俄罗斯按现代模式已成功培养出很多有能力的女性公务员。俄罗斯外交中缺乏所谓的弱势性别会导致我们的外交机构变弱。"

但时至今日在俄罗斯外交部的领导层中，外长，8 位副外长，40 位司局、处室、科学文化国际交流中心的领导均为男性。至今没有一位女性职业外交官被授予特命全权大使衔。俄罗斯所有总领馆领导中仅有一名女性。现在甚至俄罗斯东正教会也改变了对待女性工作者的传统态度。

教会对外联系部副主任谢尔盖·兹沃纳列夫（Сергий Звонарев）大祭司说："教会既由男性，也由女性员工构成。女性在各领域的教会服务中并不比男性逊色。优秀的受过良好教育的女性也能在这一领域贡献自己的才能与学识。与男性一样，女性可以加入教会使团，参与谈判，准备材料，担任翻译。俄罗斯教会的工作人员并不仅限于男性。"[②]

---

① *Зонова Т. В.* Настольная книга дипломатов // Дипломатический вестник. 2001. No 8. C. 24–25.

② *Беседовала О. Б.* Протоиерей Сергий Звонарев: Церковная дипломатия—это свидетельство окружающему миру о правде Божией. 6 сентября 2012. Режим доступа, http://www.patriarchia.ru/db/text/2449874.html.

俄罗斯对外政策中包含以下重要内容：各国安全息息相关，不过度使用武力，严格遵守国际法。俄罗斯反对国家（不论大小）使用战争作为政策手段和工具。俄罗斯支持各国共同解决全球性问题，打击跨国威胁、恐怖主义，防止大规模杀伤性武器扩散，克服贫困、疫情、自然灾害，反对单方面获取好处与优势。2008 年《俄罗斯外交政策构想》强调，考虑到 21 世纪新的现实情况与保障全球稳定的目标，必须建立新的安全机制。因此还特别指出，联合国应依旧是协调国际关系和国际政治的中心，联合国具有合法性，无法被取代。

俄罗斯不止一次强调，"国际关系的道德基础和标准不是国际政治中的抽象概念"。[①] 基于普遍认同的价值观和道德标准俄罗斯外交能够充当不同人民、不同文化之间的积极沟通者。俄罗斯是多宗教多民族国家，经验告诉我们，宗教狂热、分裂主义及丧失"普世价值"和原则会导致什么结果。

在 2012 年 7 月的俄罗斯联邦大使和全权代表大会上，外交手段应是"动态的、富有建设性的、务实以及灵活的"得到了特别强调。[②] 俄罗斯外交努力改善原有的多边外交机制并建立新的机制。俄罗斯向联合国、欧洲安全与合作组织、欧洲委员会和其他俄罗斯参与的国际组织中派遣常驻使团，同时，也向欧盟、北约及其他组织派遣代表。

2010 年 12 月，欧安组织峰会在《阿斯塔纳宣言》中确定了建立欧洲太平洋和欧亚安全共同体的计划，共同体将不受区域界限、冲突及不同程度安全因素的影响。该宣言表明将建立与后苏联地区国家间的机制化联系。在后苏联地区存在不同程度的一体化进程。自 1996 年起，俄罗斯在明斯克设有派驻独联体的代表团。俄罗斯与集体安全条约组织成员国

---

① *Лавров С. В.* Мир в поисках нового равновесия // НГ-Дипкурьер. 2008. 15 сентября.

② Путин: внешняя политика РФ не направлена на изоляцию страны // РИА новости. 2012. 12 июля.

发展联盟关系，在与白俄罗斯的联盟框架下设立高级别国防工业工作组。俄罗斯、哈萨克斯坦和白俄罗斯共同成立海关联盟并进一步推动建立统一经济空间。

2011年11月通过的《欧亚经济一体化宣言》成为俄罗斯、哈萨克斯坦和白俄罗斯于2015年1月1日建成欧亚经济联盟的路线图。欧亚经济委员会成为协调海关联盟和统一经济空间的超国家机构，有权向三国及国际组织中派遣自己的代表。2012年9月，俄罗斯、白俄罗斯和乌克兰批准了对其他独联体成员放开准入的独联体内自由贸易区新条约。俄罗斯积极参与上海合作组织的活动。该机构成员国的领土面积占欧亚地区总面积的61%，总人口占全世界人口的近1/4。上合组织是中国、俄罗斯和中亚国家间唯一的共同机制。土库曼斯坦虽然不是上合成员国，但参与组织的会议。

俄罗斯外交主动参与冲突调解，包括在后苏联地区。目前俄罗斯是欧安组织明斯克小组共同主席国（与美国和法国一起），领导和协调纳戈尔内—卡拉巴赫冲突的和平进程。俄罗斯、德涅斯特河沿岸地区、摩尔多瓦、乌克兰、欧安组织与欧盟、美国（观察员国）建立起"5+2"谈判与协商模式。俄罗斯与美国、欧盟、联合国一起构成协调中东问题的"四重奏"。俄罗斯与中国、美国、日本、韩国、朝鲜共同参与朝核六方会谈。

俄罗斯和美国利用双边总统委员会积极开展工作。这一委员会下设20个工作小组，工作内容涵盖俄美合作的各方面。通过开展多边外交，俄罗斯建立了与美洲国家组织的经常性对话。1995年，俄罗斯以观察员国身份在华盛顿设立驻美洲国家组织代表处。1997年11月，俄罗斯驻美洲国家组织观察员身份由俄罗斯驻美国大使兼任，在俄罗斯驻美大使馆内设有与该组织联系的工作组。

俄罗斯在欧盟和北约拥有特殊地位，经双方同意，俄罗斯向欧盟和北约派驻代表团。在布鲁塞尔，俄罗斯代表团继承 1989 年设立的苏联代表团，常驻欧盟。常驻使团团长为特别全权大使，由总统任命。

1997 年，俄罗斯与北约签署《相互关系、合作和安全基本文件》，之后在北约设立俄罗斯常驻使团。2002 年，俄罗斯与北约成员国建立俄罗斯—北约委员会作为协商紧急安全事务和共同利益的合作平台。委员会中实行一国一票制，但有时由于北约破坏该机制，导致无法就解决安全问题达成一致意见。

"七国集团"与苏联的联系起始于 20 世纪 80 年代末 90 年代初，当时双方首次互换公文。1994 年在那不勒斯，俄罗斯第一次全权参与峰会上有关政治的讨论。这推动俄罗斯随后加入"八国集团"，参与政治问题的讨论。俄罗斯总统派特使处理俄罗斯加入"八国集团"事宜，领导俄罗斯代表团完成"八国集团"峰会的筹备工作。这一特使被称为"领路人"（шерп，原指俄产越野履带车，此处意指领路人）。俄罗斯外交部副部长及各联邦机构中负责"八国集团"事务的工作人员协助特使执行任务。俄跨部门委员会下的国际金融经济合作组织也参与了筹备工作。副外长负责俄罗斯在政治问题上的表态。其他相关部门也参与了项目文件的筹备。副外长与对外政策计划部共同协调，保障俄罗斯代表团在"八国集团"峰会上的表态符合外交政策构想内容。

存在下列有关"八国集团"峰会的外交机制：

（1）俄罗斯总统每年一次参与"八国集团"峰会；

（2）俄罗斯外长每年两次参与外长会议，一次是在首脑峰会前夕，一次是在联合国大会例会上；

（3）有时也召开财长和央行行长间会议；

（4）俄罗斯特使一年几次与"八国集团"同事碰面，地点通常是在轮值主席国首都；

（5）俄罗斯代表们还参与部长间主题性会议，议题涵盖就业、打击恐怖主义、跨国犯罪等；

（6）俄罗斯专家参与各专家小组活动，这些小组在峰会上确定组建并负责某些具体任务。

2006 年，俄罗斯担任"八国集团"轮值主席国。任期内的重点事务涵盖能源安全、教育、传染病防扩散、打击恐怖主义、防止大规模杀伤性武器扩散、协调地区冲突、发展世界经济和金融、促进国际贸易、保护环境。成立于 1999 年的"二十国集团"属于国际协作机制，非正式的应对危机论坛，由 20 个发达国家和发展中经济体组成。每年"二十国集团"都会召开各国财长和央行行长会议。2008 年，在华盛顿首次召开了成员高级别会议，探讨全球金融经济危机。

当前欧盟是俄罗斯在世界政治和经济中的主要伙伴之一。1994 年签署的《俄罗斯与欧盟伙伴关系与合作协定》是双方合作的基础文件。协定中规定，深化双边在政治、经济、贸易、金融、法律、人文和文化领域的合作。协定标志着俄罗斯由与欧盟各国建立双边关系转向与欧盟整体建立关系的趋势。

根据协定内容还建立了政治外交协作机制。由俄罗斯总统与欧洲理事会主席、欧盟委员会主席参与的会议，即高级别"1+2"模式具有重要意义。会议一年召开两次，分别在莫斯科和欧盟轮值主席国首都举办。负责落实协定内容的机构包括：成员国政府合作委员会、高级负责专员合作委员会、议会合作委员会。为达成协定内容每年制定合作项目。俄罗斯政府还建立欧盟合作事务委员会，协调俄各政府机构与欧盟进行合作。

为提供相应的基础设施保障，在布鲁塞尔设有俄罗斯驻欧盟常驻使团。使团团长为特命全权大使，由俄罗斯总统任命。常驻使团工作人员主要来自外交部，在高级别外交官中也有来自其他政府机构的代表。拥有经济和技术类教育背景的专家受到青睐。

在 2003 年的圣彼得堡峰会上，俄欧战略合作和伙伴关系被添加到"四大共同空间"的务实性概念中。这一伙伴关系涵盖经济空间、外部安全、自由权问题、内部安全和法治、科学教育等领域的合作。2005 年，在俄罗斯—欧盟例行峰会上确立了"四大路线"，指明了四大空间的具体内容。俄罗斯与欧盟间的分歧阻碍了双方签订新的伙伴关系与合作协定。但在 2008 年的俄罗斯—欧盟峰会上决定重启谈判进程。

地区化进程推动俄罗斯联邦主体——各地方积极参与对外事务。地方出台了相关法律法规，建立了外交合作机制。很多地方参与了与邻国地方的跨境合作。

由此，处理地方政策，协调中央机构和地方间在对外事务上的关系成为迫在眉睫的问题。地方对外联系不断加强，对外政治和经济活动范围不断扩展，积极参与制定及履行边境地区条约。

各联邦主体积极参与国际交流具有两面性。一方面，各地区承担了原本是中央机构的特定协调功能，有利于政府机构的去中央化；另一方面，地方政权不应向那些直接参与对外经济活动的经济实体（从事生产、运输、贸易及其他事务的企业）设立新的行政障碍（替代原先的国家垄断）。有观点认为，地方政府应仅限于发挥辅助功能，在单个经济实体无法完成的领域，组织并推动实现对外经济联系。

新法律得以制定，以促使地方贯彻俄罗斯对外政策，协调各地方间对外经济关系。

联邦主体在发展对外关系时须遵守俄罗斯联邦宪法、1999 年 1 月 4 日颁布的联邦法律《俄罗斯联邦主体国际和对外经济联系协调法》及其他法律法规。

外交部及其他行政机关推动联邦主体在维护主权和领土完整条件下开展国际联系和经济合作。俄罗斯联邦主体行政长官委员会与俄罗斯联邦主体国际联系和对外联系宪法委员会在外交部领导下进行协作。地方和边疆区的对外关系成为与相关国家和地区进行双边合作的重要补充，涉及经济贸易、人文交流等领域。

研究者指出，俄罗斯以特殊方式划清了在对外关系上联邦与地方主体的职能边界，为 1993 年宪法增添了新概念，即联邦主体的对外关系。在国际关系和对外联系领域俄罗斯宪法规定了三个层次的职权：

（1）联邦在对外政治、国际关系和国际条约领域拥有全权。

（2）联邦和联邦主体共同协调联邦主体的国际和对外经济联系，共同保障国际条约的实行。

（3）当联邦主体的对外政策和对外关系涉及原本属于联邦行为或联邦与联邦主体共同行为时，依旧可以继续其对外关系及对外经济联系。

联邦与联邦主体间存在不同职权，这需要进行协调。大多数联邦制国家由联邦协调各联邦主体间的对外联系。而俄罗斯是例外，它实行联邦与联邦主体共同协调的方式，这要求具备更复杂的协调机制。

因此，保留并扩大了在沙皇俄国及苏联时期的实践：在一些重要大城市派遣外交部代表。外交部在各州任免代表意味着在地方建立自己的外交办公室。目前需要制定新的涉及区分在国际关系和对外经济关系中不同职能的法律。这一法律应解决实践中的难题：对外开放地方代表处，签署协议等。

有关俄罗斯外交部的条例（1995 年 3 月 14 日批准）中规定了外交部在协调联邦主体对外关系上的职权，包括获取联邦主体地方政府的文件、参考资料及其他材料，向联邦主体传递相关重要信息。外交部下属的联邦主体国际和对外经济联系协商委员会负责对规范性文件中的项目进行专业评估，这些文件规定了联邦主体行动范围。委员会还负责提出建议，传播地方合作的经验。

与此同时，关于联邦主体海外代表制度的标准条例得以通过，鼓励联邦主体与外国伙伴签署协议。外交部扩大了其代表处的管辖领土范围，为地方发展对外关系提供帮助。联邦主体与外国伙伴签署的条约在严格意义上属于协议（соглашение）（而非条约，договор）。协议内容须符合俄罗斯宪法及其他法律所赋予的联邦主体的权限。

联邦主体的对外活动也受当地的宪法和法律法规所约束。大部分地方法律规定，属于地方与联邦的共同事务包括：联邦主体履行联邦签署的国际条约，对地方间对外关系进行协调。俄罗斯宪法规定，与联邦法律法规冲突的法律文本应予以重新审议。

外交部下属的联邦主体行政长官委员会（СГС）及其工作小组——联邦主体国际和对外经济联系协商委员会在协调方面发挥主要作用。

目前《边境合作法》正在制定。由于俄罗斯国界线长达约 6.1 万千米，该法律的意义不言而喻。因为，首先得考虑地方政府在边境合作中的自治政策，这需要各联邦主体进行协调。

1992—1993 年，边境合作机制化进程启动。边境合作应以保障领土完整和国内市场为出发点，须符合全国人民和边境地区人民的利益。边境合作推动形成边境上的睦邻友好区，促进了联邦主体的经济发展。

随着独联体一体化进程的加快，加之一体化工作小组的努力，边境上的联系将愈加紧密。目前，独联体国家间的一体化进程在多方面受阻。推动联邦主体广泛参与同独联体国家的地区和边境合作是克服阻碍，加强经济一体化，推动人文交流的重要途径。建议成立国内跨部门组织，协调边境合作，完善边境合作法律。

俄罗斯与中国的边境地区合作受到国际条约的保障。1996 年，国际和边境经贸合作常设工作组成立。中俄共同推动了一系列大型项目：铺设天然气管道和电缆，图们江区域国际项目，管理劳工移民等。俄罗斯同其他"老"邻国——芬兰、波兰、蒙古——也签订了边境合作条约。

在挪威、瑞典、芬兰、俄罗斯和欧盟的倡议下，巴伦支海欧洲—北极圈理事会得以建立。俄罗斯的地方参与主体为：卡累利阿共和国、摩尔曼斯克州、阿尔汉格尔斯克州、涅涅茨自治区。巴伦支地区合作项目的重点包括生态问题、保护当地人民的利益和需求、多边基础设施项目、信息服务等。

波罗的海国家委员会负责处理区域经济合作问题，包括交通项目"穿越波罗的海"（Виа Балтика）（包括加里宁格勒和圣彼得堡支线），"波罗的海能源环线"（Балтийское энергетическое кольцо）项目，"波罗的海地区发展图景与战略-2010"（Видение и стратегия развития Балтийского региона-2010）项目。

1997 年，芬兰提出"北方维度"（Северное измерение）合作倡议。2003 年，"第二个北方维度"计划得到欧盟委员会批准。为落实该计划，欧盟、俄罗斯、挪威和冰岛共同合作。"北方维度"的特别之处在于，合作同时在多个层次展开，即国家间、区域间和地方间。

1992 年，黑海经济合作组织成立，共有包括俄罗斯在内的 11 个国家加入。同年，《黑海经济合作宣言》发表。此外，还建立了黑海经济合作国际商务委员会和黑海贸易和发展银行。

2012 年秋，俄罗斯签署了三份议定书，加入欧洲政府与社会间边境合作框架性公约。俄罗斯外交部代表参加了由欧洲委员会主导的，有关欧洲地区问题的新法律机制的筹备工作。

联邦主体与欧洲地区间不断加强的联系，推动俄罗斯外交实现全欧洲共同进程目标，有助于在欧洲建立互信的环境。俄罗斯地方与欧洲不断加强的经济联系促使欧洲统一经济空间概念的形成，充实了俄欧条约的内容。

俄罗斯地方在发展对外联系的过程中学习了欧洲国家的边境合作经验。俄罗斯地方同欧洲委员会就解决地区问题不断增进合作。俄罗斯外交部和欧洲委员会共同采取的措施，为联邦和地方官员在国际和边境合作中提供实践经验和理论指导。最近几年约 80 个俄罗斯联邦主体参与了欧洲委员会组织的活动，建立了与欧洲伙伴稳定的对话机制，经常交流有关联邦制的问题。目前，"欧洲委员会地方和地区政权代表大会"对俄罗斯联邦主体代表与地方自治机构的协调作用备受关注。

在金融危机矛盾突出、地区冲突爆发、腐败横行、有组织犯罪活动增加及恐怖主义活动猖獗的背景下，合作显得尤为重要。对欧洲地区性法律的学习有助于俄罗斯联邦解决实际问题，平衡联邦财政预算，处理不同层级的权力分配问题。

俄罗斯地方与欧洲关系的发展推动着俄罗斯融入欧洲地区的进程，吸引欧洲对俄罗斯的投资，加强在技术、金融、自然和人力资源上的互补。在危机背景下，俄罗斯地方处于经济困难期。一些专家认为，近期应大幅度调整地区发展战略。这毫无疑问会影响联邦主体的对外联系。

经验表明，如何保障俄罗斯在全球范围的国家利益，在很大程度上取决于联邦中央与地方主体之间的共同努力。中央与地方的任何分歧、不协调都会给国家威望带来损失，不利于在国际上展示联邦体制的优势。目前存在的问题包括投资项目数量较少，并且不符合通常的国际标准，不熟悉外国市场及外国合作伙伴的情况。

地区间的经济合作协会在推动俄罗斯地区经济一体化、阻碍离心趋势及协调对外关系上起到积极作用。这类的组织包括"北方—西方"协会（Северо-Запад）、"中央俄罗斯"协会（Центральная Россия）、"黑土地"协会（Черноземье）。它们在发展同欧洲国家关系时起到建设性作用，为全欧洲一体化进程的发展、地区和边境合作作出贡献。"北高加索"协会（Северный Кавказ）和"大伏尔加河"协会（Большая Волга）与黑海和里海沿岸国家开展了卓有成效的合作。"西伯利亚协议"（Сибирское соглашение）、"大乌拉尔"（Большой Урал）和"远东和后贝加尔地区"（Дальний Восток и Забайкалье）协会成功扩展了与亚太地区国家的经济合作。

　　面对全球金融体系中出现的危机，俄罗斯建议改善全球金融体系，重新审视现有机制，建立新的能够保障稳定的国际制度。俄罗斯领导人和专家建议提高国家作为一国发展之保障者的地位，应发挥全球治理集体制度的协调作用，保障各国经济战略的协调统一。①

　　俄罗斯的政府机构、外交部积极参与经济外交，保障本国在当今世界经济体系中获得公平待遇，最大限度降低世界经济一体化带来的风险。这些举措包括加入世界贸易组织、经济合作与发展组织，吸引外国投资等。俄外交部应当增强对本国企业在跨境商务上的外交保护。

　　加强经济和能源外交得到充分重视。俄罗斯外交部尤为关注大型经济项目，为俄罗斯企业在海外创造良好条件，至少要与外国公司在俄罗斯享受的待遇一致。②

　　外交部经济合作司负责经济外交事务。此外，外交部各地区司所负责业务中，40%—50%有关贸易和吸引投资。使领馆也会参与决策，因为它们最有能力为大型项目提供社会经济效益方面的评估。智库也能提供大量信息，但那些最有价值的信息，有关于市场具体情况、战略与前景的问题，通常只在当地能获取，尤其是在小语种的国家。

　　商务俱乐部由外交部支持建立，它吸引着那些渴望进军全球市场的俄罗斯商人参加圆桌会谈。目前，外交保障大型项目、大额交易和院外活动的机制已建成，但仍有大量进步空间。

　　俄罗斯有多个执行经济外交的机构。目前六部委有权直接开展国际联系。跨国企业，如"俄罗斯天然气工业股份公司""俄罗斯石油公司""卢克石油公司""俄罗斯铝业联合公司"，设有自己的国际事务部。

　　俄罗斯作为能源出口（70%为出口）大国，极为重视能源外交，致

---

　　① 见：Медведев Д. А. Выступление на Конференции по мировой политике（Эвиан, 8 октября 2008 г）.

　　② 2012 年，俄罗斯在世界银行营商环境排名中由 120 名上升至 112 名。

力于在该领域的对外关系上创造最有利的条件，保障能源安全，增强对欧佩克及国际能源机构的影响力。

"公共政治"是全球信息化时代产生的一种新权力。与此紧密相关的公共外交的参与者人数众多，包括政治家、科学、文化和教育领域工作者、大众传媒、非政府机构、社交媒体用户等，它利用非正式和对话方式产生影响。目前，公开性已成为外交的一个特性，公共外交的重要性凸显。

俄罗斯外交在制定对外政策过程中已摆脱意识形态桎梏。但基于经济竞争和力量平衡的纯实用主义并不十分有效。俄罗斯的文化、光荣传统、海外为数众多的侨胞成为塑造俄罗斯形象的主要因素。2008 年的《俄罗斯外交政策构想》中首次提出"公共外交"，其作用为以信息来保障对外政策的落实，传播俄语，发展社会层面的交流。自 2005 年起，"今日俄罗斯"（Russia Today）电视台就以英语、阿拉伯语和西班牙语转播节目。"俄罗斯之声"电台以 38 种语言向全世界广播。俄新社也实行类似举措。《莫斯科新闻报》（The Moscow News）有英语和阿拉伯语版本。为塑造俄罗斯形象，俄领导人建立了若干公共关系机构。每年的瓦尔代国际辩论俱乐部邀请各领域著名代表参会。外交部下属的"俄罗斯侨民与国际人道主义合作事务署"（Россотрудничество）是处理国际人文合作的政府机构。俄罗斯民主合作机构（Институт демократии и сотрудничества）在纽约和巴黎设有代表处。随着公共外交的重要性不断增强，建立了"俄罗斯世界"基金会（Фонд "Русский мир"）、戈尔恰科夫公共外交基金会（Фонд поддержки публичной дипломатии имени А. М. Горчакова）、俄罗斯国际事务委员会（Российский совет по международным делам）。这些机构的主要目标是保障俄罗斯在全球公民社会中的影响力。

一些理论家认为，专业性公共外交应助推非政府机构的活动。职业外交官由于身份限制无法轻易获得信任，而公共外交的非政府行为体更具优势。它们宣传本国政策，不仅传递官方信息，也包括反对意见。目前众多非政府机构（其中，俄罗斯的非政府组织数量超过40家）同联合国经济及社会理事会建立了咨询关系。[①] 这些非政府组织与联合国进行合作，鼓励全球公众发表意见，通过政治运动和抗议方式施加政治压力，资助联合国的项目和基金会。公共外交是软实力（soft power）的组成部分，其目的在于吸引公众，这在当前具有重要意义。国家的责任在于支持非政府组织（即使具有反对性质），使其成为公民社会的一部分，鼓励其参与有关内政和国际事务的对话。互联网和社交媒体已成为外交的新工具。

俄罗斯外交机构的形成和发展历经几个世纪。**18世纪形成的外交模式替代了中世纪的外交衙门。苏联外交以激进的方式，形成于既定意识形态与实际国际形势间冲突的过程。后苏联时期的俄罗斯外交摆脱了意识形态束缚，但随着时间流逝，越发清晰地印证，基于力量平衡和经济竞争的纯实用主义无法促成公平、民主的国际体系。**

目前，俄罗斯外交在国际上展现的模式更为多样，经济外交不断发展。公共外交的作用不断增强，像"俄罗斯世界"基金会、戈尔恰科夫公共外交基金会、俄罗斯国际事务委员会这样的组织的重要性增加。大量非政府组织，包括那些对现政权持建设性反对意见的组织，致力于保障俄罗斯在国际公民社会中的影响力。

俄罗斯是一个多宗教、多民族的国家，经验表明，宗教狂热主义、分裂主义及丧失"普世价值"和原则会带来不良后果。因此，俄罗斯外交坚持在"普世价值"和道德标准基础上和不同民族、文化进行平等对话。

---

① Режим доступа, https://mid.ru/bdomp/ns-dmo.nsf/fd3b87a7bf72c1d0432569ff003ccf26/2371e4983cc18574c325744900424e94! OpenDocument. 原著网页失效。——译者注

在《俄罗斯外交政策构想》和其他官方文件①中确立了俄罗斯外交最重要的信条和目标，即安全的整体性，严格遵守国际法，反对过度使用武力而导致公民遭到更多伤害或冲突区域扩散。在全球化进程加快，国际形势不断变幻的背景下，俄罗斯外交在促成国际议事日程和国际体系基础方面的责任愈加重大。

思考题

1. 俄罗斯外交机构的发展分为哪几个阶段？

2. 俄罗斯外交构想的基础是什么？

3. 俄罗斯参与哪些多边外交活动？

4. 俄罗斯非政府组织在国际上发挥何种作用？

5. 俄罗斯联邦主体对外关系的法律框架是什么？

推荐阅读

1. *Бусыгина И. М.*, *Лебедева Е. В.* Субъекты Федерации в международном сотрудничестве // Аналитические записки НКСМИ МГИМО (У) МИД России. Вып. 3 (32). 2008. Апрель.

2. Внешнеполитическая и дипломатическая деятельность Российской Федерации в 2011 году. Обзор МИД России. [Электронный ресурс].— Режим доступа, https://www.mid.ru/upload/main/272/272db73017f4dea777 609f1dd5c1898b.doc.

3. *Зонова Т. В.* Гендерный фактор в политике и дипломатии // Международные процессы. 2010. № 2.

4. *Зонова Т. В.* Имидж России и новые требования к подготовке

---

① Концепция внешней политики Российской Федерации 2013 г.

дипломатических кадров // Современный образ России: перспективы развития. М. : Общественная палата РФ, 2008.

5. *Зонова Т. В.* Основные этапы становления российской дипломатической службы // Дипломатическая служба / Под ред. А. В. Торкунова. М. : РОССПЭН, 2002.

6. *Зонова Т. В.* Публичная дипломатия и ее акторы. НПО-инструмент доверия или агент влияния? [Электронный ресурс].—Режим доступа, https: //russiancouncil. ru/analytics-and-comments/analytics/publichnaya-diplomatiya-i-ee-aktory/.

7. *Караганов С. А.* Россия в мире: противоречие противоречий. 16. 10. 2012. [Электронный ресурс].—Режим доступа, https: //karaganov. ru/rossija-v-mire-protivorechie-protivorechij/.

8. *Лавров С. В.* Внешнеполитическая философия России. Международная жизнь. 2013. № 3.

9. *Лавров С. В.* Выступление на форуме «Роль народной дипломатии в развитии международного гуманитарного сотрудничества » . 16. 12. 2010. [Электронный ресурс].—Режим доступа, https: //www. mid. ru/ru/foreign_ policy/news/1627039/.

10. *Лавров С. В.* Российская дипломатия и вызовы XXI века. Международная жизнь. 2012. № 9.

11. Zonova T. , "Diplomatic Cultures: Comparing Russia and the West in Terms of a ' Modern Model of Diplomacy' , " *The Hague Journal of Diplomacy*, no. 2 (2007) .

12. Zonova T. , "Russian MFA: Facing the Regionalization Process, " in *Foreign Ministries: Managing Diplomatic Networks and Optimizing Value*, ed. Kishan S. Rana and Jovan Kurbalija (Geneva: DiploFoundation, 2007) , pp. 109–117.

13. Zonova T. , "The Consular Service in Russia: Past Problems, New Challenges, " in *Consular Affairs and Diplomacy*, ed. Jan Melissen, Ana Mar Fernández (Leiden; Boston: Martinus Nijhoff Publishers, 2011) .